本书由教育部高校示范马克思主义学院和优秀教学科研团队建设项目“‘基础’课教育教学中‘思想道德’与‘法治’有机融合研究”（项目批准号：17JDSZK052）资助出版

FAZHI FAZHAN DE

法治与政治发展的理论和实践探寻

薛剑符◎著

知识产权出版社
全国百佳图书出版单位
—北京—

图书在版编目（CIP）数据

法治与政治发展的理论和实践探寻 / 薛剑符著 .—北京：知识产权出版社，2022.9
ISBN 978-7-5130-8344-7

Ⅰ . ①法… Ⅱ . ①薛… Ⅲ . ①社会主义法治—建设—研究—中国 ②政治学—研究—中国 Ⅳ . ① D920.0 ② D6

中国版本图书馆 CIP 数据核字（2022）第 166123 号

内容提要

本书依托法学与政治学学科，以理论与实践相结合的研究方法，通过考察中西方法治与政治发展的演进历程，探寻法治与政治发展之间的关系，从理论层面深化对法治和政治发展内涵的理解，确证了法治与政治发展之间关联性的客观性，从实践的层面梳理了中西方法治与政治发展协同演进的互动规律，从而为研究、推进新时代中国特色社会主义法治建设和政治发展良性互动、协调共进提供了有益参考。

本书可作为人文学科工作者及高校相关院系师生开展教学与研究活动的参考资料。

责任编辑：李海波　　　　**责任印制：**孙婷婷

法治与政治发展的理论和实践探寻
FAZHI YU ZHENGZHI FAZHAN DE LILUN HE SHIJIAN TANXUN
薛剑符　著

出版发行：	知识产权出版社有限责任公司	**网　　址：**	http:// www. ipph. cn http:// www. laichushu. com
电　　话：	010 — 82004826		
社　　址：	北京市海淀区气象路50 号院	**邮　　编：**	100081
责编电话：	010 — 82000860 转 8582	**责编邮箱：**	lihaibo@cnipr.com
发行电话：	010 — 82000860 转 8101	**发行传真：**	010 — 82000893
印　　刷：	北京中献拓方科技发展有限公司	**经　　销：**	新华书店、各大网上书店及相关专业书店
开　　本：	720mm × 1000mm　1/16	**印　　张：**	14.5
版　　次：	2022 年 9 月第 1 版	**印　　次：**	2022 年 9 月第 1 次印刷
字　　数：	220 千字	**定　　价：**	72.00 元

ISBN 978-7-5130-8344-7

前言

政治作为人类社会生活的必然产物，一直深刻地影响着人类社会的发展进程，人类历史的演进从来都是以政治领域或政治生活的变革发展为先导的。作为政治运行的动态过程，政治发展反映了人类社会生活发展的需求，是一个社会文明进步的目标和标尺，也是人类社会生活发生重大变革的标志。政治发展是一个高度复杂的概念，理解和衡量政治发展程度一直是人们思考的问题。亚里士多德的法治概念——“法治应包含两重意义：已成立的法律获得普遍的服从，而大家所服从的法律又应该本身是制定得良好的法律”——给我们从法治的角度理解政治发展提供了一个重要思路。一方面，法是政治运行和政治认可的结果。制定法律，人民认同并服从于法律，这完全是一个政治运行的过程，在这个过程中，政治是先在的，是法治的前提。具体地讲，立法是以政治权力存在为开端的，政治是法得以产生的前提；作为价值判断——“良好的法律”实质上是强调法与人民意愿和利益的高度吻合，表明人民对法的高度认可。只有经历了这样的政治运行和政治认可过程，尊重法才能成为一种自觉的行为，法治的实现才有可能。另一方面，法治提升政体的效能，推动政治发展。关于这一点，亚里士多德用一个特例进行了说明，他提出，即使是僭政，也可以因其保持法治精神——“其建制既出于民意，其为政也遵循法治”——而“合于君主政体”。如此看来，法治的实现既包含着民众对现有法律及其相关制度体系的事实性确认，同时，也意味着政治运行必须摆脱暴政，规范政治行为，防范政治权力的滥用，从而预示着各类政治主体以积极的姿态消解革命爆发的潜在可能性，这是以和平的方式推进政治发展的显著标志和最重要的基础性条件。

亚里士多德的法治概念为人们研究法治与政治发展及其相互关系提供了一个重要的理论结点。尽管在漫长的时间里这两个概念都经历了反复推敲与不同形式的概括，然而，这并不影响二者间的密切联系，在人类社会历史的发展演进中，法治与政治发展几乎总是形影相随，二者间的关系似乎成了不言自明或者说约定俗成的事实。以至于直至法治与政治发展各自理论体系日趋完善的今天，人们仍然先验地看待法治与政治发展二者间关联性的客观存在，而疏于对二者间关联性的理论确证和实践互动规律的探寻。事实上，法治与政治发展有其相对独立性，各自有其特定的内涵和发展规律，二者间的关系也并非仅用协同能简单概括。这种情况表明，厘清法治与政治发展这两个重要概念，明晰二者间的关系，促进二者的协调发展，具有重要的理论和现实意义。

本书从以下几个层次展开讨论：首先，推进对“法治”和“政治发展”内涵的理解。概念内涵的模糊是概念运用泛化的根源，本书致力于推进对二者内涵的进一步揭示，以便使这两个概念更准确、规范地运用。其次，致力于从理论上确证法治与政治发展之间关联性的客观存在，进一步厘清二者间的逻辑关系。政治发展是法治的基础：政治发展的需求决定了法治的生成和发展；政治发展的不同阶段决定了法治内容的差异；政治发展的不同类型和方式决定了法治的不同样态。法治影响和推动政治发展：法治确立政治发展规则；法治规范着政治主体；法治改变政治发展环境。再次，致力于从实践的层面以人类社会历史发展为线索，梳理中西方法治与政治发展协同演进的实践历程，探寻二者间互动的规律性，验证理论假设的科学性。历史地梳理法治与政治发展之间的理论与实践互动，我们发现中西方之间既存在因不同的历史禀赋而体现出其各自社会历史文化传统所造就的特殊性，又体现出法治与政治发展相互协同的总体趋势和一般特征：法治与政治发展共同服务于人类的文明进步，反映了人类对平等、自由、民主、秩序等理念的不懈追求和艰辛探索。最后，结合新时代以来全面推进依法治国的成就与国家治理现代化取得的显著成果，总结新时代中国特色社会主义法治建设与政治发展的宝贵经验，即在中国共产党的领导下，以习近平法治思想为指导，坚持以人民为中心的法治理念，发挥社会主义制度的显著优势。

本书在写作的过程中得到了中国社会科学院政治学研究所研究员、原副所长杨海蛟老师的悉心指导。杨海蛟老师以其在政治学理论、政治哲学以及当代中国政治与政府等相关研究领域的深厚造诣，为本书的写作指明了正确的政治方向，确立了鲜明的学术取向，确保本书能紧扣鲜明的时代主题，紧跟党和国家的政策导向，描绘新时代中国特色社会主义法治与政治发展的丰硕成果。

目 录

第一章　绪　论……001
第一节　研究意义……001
一、有助于澄清法治和政治发展的基本概念……002
二、有助于厘清法治与政治发展的理论关联……004
三、有助于梳理法治与政治发展间的实践互动……005
第二节　文献综述……006
一、关于法治……006
二、关于政治发展……012
三、法治与政治发展关系……022
第三节　研究方法……024

第二章　法治与政治发展关系的理论分析……025
第一节　法治的学理阐释……025
一、法的一般释义……026
二、法治的核心要义……041
第二节　政治发展的理论考察……058
一、政治的内涵解析……058
二、政治发展的核心要义……062
第三节　法治与政治发展的关系探究……082
一、法与政治的关系……082
二、政治发展决定了法治的形态……089
三、法治影响和推动政治发展……096

第三章　西方法治与政治发展关系的实践考察……107
第一节　西方法治的发端与古代西方政治发展……107
一、法治与古希腊城邦政治的兴衰……108
二、法治与古罗马政治制度的演变……115
三、法治在中世纪教权与王权之间的平衡……131
第二节　近现代西方法治与政治发展……138
一、近代以来的西方政治发展……138
二、近代以来的西方法治演进及其特点……141
三、当代西方资产阶级法治理论的主要流派述要……146

第四章　中国法治与政治发展关系的实践考察……157
第一节　中国法治与政治发展关系的历史考察……157
一、法家的法治理论与封建专制的兴衰……158
二、明清启蒙思想家的法治理想及其对封建专制的批判……161
三、近代中国的法治主义与救亡图存……164
第二节　新中国法治与政治发展的互动历程探析……167
一、人民民主专政的确立与新中国法治的初创……168
二、五四宪法与中国政治体制的建构……173
三、八二宪法与中国政治体制改革……186
四、法治入宪与新时期依法治国的全面展开……200
五、新时代宪法引领与国家治理现代化……208

参考文献……220

后　记……226

第一章　绪　论

中外政治制度演进的历史表明，法治与政治发展往往是紧密联系在一起的，法治既是政治发展状态的客观反映，又是规范或推动政治发展的一种重要力量。从广义层面看，法治与政治发展之间的实践组合演绎了复杂变幻的人类社会历史。在政治发展的不同时期，法治对政治发展起着不同的作用：古希腊城邦政治以法治为生命；罗马王权政治认为法治可以为其专制统治助力；中世纪的神权政治认为法治可以建上帝之城；资产阶级专政视法治为走向自由主义的必由之路；人民民主专政与法治相结合则形成社会主义法治国家。尽管在法治内涵的理解上存在差异，但政治发展的不同阶段和不同形态都有着对于法治的追求。这一方面说明法治对于政治的重要性，肯定了二者间存在密切的关联；另一方面也表明需要进一步澄清法治与政治发展两个概念的内涵和外延，以消除歧义，进行科学的理论建构。正是基于上述情况，本书致力于厘清二者间的理论关联，深化法治理论和政治发展理论研究，从而在实践层面促进二者间的良性互动和协调发展。

第一节　研究意义

法治和政治发展是当今世界范围内引起人们高度关注的两个问题。法治历来就是一个令无数贤人智者争论不休的理论范畴，中国古代的法家、西方的先哲都有人倾其毕生精力致力于法治理论构建和实践推广。法治已经突破了理论思维的界限，其在政治发展领域中的实践价值和意义充分彰显，这是法治进入近代政治阶段以来不容置疑的事实。“法治是治国理政的基本方式”[1]，“法治有益于所有人”，“遵循法治是全世界范围内政府正统性的公认标尺”[2]，法治的实践意义在当今极其鲜明而突出。政治发展理论虽然形成比较晚，但就其实践而言，则一直伴随人类社会演进的始终。“政治发展的重要意义在于，它将对经济生活以及全部社会生活起着巨大的推动作用。”[3]无论历史地看，还是逻辑地看，法治与政治绝不是相互独立的存在，法治中有政治，政治中也有法治。然而，二者之间的关系也不是笼统地用协同或辩证统一就能完全涵盖，秉承和发扬前人关于法治与政治发展问题的理论研究成果，进一步探讨二者相互作用的理论逻辑、历史逻辑和现实逻辑具有十分重要的理论意义与现实意义。

一、有助于澄清法治和政治发展的基本概念

本课题研究致力于推进对“法治”和“政治发展”概念内涵的理解，以便使之准确地运用。“法治”与“政治发展”都是对社会运行积极状态的一种描述，代表了人们对良好社会生活秩序和状态的憧憬，这使其对人们产生了强大的亲和力。正因如此，“法治”和“政治发展”被人们频繁地使用，成为纵贯时空、跨越意识形态、遍布宏观中观微观层面的概念，从而形成这样的一种局面：人们从各自不同的角度和层面去理解与运用这两个概念，每个人都试图证明自己的理解是正确的，事实上，正是不同个体主观理解的差异性在一定程度上增加了这两个原本就内涵丰富的概念的不确定性。

法治是一个人人都认为极其重要的概念，但就其内涵而言，人们的理解时常大相径庭，有人认为法治就是国家层面的法律主治；有人强调法治重在对个人权利的保护；有人侧重强调法治是对公权力的制约；有人主张法治就

---

[1] 中国共产党第十八届中央委员会第四次全体会议文件汇编［G］. 北京：人民出版社，2014：68.

[2] 布雷恩 · Z. 塔玛纳哈 . 法治论［M］. 武汉：武汉大学出版社，2010：1，4.

[3] 王惠岩 . 政治学原理［M］. 北京：高等教育出版社，1999：249.

是依法办事，等等。法治的学理性研究也一直长期存在着“形式法治”与“实质法治”的取向之争。由于理解上的分歧，法治与“善”这样的价值性概念一样，人人心向往之，但在其为何物的本质问题上存在明显的分歧，以至于“有多少人在捍卫法治，几乎就有多少法治观”。“‘法治’这个短语由于意识形态的滥用和普遍的过度使用已经变得意思不明。”[1]改变法治内涵含混不清的状态，无论对于法治理论研究还是法治实践发展都非常重要。

政治发展的概念也存在与法治相类似的情况。由于难以标准化和定量化，政治发展的内涵存在着模糊、难以界定的问题，一些学者为此各抒己见，却陷于争论不休。一部分学者坚持把政治发展看作一个分析概念，期望建立一种比较精确和可以操作的分析与测定的指标体系；一部分学者则坚持把政治发展视为一种变化的方向，认为任何改善现状的努力和结果都可以归为政治发展；还有的学者认为政治发展可以广义地界定为政治制度本质的有机体发生变迁的过程。亨廷顿侧重从静态的政治制度化和动态的政治参与两个维度来考量政治稳定还是政治衰退，他甚至并不太赞同用“政治发展”这个词语来描述这两种状态。鲁恂·派伊认为应该从人口变化、政治系统能力增减、政体组织结构分化来定义政治发展。阿尔蒙德认为：“政治发展的程度涵盖三个相关的变项，即角色分化、次级体系自主和文化的世俗化（按，指更能依理性思考衡量目的和手段）。”[2]李元书研究员在《政治发展导论》中评析了国内外关于政治发展的 8 种定义。[3]在《政治发展面面观》中，鲁恂·派伊总结了关于政治发展定义的 10 个观点（例如，政治发展就是政治现代化、政治发展就是民主化、政治发展就是政治体系动员和能力的提高、政治发展就是稳定和有序的变迁，等等），并且指出由于定义上的差异，“‘政治发展’这个词的运用上仍然存在分歧和模糊”，以至于妨碍这一理论自身的发展，并造成“公共政策的目标混乱”。[4]由此我们可以看到，由于学术研究

[1] 布雷恩·Z. 塔玛纳哈 . 法治论［M］. 武汉：武汉大学出版社，2010：4-5.
[2] 陈鸿瑜 . 政治发展理论［M］. 长春：吉林出版集团有限责任公司，2009：24.
[3] 李元书 . 政治发展导论［M］. 北京：商务印书馆，2001：7-8.
[4] 鲁恂·派伊 . 政治发展面面观［M］. 天津：天津人民出版社，2009：49.

的指导思想和基本立场分歧而导致了关于政治发展概念上的差异。

理解上的不确定性必然会使概念在运用上出现不够严谨的现象。例如，从“法治国家”到“法治校园”，同一个法治概念表达的具体内涵和思维跨度差别非常大，从学术的角度讲，“法治校园”的表述方式是值得推敲的。同样，政治发展在日常应用中也存在许多不同观点，比如，政治发展是作为描述性概念使用，还是目的论概念使用？政治发展能否在微观层面使用？这些都是值得探讨的问题。作为一个规范的学理研究概念，“法治”和“政治发展”都有其特定的含义与使用语境。准确地把握和理解法治与政治发展的概念是探讨二者之间关系的基础，因此，必须对法治与政治发展的基本概念加以澄清。只有全面清晰地把握概念的内涵和外延，正确区分与其相关的概念，才能准确地运用这些概念。

二、有助于厘清法治与政治发展的理论关联

本课题研究意在确证法治与政治发展之间理论关联的客观性，在此基础上进一步厘清二者间的关系。法治与政治发展之间存在内在的理论关联，法治既是政治发展的产物和标志，同时又深刻地影响和推动着政治发展。关于法治与政治发展的各种讨论中，从来没有人否定二者间的理论和逻辑关联，似乎这是一种先在的理论预设，因而很少有人去作具体探讨。本课题通过法治与政治发展关系研究，试图建立法学和政治学学科纽带，为以学科交叉的方法在两大学科间进行理论研究作有益的尝试。

课题研究试图通过以下的思路梳理法治与政治发展的理论关联。

首先，政治发展决定法治的形态。一是政治发展决定了法治的生成和发展。城邦政治决定了古希腊法治的诞生，封建社会的法治打上了深刻的神权政治的烙印，近现代法治则是以资产阶级革命为标志的现代政治发展的产物，而在共产主义的高级阶段法治则必然随着国家的消亡而失去存在的意义。二是政治发展的不同阶段决定了法治内容的差异。古希腊法治在内容上注重哲学和伦理层面的法治理论建构；古罗马法治侧重具体操作层面法治实践问题；中世纪法治重在平衡教权和王权的关系；近现代法治是以平等、民主、自由

为核心的；中国特色社会主义法治则是在党的领导下，以人民为中心，以保障人民的利益为核心要义。三是政治发展的不同类型决定了法治的不同样态。早发现代化国家在法治发展模式上多为社会演化型法治模式，发展中国家则往往采取政府推进型法治模式。此外，政治革命和政治改革也会对法治模式、内容方面有深刻影响。

其次，法治影响和推动政治发展。一是法治确立政治发展规则。实质法治为政治发展确立了价值导向和基本规则，而形式法治则通过规范化的运作模式为政治发展提供了秩序保障。二是法治规范着政治主体。以法治为基本原则，接受法治的调整和规范，可以促使政治主体明晰义务和权利，明确自身职责，认清肩负的使命，自觉维护政治稳定、依法推动政治发展。三是法治改变政治发展环境。法治通过保障权利、规范权力、倡导平等自由理念、塑造良好社会文化氛围和生活秩序，为政治发展提供有利的社会环境。

三、有助于梳理法治与政治发展间的实践互动

本课题研究试图以人类社会历史演进为线索，梳理中西方法治与政治发展的实践过程，寻找二者间互动的规律性。从中外政治制度演进的历史来看，法治与政治发展往往是紧密联系在一起的，法治既是政治发展状态的客观反映，又是规范或推动政治发展的一种力量。政治发展则通过法治获得稳定的政治秩序，使人们的行动有稳定预期。中西方法治与政治发展的实践互动既体现出其各自社会历史传统所造就的特殊性，又体现了法治与政治发展的总体趋势和一般特征：法治与政治发展共同服务于人类的文明进步，反映了人类对平等、自由、民主、秩序等理念的不懈追求和艰辛探索。研究法治与政治发展的实践互动一般遵循两个基本思路：一是在政治发展的视野中分析法治。以发展视角过程性地思考法治范畴，考察法治的内涵、本质、功能、由来和走向，探索法治实践对于政治发展的积极意义。二是在法治的层面考察政治发展。合法性是法治对于政治发展的基本要求，政治发展的历程就是一个不断追求政治合法性的过程。

第二节　文献综述

本课题研究涉及法学、政治学两个专业的研究领域，以法治、政治发展、法治与政治发展的理论关联和实践互动为基本内容展开。文献的收集和整理也是以上述逻辑思路为基本线索，通过中国知网期刊库和硕博士学位论文库，以及借助中国社会科学院的馆藏资源进行的。整理分析材料的过程中有深深的感慨，作为后学，我们的确是站在巨人的肩膀上，学术前辈们的辛勤钻研让笔者在踟蹰前行中得到了无私的助力。从收集到的资料情况看，以“法治”和“政治发展”为主题的研究成果比较丰富，各种观点相互争鸣、交锋激烈，其间有的以思维深刻著称，有的以逻辑理性见长，还有的致力于以联系实践而切实地推动理论发展，等等，可谓发微阐精，穷理尽性。但是，换个角度看，检索到的文献中直接以法治与政治发展二者间的理论关系为主题的前期研究成果相对较少，虽然在分类研究的某些材料中对二者的理论关联也略有涉及，但总的来说还不够系统和规范。在这方面具有突破性成就的是中央党校卓泽渊教授的专著《法政治学研究》，该书从法与政治的基础理论出发，重新梳理了这两个学科的研究思路，从理论上为我们理清这两者的相互关系奠定了基础。总体来看，学者们这些极富创造性的学术探索对本课题研究具有极大的启发和帮助作用。具体综述如下。

一、关于法治

（一）关于法治内涵的讨论

关于法治内涵的讨论是本课题研究的一个起点。就目前有记载的资料看，中国“法治”一词的使用要早于西方，自春秋时期“法治”已经开始有广泛使用。但就其是否进行充分的理论展开或系统化程度而言，后起于柏拉图、亚里士多德的西方法治理论奠定了现代法治的理论基础。毕达哥拉斯最早提出“人治不如法治”之说。柏拉图在《法律篇》中调整了先前对法治的看法，重申了法律在希腊人道义观点中所占的地位，强调《法律篇》中所指的国家是以法律为至上的，统治者和臣民都必须同样服从法律。亚里士多德在其代表作《政治学》中明确主张：法律是有道德的文明的生活的一个必不可少的条件，是导致城邦“善”的一个条件。亚里士多德强调法治优越于人治，他认为，“法治应包含两重意义：已成立的法律获得普遍的服从，而大家所服从的法律又应该本身是制定得良好的法律”[1]。这是一种点睛式的概念界定方式，以“善”“良”这样的价值性判断给出了广义法治内涵的经典性表述。这一论述影响深远，至今仍是我们理解法治内涵的基础。或许是这位理论巨人的影响，抑或是法治本身的复杂性，此后的众多学者对于法治的定义都相当谨慎，以原则或要素方式界定法治定义者居多。

戴雪所强调的“真正的法治”提出了“法治三原则”：①法律具有至尊性，人人皆受法律统治而不受任性统治，反对专制与特权，否定政府有广泛的自由裁量权；②法律面前人人平等，无人可凌驾于法律之上；③宪法源于裁定特定案件里的私人权利的司法判决，故宪法为法治之体现或反映，亦因此，个人权利乃法律之来源而非法律之结果，即不是宪法赋予个人权利与自由，而是个人权利产生宪法。“法治三原则”对于反对封建特权，保护公民权利和自由具有重要价值，因而对西方乃至非西方国家的法治理论和实践都产生了重大影响。

1959 年，世界法学大会在《德里宣言》中对法治的概念进行了界定[2]，指出法治具有下列三个方面的含义：第一，在法治的自由社会中，立法机构的作用是创造并维护能坚持个人尊严的条件。这种尊严要求不仅承认其公民政治权利，而且建立全面发展其个性所必需的社会、经济、教育和文化条件。第二，法律不仅要对制止行政权的滥用提供法律保障，而且要使政府能有效地维护法律秩序，借以保证人们具有充分的社会和经济生活条件。第三，司法独立和律师业的自由是法治的必要条件，法律要保证任何人不会因为依法

---

[1] 亚里士多德．政治学［M］．吴寿彭，译．北京：商务印书馆，1965：200.

[2] 王人博，程燎原．法治论［M］．桂林：广西师范大学出版社，2014：99.

办事而受到人格、名誉、财产和地位的损失。戴雪强调，对权利的保护和救济，比对人的权利更为重要和实在，其法治的精义是个人自由和权利，由此看戴雪的法治理论其实是19世纪末期自由主义思潮的一个缩影。

我国学者梁治平在《法治：社会转型时期的制度建构——对中国法律现代化运动的一个内在观察》一文中，从制度视角对法治予以重新检视，认为法治正在成为时代的意识形态。他从实质和程序两个基本视角对法治的含义进行界定，认为法治是一套原则，也是围绕这些原则建立起来的一系列制度，还是一种特殊的社会组织形式，一种特殊的秩序模式，它不但要限制垄断的政治权力，促成统治者和被统治者之间某种可以预期的和稳定的互动关系，而且要使社会生活中的若干重要关系受一般规则的统制。他还把法治理解为一种生活实践和认知过程。[1] 此外，他还提出，"法治与人治的主要区别，在于专横的消除以及随之确保的可预见性和'恒常正义'"[2]，从法治与人治关系的角度对法治内涵做了分析和界定。

陈弘毅教授认为法治的含义可以分为几个主要层次：一是社会的秩序或治安；二是政府权力必须有法律依据；三是可以随意运用的权力必须受到明确法律规则的限制；四是司法独立；五是行政机关服从司法机关，等等。[3] 在此，陈弘毅教授表达了以法治规范权力的学理思想，这是对法治含义的进一步揭示。

张文显教授在梳理习近平总书记关于法治相关重要论述的基础上给出了关于法治的核心观点：第一，法治是法律之治。包含"规则治理""制度治理""程序治理"等核心要义。第二，法治是良法善治。法律之治只是法治的形式表征，法治的实质内涵在于"法理之治"，也就是形式法治与实质法治相结合的"良法善治"。第三，法治是和谐秩序。无论是作为治国的基本方略，还是作为依法办事的原则，法治最终要表现为一种秩序状态。达到某种秩序状态，既是法治的目标和结果，也是检验法治的终极指标。第四，法治是文

[1] 俞可平．中国学者论民主与法治［M］．重庆：重庆出版社，2008：252.

[2] 梁治平．法律的文化解释［M］．北京：生活·读书·新知三联书店，1994：4.

[3] 陈弘毅．法治、启蒙与现代法的精神［M］．北京：中国政法大学出版社，1998：62-69.

明表征。"法治"不仅对一个社会、一个国家、一个民族有意义，而且是整个人类值得骄傲的文明成果。[1]

虽然学者们对法治含义的揭示视角不同，具体表述也各异，但仍然能够提取出共同之处：①法治强调法律至上和人们的信从；②法治是动态的国家治理过程；③法治是为确保人之为人的平等待遇而设定的一种秩序状态。此外，正如任何事物都有其存在的基础一样，法治也有其内在的社会基础。只有在深入各种类型法治所赖以产生的社会历史条件的基础上，才能更加深刻理解法治的含义，也才能将法治选择建立在更加扎实的基础之上，为法治的实现提供更合理的说明。

（二）关于法治的社会基础和发展路径

马长山认为："法治是在既定规则之下实现权利保障和权力制约的一项社会系统工程，从根本上讲，它是体现自由、平等和正义精神的秩序化，总体性的社会生活状态。"要推进中国特色社会主义法治进程，除了要注重观念启蒙、制度建构，以及本土资源挖掘，更重要的是"应构筑法治的深层本土社会根基"。[2]卓泽渊在《法治国家论》中提出法治的社会条件在于三个方面：经济市场化、政治民主化和意识理性化，从而使关于法治的社会基础的讨论呈现出更趋于理论化和系统化的特点。朱力宇教授从法治的政治基础角度，强调"法治专指建立在民主基础上的严格依法办事的原则和制度"[3]。法治实际上就是一个社会反复出现的按照法的条文与精神而展开的政治运作及其习惯，是一个民族长久以来形成的文化传统与道德观念在政治层面的折射，是人类政治智慧和经验的累积与结晶。

关于法治的实现路径和动力问题。蒋立山教授认为中国实现法治的动力在于政府。"在外部压力构成的'时空挤压'的条件约束下，在国内众多复杂因素的相互作用下，二十世纪的中国走上了一条政府推进型的法律演变

---

❶ 张文显．习近平法治思想的理论体系［J］．法制与社会发展，2021（1）：6-10.
❷ 马长山．法治的社会根基［M］．北京：中国社会科学出版社，2003：1，4.
❸ 朱力宇．依法治国论［M］．北京：中国人民大学出版社，2004：264.

道路。”[1]因而其实现动力在于“自上而下的政治力量”。既然实现法治的动力在于政治，所以有学者从政治体制改革的宏观视角对实现法治进行审视。卓泽渊在《法治泛论》中认为，“中国法治的关键并不在司法，而在政治的法治化。政治的法治化，包括政治体制的法治化，政治权力的法治化，政治组织的法治化和政治行为的法治化”，同时又认为法治的核心在于“司法的法治化”。[2]由于国家权力主要靠政府推动，就需要限制政府权力，使之法治化。刘炳君在其论文《中国法治：从静态到动态，从抽象到具体》中提出实现法治的几个要件：精神要件、实体要件和形式要件。他认为法治建设，必须有一系列与之相适应的理念，这些理念构成法治的精神要件和行动指南。而政府行为和社会生活必须尊崇的基本原则和基本制度构成了法治的实体要件。法治的形式要件是实现实体要件必须具备的体制、机制和技术条件。实体要件要与形式要件相统一，才能形成实现法治的基础保证，此外，他还强调有效限制公权力滥用是实现法治的首要任务。

与上述法治进路不同，朱苏力教授在《法治及其本土资源》中提出一个新的法治发展路径，选择从“本土资源”的视角关注中国法治，主张更多地关注中国自身的法治生成逻辑。朱苏力教授提出的本土资源理论，在客观上已经成为一种法治实现的模式。他认为中国的法治不可能靠“变法”或移植来完成，而必须从中国的本土资源中演化创造出来。[3]为了尽快实现法治，朱苏力教授在《送法下乡》和《道路通向城市》等著作中以经验和实证等社会科学方法对真实社会中的法律现象进行研究，一方面时刻关注在高度抽象的理论层面上讨论中国法治现代化问题；另一方面突出强调必须从当代中国法治实践尤其是基层法治实践，而不是仅从我们的情感、意向中去考察法治的现代性。

（三）关于法治与公权力的关系

美国法学家博登海默指出：“在法律统治的地方，权力的自由行使受到

---

[1] 蒋立山.法律现代化——中国法治道路问题研究［M］.北京：中国法制出版社，2006：106.

[2] 卓泽渊.法治泛论［M］.北京：法律出版社，2001：27.

[3] 苏力.法治及其本土资源［M］.北京：北京大学出版社，2015：13-14.

了规则的阻碍，这些规则迫使掌权者按一定的行为方式行事。”❶哈耶克指出：“由于法治意味着政府除非实施众所周知的规则以外不得对个人实施强制，所以它构成了对政府机构的一切权力的限制，这当然也包括对立法机构的权力的限制。”“法治意味着政府的全部活动应受预先确定并加以宣布的规则的制约——这些规则能够使人们明确地预见到在特定情况下当局将如何行使强制力，以便根据这种认知规划个人的事务。”❷在这种思想推动下，孟祥锋在《法律控权论——权力运行的法律控制》中认为法律控权是判断法治与非法治的核心，也就是说要想实现法治，就必须实现法律控权，否则一切法治都是空谈。另有学者提出，“法治主要是为了促使政府公共权力克制和富有理性的行使而提出的一种制度安排。……法治状态就是一种人类公共权力设定的有效制约，限制权力恣意与专断行使，并以此使个体权利和自由得到尊重和法律保障的社会状态”❸。在此基础上，孟祥锋进一步提出法律控权的具体机制：以权力制约权力、以权利制约权力、以程序制约权力、以责任制约权力，从而把对控制权力的研究更加具体化。❹通过控权机制的系统化，实现对权力的有效制约，进而为法治现代化的实现提供理论参考。

段红柳认为，仅仅从宏观上要求控权还不够，需要进一步细化如何控权，必须限制政府的权力任意行使，由此出发，要想实现法治，就必须构建法治政府。“法治政府的最基本要求和基本特征，就是把自身的权力自觉地限制在法律的范围内，以防止权力的滥用。政府受到法律的控制，是法治政府和非法治政府的根本分野。”❺同样，郎佩娟、吴成云认为控制公共权力的重点在于控制行政权力。法治政府的出路，主要在于建立有限政府、责任政府和程序政府。❻

要想真正规范国家权力，必须还要有社会建设的高度发展。可以说，没有社会制约权力的实现，对权力的制约就很难真正贯彻，这是符合法治内涵

---

❶ 博登海默.法理学：法律哲学与法律方法［M］.北京：中国政法大学出版社，1999：358.
❷ 哈耶克.自由秩序原理［M］.北京：生活·读书·新知三联书店，1997：267.
❸ 段红柳.构建法治政府论［M］.长沙：湖南人民出版社，2007：3.
❹ 孟祥锋.法律控权论——权力运行的法律控制［D］.长春：吉林大学，2007：112-179.
❺ 段红柳.构建法治政府论［M］.长沙：湖南人民出版社，2007：5.
❻ 张树义.法治政府的基本原理［M］.北京：北京大学出版社，2006：215.

的必要前提。郭道晖教授认为各种社会群体政治参与的日趋活跃对国家事务和社会事务有着很大的影响力与支配力，因而提出“以社会权力制衡国家权力”的重要观点。[1]而社会对权力的制约，需要第三部门的兴起。正如吉涛在其博士论文《第三部门与法治》中提出的观点，只有第三部门的民间力量得到发展，其推动力量才能强大，社会对权力的制约才能实现，进而法治实现才能拥有更深厚的社会保障。

通过以上的文献梳理，不难看出，国内外的学者从不同的角度对法治进行了多层次的探讨，既有关于法治理论上的建构，也有联系法治实践层面的思考，尤其是在法治是什么，实现法治的基础是什么，推进法治要处理好哪些关键问题等方面，进行了较为集中的讨论。通过这些分析研判，笔者发现无论是推进对法治内涵的认识和理解，还是法治的社会基础分析，尤其是法治与公权力的关系问题，实际上都表明或预示了政治因素介入法治理论和实践发展的必要性。换句话说，不从政治，尤其是政治发展的角度来研究法治问题，拘泥于纯粹的理论推演是没有生命力的，是不可持续的，甚至可能因此而陷入玄想。

二、关于政治发展

政治发展研究源起于20世纪60年代初。战后的世界秩序中虽然殖民体系的崩溃和民族解放运动的兴起使帝国主义开始分化与衰落，但新兴国家也正处于艰难崛起阶段。两次世界大战带来的政治变迁就在这个时代生动地展现出来。一些老牌的帝国主义国家面临解体、转型或政治调整，如“一战”后奥匈帝国的土崩瓦解、“二战”后英国的日渐衰落。而新兴国家则大多立足未稳，战争的创伤、政变的风险使国内政治秩序持续动荡，此外，恢复经济、调适新旧文化冲突等都是新兴国家刻不容缓的政治发展议题。在这样的时代背景下，以美国为首的战胜国坐收渔利，静观其变，政治理论家们也因此获

[1] 郭道晖．以社会权力制衡国家权力［M］//法的时代挑战．长沙：湖南人民出版社，2003：151-162.

得了研究全球政治秩序变化的契机。政治发展理论研究由此而发端，形成了以西方政治发展理论为主导的学术体系。中国政治学科恢复以来，在对政治发展原理论研究的基础上，有针对性地对中国自身的政治发展问题进行了深入探讨。时至当前，国内外政治发展研究吸引了众多学者的共同努力，并取得了丰硕的研究成果。

（一）国外政治发展研究概况

西方20世纪60年代的政治发展出现了至少三大流派：以戴维·伊斯顿和阿尔蒙德为代表的系统—结构功能研究学派，以丹尼尔·冶纳和卡尔·多伊奇为代表的社会过程研究学派，以西里尔·布莱克、西摩·马丁·李普塞特、小巴林顿·摩尔、鲁恂·派伊、S. N. 艾森斯塔德为代表的比较历史研究学派。[1]阿尔蒙德偏重政治体系的能力，认为一个国家的政治发展，其政治体系的能力必须大大增强。体系能力之增强，必须使政治体系具备三大功能：①能力功能，包括规范、征收、分配、符号和反应；②转换功能，包括利益表达、利益综合、决策、规则仲裁、传播关系等；③维护和适应功能，包括政治社会化和招募等。阿尔蒙德进而分析了社会政治发展的三个显著特征：①政治体系的自主性；②政治体系的分化；③政治文化的世俗化。卡尔·多伊奇、马丁·尼德勒等人试图对国家社会进行比较的定量分析，把政治行为和进程与诸如城市化、工业化和传播媒介的日益利用等社会进程联系起来。西摩·马丁·李普塞特认为民主政治的发展需要一定的经济条件、社会条件、思想意识条件。以西方欧美发达国家政治民主为参照系，经济发展水平越高，政治民主发展的程度越高。亨廷顿把政治发展目标概括为三个方面：政治一体化、政治制度化和政治民主化。他指出："到60年代中期，已有大量著作详尽阐述了增长、公平、民主、稳定以及自主对发展中社会的重要性，分析了这些社会可能走向这些目标的最佳途径。广泛接受这些目标也意味着接受一种美好社会

---

[1] 陈文新．当代西方政治发展理论：价值取向与路径选择［J］．中共成都市委党校学报，2008（4）：34.

的理想：富裕、公正、民主、有秩序、自己完全掌握自己的事物，简言之，酷似西欧北美已经建立的社会。落后社会是贫穷的、不平等的、压制性的、粗暴和依附于人的。发展就是从后者转变为前者的过程。”[1] 这显然是以西方国家为政治发展的目标和模本，认为政治发展就是追求西方式的民主、自由。

上述国外政治发展研究大体基于一个共同的理论假设：社会的政治发展是一个线性发展过程，现实世界可浓缩为“传统”和“现代”两个阶段，政治发展就是从“传统”走向“现代”的过程。正如蒙哥马利所言：“目前的倾向实际上是把政治发展和政治现代化等同起来。”[2] 此后，政治现代化理论就成为西方政治发展研究的一个重点。虽然亨廷顿指出二者应用情境不同，应用结果上也存在差异，强调二者间的区别，但是现代化理论对于政治发展研究仍然一直具有非常重要的影响，至今仍然是政治发展研究的一个重要内容。

然而“繁荣的政治发展研究和萧条的政治发展实践出现了强烈的反差。具有西方中心论色彩的政治发展模式给许多战后新兴的发展中国家带来的大多数并不是进步与发展，而是政治动荡、经济停滞、贫富悬殊”[3]。实践的错位验证了理论的失真，学者们开始回过头来反思原有政治发展理论存在的弊端。

亨廷顿开始把政治稳定和政治秩序作为政治发展考量标准，认为政治稳定是一个国家政治发展的前提和保证。他认为，政治体系稳定与否，取决于政治参与程度和政治制度化之间的相互关系。政治稳定决定于静态的政治制度化和动态的政治参与的平衡程度。政治参与的剧增会产生政治动荡，政治参与的发展超过了政治制度化的发展是大多数第三世界国家政治不稳定的根本原因。在政治制度化不足的情况下政治参与的剧增就会产生政治动荡。亨廷顿关于政治稳定的理论构建试图解决政治现代化理论的危机，但其仍然是坚持传统与现代二分、以西方欧美发达国家政治民主为参照和特征的，并没有实质性的改变。

---

❶ 塞缪尔·亨廷顿.发展的目标［M］//现代化——理论与历史经验的再探讨.上海：上海译文出版社，1993：333.

❷ 燕继荣.发展政治学：政治发展研究的概念与理论［M］.北京：北京大学出版社，2006：46.

❸ 陈文新.当代西方政治发展理论：价值取向与路径选择［J］.中共成都市委党校学报，2008（4）：34.

鲁恂·派伊认为，政治发展包括三方面的要素：①公民成为积极参与社会活动和政治活动的主体，公民对平等原则的信念和法律观念也随之加强；②政治体系的能力提高，政治通畅，能满足社会的种种需求，解决社会的种种分歧；③政治体系的组织结构分化、功能高度专门化、各机构之间有较高的一体化水平。罗伯特·达尔认为，政治发展就是建立在一定技术—经济发展水平上的民主政治制度，其动力和途径就是政治多元化。要达到这样的民主程度，除了宪法规定的三权制衡原则，更主要地决定于多元化的社会体制，也就是基于不同的价值观念和经济利益组成的各种利益集团的出现，并形成相互独立的多元的权力中心。科尔曼则从历史、类型学和演进三个角度分析政治发展。从历史的角度，政治发展是指16世纪起在西欧发生的社会、经济、政治、文化和结构的变化；从类型学的角度，政治发展是指传统的政治体系向现代政治体系过渡的过程；从演进的角度，政治发展使人们能够在政治生活中发挥创造力，是新的政治生活模式制度化的过程。罗伯特·杰克逊和米盖尔·施塔因认为政治发展意味着政治体系的变迁过程。它包括结构分化和角色专门化、政治生活模式更新以及政治发展目标的不固定。

20 世纪 80 年代以来，西方政治发展研究基本是在前述观点的基础上徘徊，理论创建力度减弱。在西方社会科学学科交融的趋势增强的背景下，新制度主义兴起，“这种制度变迁的理论既有经济利益的转移与再分配，也涉及政治权力结构的改变。正因如此，新制度经济学的制度变迁理论涉足了政治领域，西方的政治发展理论也由此获得新的内容，也体现出新的价值取向和路径选择”。路径依赖理论解释了“一些发展中国家长期经济落后、政治动荡的原因是和其初始制度和历史传统分不开的”[1]，强调了“人们过去做出的选择决定了其现在可能的选择”[2]。新制度主义提出了“诱致性制度变迁和强制性制度变迁”的政治发展的道路，并以此作为发展中国家政治发展的选择性

---

❶ 陈文新.当代西方政治发展理论：价值取向与路径选择［J］.中共成都市委党校学报，2008（4）：35.

❷ 道格拉斯·诺斯.经济史中的结构与变迁［M］.上海：上海三联书店、上海人民出版社，1994：1.

路径，这在本质上是侧重经济驱动和政府强力主导的两种发展模式，实际运用中应该注重相互协调。

总之，西方学者关于政治发展的研究有以下几个共同特征：一是在评价标准上，把西方政治制度奉为理想模式。借助西欧和美国的历史经验，试图将西方民主、多元主义等政治目标移植到发展中国家，因此，这些理论具有强烈的“西方中心主义”色彩。二是在适用范围上，将政治发展限定于第三世界。西方学者探讨的重点是发展中国家应选择怎样的模式以及落后的经济、文化对政治发展的影响。三是在研究方法上，推崇“价值中立”的实证分析。注重运用事实材料和技术手段比较分析各种政治发展模式，试图放弃任何主观价值预设，以客观、中立的态度观察和分析政治发展。尽管这些富于开创性的学术努力是应予肯定的，但是在意识形态影响下关于政治发展的评价标准和评价方法之间的矛盾，以及适用范围上的偏颇是客观存在的，成为西方政治发展理论的一个不容回避的问题。

（二）国内政治发展研究概况

众所周知，20 世纪 80 年代我国政治学才刚刚恢复，因此，对政治发展问题的研究基本上是从 20 世纪 80 年代中后期开始起步的。由于学科基础建设比较薄弱，因而，最初人们对政治发展问题的研究基本限于传播和介绍西方政治发展理论，也有一些探讨发展中国家政治发展的情况。随着人们对政治发展问题的重视和研究的深入，90 年代之后，学界在政治发展问题的研究上展现了一种自觉的学术追求，主动以马克思主义为指导来探讨一般政治发展理论，并开始重视对中国政治发展实际问题的研究。这一研究的转向，使政治发展这一命题开始在中国获得学术生命，而当代中国政治发展的实践，也迫切需要政治发展理论的指导，于是建构中国特色社会主义政治发展理论便成为人们明确的学术追求目标。

对我国政治发展问题研究总体状况的把握需要从两个方面进行。

首先，国内学者对政治发展的一般理论在译介的基础上进行了比较集中的研究。总体来看，国内的政治发展研究从以下两个维度展开：一个维度是对西方政治发展理论经典著作的大量译介和广泛传播。这一时期翻译引进了大量国外政治发展经典著作，主要有阿尔蒙德和西德尼·维巴合著的《公民文化：五国的政治态度和民主》、阿尔蒙德和小鲍威尔合著的《比较政治学：体系、过程和政策》、鲁恂·派伊所著的《政治发展面面观》与《东南亚政治制度》、亨廷顿所著的《变化社会中的政治秩序》与《第三波：20世纪后期民主化浪潮》、格林斯坦和波尔斯比所编的《政治学手册精选》、霍华德·威亚尔达的《非西方发展理论——地区模式与全球趋势》等。这些以政治发展为主题的国外经典著作因其在政治发展理论中的基础性作用而被国内不同机构多次再版，产生了广泛影响。国内也出现了一批介绍和评论西方政治发展理论的相关论著，其中主要有陈鸿瑜著《政治发展理论》、张志尧著《西方国家政党政治与政治发展》、王沪宁所著的《比较政治分析》与《当代西方政治学分析》、赵虎吉的《比较政治学：后发展中国家视角》、程同顺的《当代比较政治学理论》、盛红生主编的《英国政治发展与对外政策》、王涛的《西方"政治发展"研究述评》、姚建宗的《国外政治发展研究述评》、陈明明的《行为主义革命与政治发展研究的缘起》、杜才平的《西方政治发展理论述评》、岳世平的《当代西方政治发展理论述评》、白锐的《政治发展理论的思想史根源剖析》、陈文新的《从"现代化"到"制度变迁"——当代西方政治发展理论的语境转换》、冯钢的《政治文化与西方政治发展理论》、任佩文的《西方政治学中的政治现代化与政治发展理论》等。此外，在以下的政治学教材相关章节中也有对西方政治发展理论的专题介绍，如王邦佐、孙关宏、王沪宁等主编的《新政治学概要》，严强、张凤阳、温晋锋合著的《宏观政治学》，王浦劬等著的《政治学基础》，杨光斌著《政治学导论》，孙关宏、胡雨春主编的《政治学》等。上述关于西方政治发展理论的译介，对于国内学者认识、评价和借鉴西方政治发展的基础理论，拓展政治学研究领域，推动国内政治发展理论研究起到了重要作用。另一个维度是在对西方政治发展理论译介、反思和批判的基础上，国内学者开始尝试进行具有原创性的理论探讨。这方面的论著有李元书主编的《政治发展导论》、杨龙等著的《发展政治学》、燕继荣主编的《发展政治学：政治发展研究的概念与理论》等。此外，还有诸多学术文章就政治发展理论问题进行了探讨，如王惠岩的《重视政治发展问题研究》、李元书的《政治发展的最终目标和阶段》、周少来的《秩序·效率·民主——政治发展目标的多元组合》、桑玉成的《政治发展观研究》、程竹汝的《论政治发展的内涵》、邵明阳的《政治发展涵义比较分析》、蔡拓的《政治发展研究中若干值得探索的问题》、毛振军和柯雄的《政治发展的价值取向论》、王松和孙力的《政治发展的评估与政治发展的价值目标》、魏星河的《论政治发展与社会全面发展》、刘学军的《政治发展与政治稳定问题研究》、李程伟的《社会利益结构：一个研究政治发展的新视角》、李元书的《社会主导阶层与政治发展》、张伟的《试论社会诉求与政治发展的互动》、李景鹏的《试论政治发展的动力与目标》、陈怡华的《试论政治文化对政治发展的意义》、孔德元的《现代化与政治发展》、赵素卿的《政治发展的内涵、特征、政治转型及与市场经济的关系研究概述》、孙明军的《政治发展进程中的国家能力及其限度分析》、冯钢的《政治发展理论与“新进化论”》、蔡小平的《政治发展视野中的准弱势群体问题》、盛凌振的《政治发展的理性化趋势探析》等。就目前的研究现状看，李元书、燕继荣、胡伟、桑玉成、杨海蛟、林尚立、周平等学者在世纪之交关于政治发展基础理论的讨论仍然代表着目前国内政治发展理论研究的前沿。上述文献拓展了国内政治学研究领域，是推进政治发展理论本土化研究进程的积极尝试，对于建构中国特色社会主义政治发展理论起到了重要的基础性作用。

其次，随着政治发展一般理论译介、评论的展开，关于中国自身政治发展的理论与实践研究成果也不断涌现，并日益丰富。中国政治发展的目标、路径、动力、模式等问题在近年来的政治发展研究中被大量涉及，成果丰富。“政治发展不是不顾自身传统的发展，而是基于各国历史传统、社会文化状况基础上，有利于各国政治稳定、经济发展、文化繁荣的发展……正确的做法应该是正视各国各自的传统，以传统为基础……创造性地走出各国自己的政治发展之路。”[1]从对政治发展一般性基础理论研究推进到中国政治发展理论研

---

[1] 竹森.当代政治发展研究衰落探因[M]// 自由与社群.北京：生活·读书·新知三联书店，1998：267.

究是学术发展的一种必然趋势。中国政治发展学术研究的繁荣是近年来中国政治发展的反映，同时也从理论的层面推动了中国政治发展实践。

随着关于政治发展的认识的逐步深入，国内学者不再局限于对一般性政治发展理论的眷顾，关于当代中国政治发展的独特规律和发展趋向的研究逐步成为人们关注的焦点。在这个问题的研究上，国内学者表现出了很大的热情，相关成果汇成了探讨当代中国政治发展的理论文库。我们可以把这类研究成果从以下四个维度加以归类分析。

一是持续推进关于当代中国政治发展的宏观思考。总体性概括和分析当代中国政治发展，一直是许多学者的努力方向，这方面涌现出众多的研究成果，主要论著如下：包心鉴著《社会主义政治发展论》、周平的《我国当代政治发展分析》、商红日的《中国政治发展简论》、燕继荣的《中国政治发展：理论与实践的双重变奏》、张式谷的《我国民主政治发展之路》、南敬伟的《当代中国政治发展的理论分析》、房宁的《中国特色社会主义民主政治发展道路——中国社会主义政治改革若干思考》、常士訚的《试论当代中国政治发展要处理的几大关系》、金德万和黄南珊的《论当代中国政治发展的基本问题》、张晓东的《试论当代中国的政治发展理论》、王力民的《试论社会主义政治发展战略》、邓集文和袁金辉的《论当代中国的内源式政治发展战略》、胡永佳的《试析当代中国政治发展的逻辑线索》、王惠君的《当代中国政治发展主要模式特征探析》等。这些论著依据政治发展的一般理论，立足当代中国的现实语境，梳理当代中国政治发展实践的基本问题，致力于建构符合当代中国特点的政治发展理论框架，形成了关于当代中国政治发展的宏观叙事和理论概括。

二是对中华人民共和国成立以来或改革开放以来或之后某个时期政治发展历程和成就的回顾与总结。这方面的成果有谢庆奎的《新中国五十年的政治发展》、杨海蛟的《回顾与展望改革开放以来的中国政治发展》、沈荣华的《党的十一届三中全会与当代中国政治发展》、包心鉴的《中国新时期政治改革的历史经验和基本规律》、曾成贵的《进程、变化与特点：1978 年以来中国的政治发展》、王世谊的《第三代领导集体对当代中国的政治发展》、萧斌的《改革开放20年与中国的政治发展》、曹泳鑫的《改革开放后的中国政治发展》、何云峰的《改革开放与中国的政治发展》、石瑛和朱孟才的《转型期政治发展的核心问题及路向选择》、杨帆的《论十三届四中全会以来中国的政治发展》、王寿林的《我国民主政治发展现状分析》、杨海蛟和王英的《改革开放30年来我国政治体制改革成就述评》、郑言的《中国近20年的政治发展——为纪念十一届三中全会召开20年而作》、王松和孙力的《论中国新时期的政治发展》、任维德的《中国社会转型时期的政治发展》、何增科的《治理、善治与中国政治发展》、周少来和张君的《现代化进程中的民主发展——中国特色社会主义民主政治发展40年》等。这些成果分别对中国政治发展的某一特定阶段做了客观而细致的回顾和描述，通过理性而中肯的评价揭示了特定历史阶段中国政治发展的基本特征，从而加深了人们对当代中国政治发展的特质和规律性的认识。

三是针对当代中国政治发展的某一方面问题展开的深入探讨。这方面文献的形成预示着中国政治发展理论研究进入了进阶阶段，这是深化中国政治发展理论研究的必然趋势。经过学者们若干年的努力，这方面的文献大量涌现。例如，程道平和陈国跃的《当代中国政治发展的背景及其理论建构》、刘京希与宋全成的《当代中国政治发展的文化背景与文化目标》、梁波的《当代中国政治发展机制的目标选择》、臧乃康的《中国政治发展目标模式的选择》、蒋婕虹和邹建锋的《当代中国政治发展目标的规范分析：一条新道路之思考》、汪永成的《论当前政治发展目标的次序和实现策略》、李翔宇的《论中国政治发展的价值目标及其现实选择》、王继停的《当代视角下的中国政治发展目标与战略模式选择》、王俊付和周健的《浅析当代我国政治发展的政治价值取向》、常桂祥的《民主政治建设：当代中国政治发展的主题》、秦德君的《民主政治建设：中国现代化政治发展的价值主题》、王军的《论社会主义国家政治发展的基本规律》、张美萍的《试论我国民主政治发展应遵循的规律》、凌胜银的《论中国特色政治发展道路的客观逻辑》、林尚立的《中国政治发展的动力资源》、蔡益群的《当代中国政治发展原动力的系统分析》、任溶的《论当代中国政治发展的动力》、张江河的《超越意识与当代中国政治发展》、刘剑君的《当代中国社会主义的政治发展：从文化的角度看》、张定淮和涂春光的《当代中国政治发展的战略与策略》、黄相怀的《中国政治发展的制度逻辑》等。上述文章既有对中国政治发展背景的深刻阐述，又有关于当代中国政治发展目标的清晰刻画；既有对当代中国政治发展主题的集中讨论，又有关于中国政治发展规律、动力，以及影响因素、发展策略和制度设计的深入思考，这些文献从当代中国政治发展的生动实践出发，以问题为导向进行了经验总结和理论分析，体现了立足当代中国国情，服务于现实政治发展的理论研究走向。

四是对中国政治发展的未来设想和前景展望。这方面的文章有萧功秦的《后全能体制与 21 世纪中国的政治发展》、周光辉的《当代中国政治发展的十大趋势》、关海庭的《21 世纪中国政治发展展望》、俞怀宁的《21 世纪中国社会主义政治发展的前瞻》、张顺和柏维春的《论 21 世纪中国政治发展的基本模式》、熊光清的《21 世纪中国政治发展的战略选择》与《论 21 世纪中国政治发展的基本目标》、樊立英的《浅论新世纪我国政治发展的基本构架和措施》、康晓光的《未来 10 年中国政治发展策略探讨》、虞崇胜的《新世纪中国政治发展的战略取向》、陈明明的《新世纪中国政治发展面临的挑战和希望》、张顺的《中国政治发展在新世纪前十年面对的任务》、王敏和叶娟丽的《走向 21 世纪的中国政治发展》等。这些文献基于对中国政治发展的总体性梳理和深入研判，在充分考虑当前国内国际各种综合因素的基础上作出了关于中国政治发展的理论前瞻，是当代中国政治发展理论研究的延伸和拓展。

进入 21 世纪以来，在新时代背景下政治发展研究又涌现出一些新动向。例如，高奇琦的《算法政治转向与治理功能弱化：新科技革命下西方政党政治发展趋势研判》探讨了科技革命与政治发展的关系。吴晓林、谭晓琴的《新时代中国政治发展理论的体系构建：一个比较的框架》以比较的视野探讨了新时代中国政治发展的理论框架。王珏的《从政党政治发展史论中国共产党永葆初心使命的内在逻辑》、覃漩的《协商民主与政治发展》，分别阐述了新时代的背景下中国共产党推进政治发展的各种努力，以及协商民主对政治发展的促进作用。此外，还有一部分文献讨论了如何总结新时代中国特色社会主义政治发展的经验、探讨其现实启示和世界意义，如陶林的《论中国特色社会主义政治发展道路的科学内涵、历程、特征与基本经验》、邢和祥和郝宇青的《百年来中国共产党领导的政治发展主题变迁及启示》、孙代尧的《中国政治发展新道路对人类政治文明的贡献》、易佳乐的《中国式政治发展道路的内在逻辑及世界意义——兼论福山命题的困境》等。这些文章紧跟新时代中国政治发展的脉动，着力总结新中国特色社会主义政治发展的独特路径，探讨和彰显新时代中国政治发展理论与实践对于当代国际政治发展的影响和深远的世界意义。

三、法治与政治发展关系

就目前收集到的资料看，涉及法治与政治发展关系的分析论证不多，直接针对二者间理论和逻辑关联的讨论很少。虽然没有人否定法治与政治发展的关系，但直接从理论上详细论证二者间关系的学者和论述并不多见。其中，杨光斌教授指出："'法治'不但是一种制度，还是一种文化，即是否习惯于遵守规则的法律文化。""政治发展尤其具有逻辑性的次序……这就需要法治约束和抑制人性中的'恶性'，弘扬人性中的'善性'。一句话，民主本身虽然也是一套规则，但是还要有根本性的规则即法治去约束民主，这样的民主才能成为大家都接受的'城里的唯一规则'。"[1] 有部分学者就法治与中国政治发展的关系做了简要的论断。周光辉教授认为改革开放后中国政治发展在社会治理方面转型的历史趋向表现为"从行政控制走向法律的社会控制，即实现法治"。"法治社会的基本特征是：社会秩序主要表现为法律秩序，社会生活的基本方面和主要的社会关系均纳入法律规范的调整范围，法律具有普遍的约束力和最高的权威性。"[2] 于建嵘教授提出中国政治发展的目标是"法治式的威权政治"[3]。也有观点认为："法治解决了政治权力结构及其运行机制的政治制度化这一中国政治发展进程中的中心问题，并为培养出适应中国政治发展需

[1] 杨光斌．中国当下法治体系的问题与出路［J］．探索与争鸣，2010（1）：53，56.

[2] 周光辉．当代中国政治发展的十大趋势［J］．政治学研究，1998（1）：34.

[3] 于建嵘．共治威权与法治威权——中国政治发展的问题和出路［J］．当代世界社会主义问题，2008（6）：17.

要的现代公民奠定了基础。”[1] 如此等等，这些论述往往倾向于关注法治与中国政治发展关系，而忽略了从一般意义上讨论法治与政治发展的理论关系。

需要重点提出的是，卓泽渊教授倡导的法政治学对探讨法治与政治发展问题在基础理论构建和研究方法方面具有借鉴作用。卓泽渊教授的《法政治学》一书，使法政治学的学科概念正式进入人们的视野。他所倡导的法政治学致力于从学科基础理论层面建立法学与政治学之间的理论关联，为理清法治与政治发展的关系提供了理论参照。从法政治学的研究对象来看，法政治学以“法治政治”作为研究对象。一般地说，法治政治就是法治下的政治或奉行法律至上的政治。这种政治观念认为，法与政治之间具有本质的相关性，法（律）是一种社会规则性现象，是人类社会交往和社会活动的行为规范，而政治则是一种社会规则性活动，是选择和运用法律规则的公共治理活动。从这个意义上讲，所谓法治政治，就是通过法律等规则的选择与运用以建立社会秩序、分配社会利益的公共治理活动。因此，法治政治的本质属性就是它的规则性。从政治学的学科性质来看，法政治学是研究法治政治问题的学问。因此，法政治学也可以称为法律政治学或法治政治学，它既是法学和政治学共同的基础性理论学科，又是以法治政治理念为支撑的法治国家建设的应用性实践学科。首先，法政治学是以法治政治作为研究对象的，它是研究法治政治的本质及其产生、运行和发展规律的学问。因此，法政治学可以称为法治政治学。而且，法政治学又是从法律规则性的角度理解政治的本质的。其次，法政治学是法学和政治学共同的基础性理论学科。按照现有的学科分类，法学是研究法律现象的学科，而政治学是研究政治现象的学科，这实际上是将具有内在本质关系的政治法律现象人为地割裂开来了。法政治学就是为了弥补这种断裂并为政治学和法学提供人的规则性、人本法治和法治政治等基础性观念的理论学科。它具有法哲学和法理学以及政治哲学和理论政治学的性质。再次，法政治学是以法治政治理念为支撑的法治国家建设的应用性实践学科。法政治学在揭示人、法律（规则）与政治之间内在本质关系的基础

---

[1] 梁彦新.法治、德治与当代中国的政治发展［D］.西安：陕西师范大学，2003：3.

上，将努力深化人们对于法律和政治的认识，解析重大的政治法律现象，回答重大的政治法律问题，促进法律和政治效用的发挥，为中国的社会主义法治国家建设提供理论支撑和政策措施。因此，法政治学也是关系中国法治国家建设的应用性实践学科。最后，法政治学具有政治学和法学的双重学科属性。从学科归属来看，法政治学作为法学理论研究的深化，是法学的分支学科。同时，法政治学作为政治学理论研究的创新，又是政治学的分支学科。[1]

第三节　研究方法

第一，辩证唯物主义与历史唯物主义的方法。这是本课题研究最基本的方法。课题研究遵循这一基本方法设计逻辑框架，探索法治与政治发展的基本规律、二者间的相互联系与互动机制。

第二，分析与综合的方法。对材料进行辩证分析，力求形成对法治与政治发展的科学的、全面的认识。在分析的基础上进行综合，剖析法治与政治发展的理论关联，探索中西方法治与政治发展的实践规律。

第三，理论与实践相结合、历史与逻辑相统一的方法。按照历史与逻辑相统一的方法，较为全面地考察法治与政治发展的理论来源、历史背景、内容体系、实践经历以及对当前中国法治与政治发展建设的理论意义和现实启示。

第四，比较的方法。通过对法治和政治发展在中西方不同社会历史条件下的发展历程与相互关系的比较，探讨二者间内在的联系与发展规律，为当前中国政治发展提供理论参照。

第五，学科渗透、会通的方法。从政治、历史和法学三个学科相互贯通的视角来全面考察法治与政治发展。力求运用学科综合的方法通过对法治和政治发展本身及相关要素的分析与比较研究，开拓出一个新的研究角度，使法治与政治发展的关系问题得到合理的解释。

---

[1] 刘俊祥．“法政治学”论要［N］．光明日报，2007-02-27.

第二章　法治与政治发展关系的理论分析

法治与政治发展之间具有内在的理论关联，法治既是政治发展的产物和标志，同时又深刻地影响和推动着政治发展。在法治与政治发展相互关系的各种讨论中，从来没有人能否定二者间的理论和逻辑联系，似乎这是一种先在的理论预设，因而很少有人去作具体探讨和确证。理论上的清晰明确是推进实践的重要前提，理论首先是建构在基础概念之上的，法治与政治发展分别是以法和政治作为核心概念而进行理论展开的。作为基础性概念，法与政治之间的逻辑关系，是我们对法治与政治发展进行学理分析，进而深刻理解和把握法治与政治发展之间理论关联的基础。

第一节　法治的学理阐释

法治的理论分析是厘清法治与政治发展关系的基础。法治首先是一种社会历史现象，是人类社会历史发展到一定阶段的产物，它源于实际社会生活发展的需要，有其深刻的物质性根源。法治是一种政治理想，是阶级和国家诞生以来人们关于如何分配权力、调整阶级关系、确保社会秩序而进行的一种制度性创造，是以秩序为目的而设计的一种规则体系，是在国家主导下的一整套实践运行机制。法治又是建构于“法”这一基本概念之上的一个理论范畴，有其特定的形式渊源、逻辑结构、价值理念和发展规律。

一、法的一般释义

法产生于控制、调整人类行为的实际需要，而这种需要又有其社会历史性和物质根源。“法”首先是指一种实在的社会现象，其次是描述这样一个社会现象的概念和名称。法在人类社会发展的特定阶段产生和存续，它在本质上是一种规则，是在社会生活中形成的处理人与人之间关系的一种特殊的行为规则。这种规则的特殊性就在于它反映统治阶级的意志和利益，由国家制定或认可并依靠国家强制力来实施。法受制于具体的社会历史条件，反映相应社会历史发展阶段的特定阶级状况，法的内容与其赖以产生的社会生活条件、生产方式相适应。

（一）法的概念

法是人类社会生活所特有的一种现象，它伴随着国家和阶级的产生而出现，是人们为解决资源配置矛盾，塑造稳定的社会关系，确保生存秩序而以国家共同体的名义创制并保证强制实施的行为规范。进一步讲，现代意义上的法是反映由特定物质生活条件所决定的统治阶级意志和社会共同生活的需要，以权利和义务为内容，以确认、保护和发展统治阶级所期望的社会关系、社会秩序和社会发展目标为目的的行为规范体系，是统治阶级实现阶级统治和社会管理的工具。在人类的法律思想史上，不同时代、不同民族的思想家、法学家站在不同的角度解释法的本质，提出了林林总总的法的定义。总体来说，这些定义又可以分为两大类：一类是非马克思主义的，另一类是马克思主义的。

1. 非马克思主义的法的定义

概括来说，非马克思主义关于法的概念界定主要有以下几种：①意志说。意志说注重法律的意志性，认为法律体现的是意志。按照意志主体的差异，又可分为个人（统治者）意志说、阶级意志说和共同意志说（如卢梭的公意说）。神意论直接或间接地将法的本质归结为神的意志，现代神学自然法学家仍然主张法是上帝意志。卢梭首创公意说，强调“法是公意的宣告”。卢梭的主张得到《人权宣言》的认可，成为当代西方大多数宪法的主张。②理性说。理性说认为，法律是人的理性的创造物，是理性的体现和表达。古希腊的斯多葛学派，古罗马的西塞罗，荷兰的格劳秀斯、斯宾诺莎，英国的霍布斯、洛克，德国的普芬道夫，法国的卢梭等思想家都极为重视法律的理性根源和特征。理性说注重法律的合理性、价值性。③规则说。规则说认为法是约束人们行为的规范。这种理论主要是由分析实证主义法学家提出的。他们认为法律是一种规则，是国家创制的规则。如哈特说，法律是主要规则和次要规则的结合。奇普曼说，法律是法院为了确定合法权利和义务而定下的规则。规则说注重法律的实在性、规定性。④权力、规范、命令说。商鞅认为："法者，国之权衡也"；韩非认为："法者，编著之图籍，设之于官府而布之于百姓者也"；管仲说："法律政令者，吏民规矩绳墨也"；清末法学家沈家本强调："法者，天下之程式，万事之仪表"。霍布斯认为法律是国家对臣民的命令。在奥古斯丁看来，法是掌握主权者的命令，如不服从就以制裁的威胁做后盾。⑤客观关系说、社会工程论、预测说。孟德斯鸠指出，"法是由事物的性质产生的必然关系"。埃利希认为，除了国家制定的法律，还有一种"活的法"，它是在实际社会生活中真正起作用的法律。狄骥认为，社会连带关系是一切社会规则的基础，人定法来源于客观法，客观法高于国家制定的法，客观法来源于社会连带关系或社会中产生的客观关系。西里尔·布莱克强调法律是政府的社会控制。庞德提出法律是一种社会工程或社会控制工具，其目的在于以最小限度的牺牲尽可能满足全体人类的需要，满足各种相互冲突的利益。社会控制说强调的是法律在社会中的角色、功能、效应。预测说认为法律是对行为后果的预测，是对法院可能判决的观测。美国现实主义法学是这一理论的主角。这种看法常被戏称为"坏人眼中的法律"。霍姆斯声称，法不过是对法院实际上将做些什么的预测而已。预测说突出法律的可预测性，强调其结果的效益性。

上述种种理论、学说对于人们认识、解释法律现象和本质产生了一定的影响，这些观点有合理的一面，当然也存在不足之处。一方面，这些非马克思主义关于法的本质和定义包含富有启迪的见解。这些理论有的重视法的价值，有的突出法的形式，有的强调法的客观性，有的关注法的工具性、功能性，有的侧重法的意志或理性根基，有的强调法律的经验性质，有的重视法的目的性、理想性，有的则从法的人为性、人定性出发，显然在揭示法的意蕴方面都分别作出了有益的贡献。另一方面，非马克思主义的法的定义大都是以唯心主义或形而上学为其哲学基础的，难免存在这样或那样的偏颇，如忽视法的整体性、统一性，割裂法的各种元素之间的内在关联，不但无法深刻揭示法的内在本质，反而更容易使其被遮蔽。真正地揭示法的本质，还其本来面目，是马克思主义法学的重大任务和首要问题。

2. 马克思主义关于法的内涵阐释

关于"法"的理论与实践探讨是马克思主义理论体系中一个不可或缺的重要组成部分，马克思主义不但强调从法的概念内涵、结构等内在角度对法加以深入分析，而且更注重在法与政治、法与社会的关系中去分析和界定法。作为马克思主义的创始人，马克思在柏林大学学习期间，最初就选择了法律专业，并致力于以法学为基础辅助哲学和历史研究。❶他曾经追随康德理性自由主义法律观而形成理性理想主义法学观，之后被黑格尔辩证法所吸引，完成了由理性理想主义法律思想向理性现实主义法律思想的转变。《历史法学派的哲学宣言》就是马克思运用黑格尔的辩证法思想讨伐德国法律思想领域保守主义法学思潮——历史法学派的标志。❷随着对法学理论思考的深入和社会活动的实践拓展，马克思逐渐发现黑格尔唯心主义史观是对法学发展的一个桎梏，于是站在唯物主义立场上，开始努力摆脱黑格尔唯心主义法学观的影响。在《论离婚法草案》中，马克思通过批判黑格尔的唯心主义法学观，澄清了法学研究领域一个极其重要的问题，即法的客观性及其本质问题，确立了唯物主义法哲学观。在马克思法学观转变的同时，恩格斯也摆脱了宗教虔诚主义的束缚，由"青年德意志"运动的追随者，经由青年黑格尔派，逐步确立了"新理性批判主义法学观"，走上了与马克思共同创立历史唯物主义

❶ 马克思恩格斯选集：第 2 卷［M］. 北京：人民出版社，2012：1.

❷ 吕世伦，叶传星. 马克思恩格斯法律思想研究［M］. 北京：中国人民大学出版社，2018：1-27.

法学的征程。[1]在经历了康德理想主义法学观的幻灭，吸取黑格尔辩证法思想的合理内核，批判历史法学派的保守主义思想，以历史唯物主义取代黑格尔唯心主义之后，马克思、恩格斯在批判资本主义法的基础上，抽丝剥茧般地廓清了法的概念的基本内涵，为我们理解和把握法的概念奠定了基础。需要指出的是，马克思、恩格斯并没有直接给法下一个绝对周延的定义，但是他们从唯物主义的根本立场出发给我们阐述了理解法的内涵的基本方法。

第一，从客观的物质生活出发理解法。在《关于林木盗窃法的辩论》中，马克思从穷苦劳动群众的物质生活条件入手，探讨了物质利益同普鲁士的国家和法的关系，指出普鲁士的国家和法律制度存在的目的就是剥夺穷苦劳动群众的利益。此时，马克思开始意识到社会经济关系对法和法律具有某种影响，明确了要认识法和法律，就不能忽略对物质利益问题的探讨。在《共产党宣言》中论述到资产阶级法观念时，马克思和恩格斯明确地指出，“你们的观念本身是资产阶级的生产关系和所有制关系的产物，正像你们的法不过是被奉为法律的你们这个阶级的意志一样，而这种意志的内容是由你们这个阶级的物质生活条件来决定的”[2]，从而指出了资产阶级法所代表的阶级意志的物质根源。

在《〈政治经济学批判〉序言》中，马克思更为清晰地写道：“法的关系正像国家的形式一样，既不能从它们本身来理解，也不能从所谓人类精神的一般发展来理解，相反，它们根源于物质的生活关系，这种物质的生活关系的总和……人们在自己生活的社会生产中发生一定的、必然的、不以他们的意志为转移的关系，即同他们的物质生产力的一定发展阶段相适合的生产关系。这些生产关系的总和构成社会的经济结构，即有法律的和政治的上层建筑竖立其上并有一定的社会意识形式与之相适应的现实基础。物质生活的生产方式制约着整个社会生活、政治生活和精神生活的过程。不是人们的意识

---

[1] 吕世伦，叶传星.马克思恩格斯法律思想研究［M］.北京：中国人民大学出版社，2018：30-31.

[2] 马克思恩格斯选集：第1卷［M］.北京：人民出版社，2012：417.

决定人们的存在，相反，是人们的社会存在决定人们的意识。”❶ 恩格斯在《卡尔·马克思〈政治经济学批判　第一分册〉》中对这一原理做了进一步阐释：“在历史上出现的一切社会关系和国家关系，一切宗教制度和法律制度，一切理论观点，只有理解了每一个与之相应的时代的物质生活条件，并且从这些物质条件中被引申出来的时候，才能理解。”❷ 马克思在《资本论》中分析“交换过程”时再次重申了“法的关系”的决定性因素——“这种具有契约形式的（不管这种契约是不是用法律固定下来的）法的关系，是一种反映着经济关系的意志关系。这种法的关系或意志关系的内容是由这种经济关系本身决定的”❸。可见，马克思始终把法看作一种反映物质生活内容的关系性存在，在探讨法所代表的阶级意志的同时，时刻不忘决定阶级意志的是其所处时代的物质生活条件，其结论就是法与物质生活条件息息相关并受其影响与制约。

第二，从阶级和国家的视角理解法。马克思、恩格斯倡导在国家和阶级的框架内讨论法的问题。恩格斯在 1884 年《家庭、私有制和国家的起源》中，总体性地阐释了法、阶级与国家的关系：法与国家、阶级都有其赖以发生和发展的物质基础，都是社会生产发展到一定阶段的产物。阶级是劳动分工、私有制发展使得社会分裂的结果，国家则是阶级矛盾不可调和的产物。国家的作用和意义之一就是“不仅使正在开始的社会分裂为阶级的现象永久化，而且使有产者阶级剥削无产者阶级的权利以及前者对后者的统治永久化”❹。在“国家”“改造氏族制度”的过程中，氏族的习惯法也开始逐步脱胎过渡为更具有普遍意义的法，并在这个“改造”和“替代”过程中发挥了重要作用。❺ “罗马的行政和罗马的法到处都摧毁了古代的血族团体，这样也就摧毁了地方的和民族的自主性的最后残余。”❻ 古雅典和罗马国家的建立过程例证了法的演化发展在应对阶级矛盾激化，推动国家形成过程中的积极作用。

❶ 马克思恩格斯选集：第 2 卷［M］. 北京：人民出版社，2012：2.
❷ 马克思恩格斯选集：第 2 卷［M］. 北京：人民出版社，2012：8.
❸ 马克思恩格斯选集：第 2 卷［M］. 北京：人民出版社，2012：128.
❹ 马克思恩格斯选集：第 4 卷［M］. 北京：人民出版社，2012：123.
❺ 马克思恩格斯选集：第 4 卷［M］. 北京：人民出版社，2012：123-124.
❻ 马克思恩格斯选集：第 4 卷［M］. 北京：人民出版社，2012：184.

在《德意志意识形态》中，马克思和恩格斯就曾经指出："那些决不依个人'意志'为转移的个人的物质生活，即他们的相互制约的生产方式和交往形式，是国家的现实基础，而且在一切还必需有分工和私有制的阶段上，都是完全不依个人的意志为转移的。这些现实的关系决不是国家政权创造出来的，相反地，它们本身就是创造国家政权的力量。在这种关系中占统治地位的个人除了必须以国家的形式组织自己的力量外，他们还必须给予他们自己的由这些特定关系所决定的意志以国家意志即法律的一般表现形式。""由他们的共同利益所决定的这种意志的表现，就是法律。"[1]这就表明，法律作为国家意志的表现形式，是国家整体意志的集中体现，是掌握国家政权的阶级用国家意志的形式组织自己的力量的一种重要手段。需要指出的是，以国家意志的形式呈现的法律，既不是统治阶级中少数人的意志，也不是什么个别人的"自我意志"，而是统治阶级的整体意志。而这种通过国家意志的形式呈现出来的统治阶级的整体意志，仍然是以物质生产关系的发展为基础。国家存在的目的则是维护和发展其赖以产生的物质生产关系，承载了国家意志的法律则是其实现这一目的的重要手段和依托。

马克思还揭示了法的阶级性问题，在《共产党宣言》中，他指出，"你们的法不过是被奉为法律的你们这个阶级的意志"[2]，而对于工人来说，"法律对他来说是资产者给他准备的鞭子，因此，不是万不得已工人是不会诉诸法律的"[3]。这些论断揭示了法与统治阶级的内在关系：法是以统治阶级的利益为出发点和归宿的，是从统治阶级的立场出发，根据统治阶级的利益标准和价值观念，以国家的名义来调整社会关系的。法律是阶级社会中统治阶级的政治工具。对于被统治阶级，法律就是暴力与压迫；对于统治阶级，法律就是权力与权益。当然，统治阶级的整体意志并不能随心所欲，它还会受到所处时代的物质生活条件的制约。

马克思、恩格斯从唯物主义的基本观念出发，在国家与阶级的政治架构

---

❶ 马克思恩格斯全集：第 3 卷［M］. 北京：人民出版社，1957：377-378.
❷ 马克思恩格斯选集：第 1 卷［M］. 北京：人民出版社，2012：417.
❸ 马克思恩格斯文集：第 1 卷［M］. 北京：人民出版社，2009：462.

下分析法的概念，为我们提供了理解和把握法的基本范式。一是在客观的物质生活发展（氏族瓦解、私有制出现、社会严重分化等）的基础上，以氏族习惯为前身的法与国家相伴而生。二是法同其他社会规范一样，“都是以国家为中介的，都获得了政治形式”❶。法依托国家，并服务于国家，是国家职能得以实现的必要手段。三是法与国家、阶级都是社会生产发展到一定阶段的产物，都是社会发展进程中的历史现象，必然要遵循人类社会的一般发展规律。“国家并不是从来就有的。……阶级不可避免地要消失，正如它们从前不可避免地产生一样。随着阶级的消失，国家也不可避免地要消失。”❷相应地，法也将随之而退出历史舞台。

第三，从人的自由发展的视角来理解法。自由是人生存和发展的一个极其重要的基础性条件。自由是马克思主义理论的一个重要议题，也是近代以来法治发展的核心价值之一。马克思指出人是自由的存在物，“人的类特性恰恰就是自由的自觉的活动”❸，“自由确实是人的本质，因此就连自由的反对者在反对自由的现实的同时也实现着自由……没有一个人反对自由，如果有的话，最多也只是反对别人的自由。可见，各种自由向来就是存在的，不过有时表现为特殊的特权，有时表现为普遍的权利而已”❹。这些论述反映了马克思强调从人的本质的高度来理解和把握自由，指出自由主体的普遍性和自由形式的多样性问题。此外，马克思还指出“不自由对人说来就是一种真正的致命的危险”❺，以此来突出强调自由对于人的重要意义。恩格斯也在《反杜林论》中阐述了对自由问题的认识，他说：“自由就在于根据对自然界的必然性的认识来支配我们自己和外部自然；因此它必然是历史发展的产物。”❻马克思、恩格斯从批判资产阶级自由理论入手，揭示了自由对于人而言不可替代的重要性，启发人们从人的本质和自由与必然关系的角度理解自由，把自

❶ 马克思恩格斯全集：第3卷［M］. 北京：人民出版社，1960：71.
❷ 马克思恩格斯选集：第4卷［M］. 北京：人民出版社，2012：123-124.
❸ 马克思和恩格斯全集：第42卷［M］. 北京：人民出版社，1979：96.
❹ 马克思恩格斯全集：第1卷［M］. 北京：人民出版社，1995：167.
❺ 马克思恩格斯全集：第1卷［M］. 北京：人民出版社，1995：179.
❻ 马克思恩格斯文集：第9卷［M］. 北京：人民出版社，2009：120.

由看作“历史发展的产物”，从而深化了人们关于自由的认识。

自由需要法律来保障，确认和保障自由是法的基本价值追求。“法律上所承认的自由在一个国家中是以法律形式存在的。法律不是压制自由的措施，正如重力定律不是阻止运动的措施一样。……恰恰相反，法律是肯定的、明确的、普遍的规范，在这些规范中自由获得了一种与个人无关的、理论的、不取决于个别人的任性的存在。法典就是人民自由的圣经。”❶这个论断揭示两方面含义：一方面，强调法的根本任务是确认和保障人民的自由权利，哪里的法律成为真正的法律，即实现了自由，哪里的法律就真正地实现了人的自由。另一方面，强调自由必须受到法律的制约，因为法律所承认的自由在一个国家中是以法律形式存在的，即法律“是人的行为本身必备的规律，是人的生活的自觉反映”。“真正的法律”才是自由的实际保障，而“形式上的法律”是把任性提升为法律。“法律只是在自由的无意识的自然规律变成有意识的国家法律时，才成为真正的法律。哪里法律成为实际的法律，即成为自由的存在，哪里法律就成为人的实际的自由存在。”❷马克思认为只有反映客观自然规律，真正具有科学性的法律，才是真正的法律，而真正法律的存在就等于人的自由的真实存在。自由也意味着接受法律的约束，接受真正反映客观必然性的法的约束是实现自由的必要条件。“法律在人的生活即自由的生活面前是退让的，而且只是当人的实际行为表明人不再服从自由的自然规律时，自然规律作为国家法律才强迫人成为自由的人；同样，只是在我的生命已不再是符合生理规律的生命，即患病的时候，这些规律才作为异己的东西同我相对立。”❸为了实现自由，人就要自觉接受法的约束。

与非马克思主义的法的定义相比，马克思主义的法的定义坚持历史唯物主义和辩证唯物主义的基本观点和方法，客观地解释了法的概念，为我们深入理解和把握法的本质奠定了基础。马克思和恩格斯之后，列宁遵循马克思主义辩证唯物主义思想路线，也从不同侧面定义式地表述过法的概念。

---

❶ 马克思恩格斯全集：第1卷［M］. 北京：人民出版社，1995：176.

❷ 马克思恩格斯全集：第1卷［M］. 北京：人民出版社，1995：176.

❸ 马克思恩格斯全集：第1卷［M］. 北京：人民出版社，1995：176-177.

他说，法律“应当是‘宣言’，是‘人民自由权的宣言’，是‘消除旧障碍的宣言’”[1]，“法律又是什么呢？法律就是取得胜利并掌握国家政权的阶级的意志的表现”[2]。此外，列宁关于立法、维护司法权威等社会主义法制问题的理论思考与实践探索，对于经济社会落后的社会主义国家推进法治建设也具有重要意义。从具体的语言环境来说，马克思、恩格斯和列宁等经典作家的上述论断都不是专门论述法的，更不是给法下一个绝对周延的学理性定义。但是，他们揭示了法的概念的核心内涵与基本要素，为研究法的本质和基本特征提供了正确的立场、观点和方法。

（二）法的本质

法的本质是什么？这是法学中最基本也最复杂的问题。古往今来，剥削阶级的思想家、法学家对这个问题做了各式各样的解释和回答，有的说法是“上帝的意志”“神的启示”，有的说法是“人类理性”“民族精神”的体现，有的说法是“永恒正义”的“健全理性”，等等，学派林立，说法不一，但其共同观点大都是强调法的永恒性和非阶级性，因而不能揭示法的本质。

马克思主义的历史唯物主义对法的本质问题作出了科学的回答。马克思主义认为法的关系既不能从它们本身来理解，也不能从人类精神的一般发展来理解；相反，它们都是根源于物质性的社会关系。法的本质在于其阶级性与社会性，是阶级性与社会性的统一。

1. 法是统治阶级意志的体现，即法的阶级性

马克思和恩格斯在《共产党宣言》中指出：“你们的观念本身是资产阶级的生产关系和所有制关系的产物，正像你们的法不过是被奉为法律的你们这个阶级的意志一样，而这种意志的内容是由你们这个阶级的物质生活条件来决定的。”[3] 马克思和恩格斯对于资产阶级法的本质的批判对于我们在一般意义上理解法的本质具有深刻的启示作用。尽管法的类型不尽相同，但它们拥

[1] 列宁全集：第 13 卷［M］. 北京：人民出版社，1987：212.
[2] 列宁全集：第 16 卷［M］. 北京：人民出版社，1988：292.
[3] 马克思恩格斯选集：第 1 卷［M］. 北京：人民出版社，2012：417.

有一个共同本质：法是统治阶级意志和利益的体现。原因在于：第一，只有统治阶级才有可能把自己的意志上升为国家意志，制定为法律。第二，统治阶级需要把本阶级意志上升为国家意志，以法律的形式表现出来。只有这样，统治阶级的意志才能取得对全体社会成员的普遍约束的效力，才能在现实生活中得以实现。列宁在马克思和恩格斯论断的基础上，也对此做了清楚的界定："法律就是取得胜利并掌握国家政权的阶级的意志的表现。"❶

经典作家将法的阶级性作为法的本质的相关论断需要我们从以下几个方面来理解和把握：其一，法所体现的统治阶级意志是统治阶级整体意志或共同意志，而不是统治阶级内部各党派、团体、每个成员的个别意志，也不是个别意志简单相加的总和。马克思说：对统治阶级全体成员来说，"通过法律形式来实现自己的意志，同时使其不受他们之中任何一个单个人的任性所左右，这一点之不取决于他们的意志，如同他们的体重不取决于他们的唯心主义的意志或任性一样"❷。法体现的只能是统治阶级共同的、根本的利益，对个别特殊利益的纵容实质上都是对统治阶级共同利益的侵害。其二，法是上升为国家意志的统治阶级意志。法是国家意志。国家意志是法的本质形式，是法的本质的外在方面。它首先反映了法是一种意志现象，作为确认并体现法权关系的行为规则，法是认识的产物，而不是认识的来源。其次，反映了法作为国家意志，取得了社会普遍遵行的效力。列宁说："意志如果是国家的，就应该表现为政权机关所制定的法律，否则，'意志'一词不过是放空炮而已。"❸其三，法的内容是由统治阶级的物质生活条件决定的。物质生活条件包括地理环境、人口、社会生产方式等，其中社会生产方式是决定社会面貌、性质和发展方向的主要因素，也是决定法律的本质、内容和发展方向的主要因素。

法的本质最终体现为法的物质根源性和物质制约性。法的物质根源性是指根据唯物史观，统治阶级的意志归根结底是由这一阶级的社会物质生活条

❶ 列宁全集：第16卷［M］.北京：人民出版社，1988：292.
❷ 马克思恩格斯全集：第3卷［M］.北京：人民出版社，1960：378.
❸ 列宁全集：第30卷［M］.北京：人民出版社，2017：308.

件所决定的。由此来看，立法者不是在创造法律，而只是在表述法律，是将社会生活中客观存在的包括生产关系、阶级关系、亲属关系等在内的各种社会关系以及相应的社会规范、社会需要上升为国家的法律，并运用国家权威予以保护。所以，法的本质存在于国家意志、阶级意志与社会存在、社会物质条件之间的对立统一关系之中。法的物质制约性是指法的内容受社会存在这个因素的制约，其最终也是由一定的社会物质生活条件确定的。任何统治阶级都不可能超出它所赖以生存的物质生活条件而凭空任意立法。如果离开了一定的经济关系，统治阶级的意志便无从产生，法律也无从制定。

应当指出，法律所体现的统治阶级意志的内容是由其物质生活条件决定的，这是从最终意义上来说的，并不是说，在法的发展过程中经济是唯一的决定因素。相反，影响法律的因素是多方面的、复杂的。事实上，经济以外的各种因素，政治、思想、文化、历史、民族、宗教、习惯、地理环境等，在法的发展过程中，都有不同程度的影响，它们与法的关系是极为错综复杂的。

2. 法是社会生活的共同需要，即法的社会性

法除了具有阶级性，还具有社会性。法是一定社会关系的调整器，能够促使和保护一定社会关系的形成，维护社会生活的良性运行，并以理想社会秩序的建构为目的。研究法一定不能脱离它所反映并维护的社会关系。

其一，从根本上说，法是人类社会生活的产物，是人们为了维护社会生产的存在和发展延续而存在的。鲁滨孙式的个体生活只是自然界自生自灭的一个偶然过程，不需要法来调整。只有当人以类的方式出现并需要共同存在时，才会出现调整彼此之间关系，用以维持共同体存在的法。所以，尽管法在阶级出现后出现，但是为了维持社会存在，即使统治阶级是法的主导者，也必须使法能顾及被统治阶级的生存底线，不能纯粹强调满足统治阶级的私利而将被统治阶级置于濒临灭亡或反抗的境地。简单地说，如果社会分崩离析，则原来意义上的法将不再成其为法。

其二，作为国家意志的法必然存在社会职能。马克思在论及剥削阶级国家时曾指出，“在那里，政府的监督劳动和全面干涉包括两方面：既包括执行由一切社会的性质产生的各种公共事务，又包括由政府同人民大众相对立而产生的各种特殊职能”❶。既然国家具有两种职能，那么，作为国家意志表现形式的法也必然具有两种职能。也就是说，国家和法都既执行着政治职能，又执行着社会职能。法的政治职能就是直接实现统治阶级专政、维护统治阶级利益的职能。法的社会职能或称公共职能，即从统治阶级的根本利益出发而维护全体社会居民共同利益的职能。此类职能表现为对社会生产、各种公共事务和公共秩序的管理。社会职能的存在是法存续的一个基本标志，因为如果社会公共生活毫无保障、全体居民最起码的生存条件都不能满足，那么国家意志也就失去了存在的必要性，法自然也就不可能存在。

3. 法的本质是阶级性和社会性的统一

法的阶级性和法的社会性不是绝对排斥的，而是辩证联系、有机统一的。法的本质在于其阶级性和社会性的统一。法的社会性反映法的阶级性，法的阶级性说明法的社会性。世界上从来就不存在只具有社会性而不具有阶级性的法，同样也不存在只具有社会性而不具有阶级性的法。法的阶级性的实现有赖于法的社会性的实现，法的社会性是法的阶级性的基础。所以，恩格斯说：“政治统治到处都是以执行某种社会职能为基础，而且政治统治只有在它执行了它的这种社会职能时才能持续下去。”❷此外，法的阶级性和社会性对比关系并不是一成不变的，而是随着社会历史的演进发展变化的。一般的情况是，随着社会生产力和人类文明的发展，法的阶级性在逐渐减弱，而社会性则在不断加强。这一规律是通过社会形态演变和法的职能转变体现出来的。资产阶级法相对其以前的各种类型法，明显突出了社会性，而社会主义法虽然在建立初期阶级性比较突出，但是随着剥削阶级作为一个阶级被消灭，社会性就成了社会主义法的本质的主导方面。社会主义的法担负着彻底实现人的全面发展和解放全人类的历史重任，因此，就目前社会主义法的阶段性发展来看，重视法的本质的社会性，坚持法的本质的阶级性是符合当前社会历史发展阶段的客观实际的。

---

❶ 马克思恩格斯选集：第 2 卷［M］. 北京：人民出版社，2012：560.

❷ 马克思恩格斯选集：第 3 卷［M］. 北京：人民出版社，2012：559-560.

（三）法的基本特征

法的特征是法在与相近的社会现象（如道德、宗教、政策等）相比较的过程中显示出来的特殊性和标志，主要表现为以下四个方面。

1. 法是调整人们行为或社会关系的规范，具有规范性

所谓规范，是指法所具有的规定人们行为的标准和规则。在日常生活中，有各种各样的规范，如思维规范、语言规范、技术规范和社会规范等，这些往往是对社会生活某一方面的标准和规则，而法作为一种普遍的社会规范，则在广泛的社会领域中起到普遍的调整和约束作用，是特定社会历史阶段、特定地域范围内人们的共同行为准则。法的规范性体现为法作为人们的行为标准，能够指引和评价人们的行为，也就是明确地告诉人们在具体的社会生活中可以做什么，应当做什么，禁止做什么。

法是一种行为规范（或规则），但就其内部结构而言不只限于规范，而是由法律概念、法律原则和法律规范三者组成的。一般来讲，任何一部完备的法律都包含基本概念、法律原则和法律规范三部分，以我国刑法为例，刑法总则中的犯罪及其相关概念、正当防卫、紧急避险、各种刑罚都是刑法的基本概念；而罪刑法定、平等适用和罪责刑相适应则是刑法的基本原则；刑法分则当中对于不法行为与危害程度的描述，以及相应处罚措施的规定则构成法律规范的基本内容。尽管法律规范是法的主要内容，但是法律概念的基础性作用和法律原则一以贯之的指导性作用对法而言都是不可或缺的。法律概念和基本原则是人们正确地理解与把握法律规范的重要前提。

法是一种特殊的社会行为规范，它所调整的是人们之间的相互关系或交互行为，指引人们什么行为不可以做，什么行为必须做，什么行为可以做，由此形成了具有法律意义的三种基本行为模式：一是授权性规范指引下“可以做什么”的行为模式；二是命令性规范指引下“必须做什么”的行为模式；三是禁止性规范指引下“禁止做什么”的行为模式。后两类规范可合称为义务性规范，也就是通常所说的积极行为的义务和消极的不作为的义务。

法是一种抽象的、概括的行为规范，它调整的主体是一般的人（或者说是某一类人），而非某个具体的个人，它调整的社会关系是某一类，而不是单独的某一个具体的社会关系，也就是说，法总是以经过抽象的某一类人或事为目标而作出的概括性行为规范，尽管其在具体实施时要对具体的人或事作出评价和裁量，依据却是那个抽象而概括的规范。另外要强调的是，法的抽象性与概括性还体现在，法一经颁布实施，在修改或废止之前，是反复适用的，而不是仅适用一次。

此外，法还具有平等性、连续性、稳定性，以及由法的抽象性和概括性而产生的批量适用功能所带来的高效性，等等，这些特性构成了法区别于其他社会规范的显著特征，同时，对于维护法的尊严和效力也具有重要作用。

2. 法是由国家制定或认可，具有国家意志性

制定或认可是国家产生法的两种途径。所谓法的“制定”，是指原来没有这样的行为规范，统治阶级为了维护自身的利益，由国家机关在它的职权范围内，按照一定的法律程序创制含有不同效力的规范性文件（一般是指成文法），如宪法和其他部门法律、法规等。由于各国的国体和政体不同，国家制定法律的机关和方式也有所不同。所谓法的“认可”，是指原来的这种行为规范就存在于社会之中，并且已经在实际生活中起着一定的规范作用，鉴于其在社会生活中运行的实际效果，国家通过一定的方式加以承认，赋予其法律效力。法由国家制定或认可，这是从法作为一个整体来说的，实际上，它是由各种不同层次或类别的国家机关或专门组织（如立法机关、行政机关、中央机关、地方机关等）制定或认可的，据此就有了宪法、法律、行政法规、地方性法规等，不同立法机关制定或认可的法律规范在法律地位或法律效力上是不同的。

除法律外，还有其他很多行为规范，如政党、社会团体、企事业单位也都有各自的规章，社会上还有各种道德、宗教规范、社会礼仪、习惯准则等。需要指出的是，这些规范都不是由国家制定或认可的，因而其中大部分规范也不能说对所有地区、所有的人普遍有效。当然各个具体的法律从适用的空间和对象方面来说，也可以有所不同，有的在全国有效，有的仅在某一地区有效；有的对全体社会成员有效，有的仅对某一集团的人有效。法由国家制定或认可，这就使法具有了“国家意志”的形式。这一特征明显地表明了法与其他社会规范（如道德、宗教、政党或其他社会组织的规章以及习惯礼仪等）的差别，从而也说明法的权威性的来源。

3. 法以人们的权利和义务为主要内容

法律作为特殊的社会规范是通过规定人们在一定社会关系中的权利和义务作为主要内容的。这里讲的“人们”是泛指能成为法律关系的主体，包括个人、社会、组织、国家机关以至国家本身。法律上的权利是指一定的主体（个人或组织）具有自己可以这样行为或要求其他人做某种行为的资格和能力；义务是指一定的主体必须实施这样行为或不得实施这样行为的责任。任何人的权利受到侵犯，都可以请求国家保护，任何人如果违背法律规定的义务，国家就要追究其法律责任。

法的这一特征，表明法不同于其他社会规范。有的社会规范，如党章、一般社会组织的规章等，虽然也规定了成员的某种权利和义务，但在内容、范围和保证实施的方式等方面，与法律上权利与义务的规定有很大的区别。有的社会规范，如道德、宗教规范，一般来说仅规定了义务而没有权利。

4. 法由国家强制力保证实施，具有国家强制性

任何社会规范的实施都有赖于某种强制力，但除了法，没有其他社会规范是以国家强制力来保证其实施的。法之所以要由国家强制力保证实施，取决于以下原因。法既然是统治阶级意志的体现，就必然会遭到被统治阶级的抵制和反对。此外，在统治阶级内部，某些成员出于一己之私，也往往会置法于不顾。统治阶级为了保证法的实施，以维护其统治，就必须以国家强制力为后盾，迫使社会全体成员毫无例外地一律遵守，否则法就会成为一纸空文。所以，徒法不足以自行。正如列宁所言：“如果没有一个能够强制人们遵守权利准则的机构，权利也就等于零。”[1] 国家强制力是一种特殊的社会强制力，它的组织形式主要是军队、警察、法庭、监狱等。以国家强制力保证实施，实际上就是指根据违法行为的性质、情节对违法行为实行法律制裁。国

[1] 列宁全集：第 31 卷［M］. 北京：人民出版社，2017：94–95.

家强制力的存在使法对其适用范围之内的所有人都产生普遍的约束力，不仅约束被统治阶级，也约束统治阶级的成员。

综上，法是由国家制定和认可的，是由特定物质生活条件所决定的统治阶级意志的反映，以权利和义务为内容，以确认、保护和发展统治阶级所期望的社会关系和社会秩序为目的的行为规范体系。

二、法治的核心要义

法治是建构于法的概念之上的一个范畴，以法为基础，是法的运行实践和动态发展过程，是法在实际的社会生活中发生积极作用的情形。广义的法治是指“法律主治”，法律主治是指法在社会生活中发挥主导作用，尽管不同时期的法在质量上差异很大，但较之由人的任意裁定来决定国家事务和社会事务，甚至假借神的意旨来推行一己之私来说，都是明显的进步；狭义的法治是指以平等、自由、秩序为核心理念，以规范权力来保障权利的现代法治。法治理想成长于非民主社会中，因此，不能因为法治在现代社会的辉煌而忘却它在“黑暗时代”的萌芽。为了能包容关于法治的各种争论，笔者赞同高鸿钧教授对于法治的广义理解，他提出，“法治是指依照法律治理社会、管理国家”，“只要将法律作为治理社会、管理国家的主要机制，该社会就是实行法治”[1]。从广义去讨论法治，从而给关于法治，以及法与其他相关概念的各种思考以进一步相互交流和涤荡的理性空间。

（一）法治的渊源

“法治”是中国古已有之的概念。但是古代“法治”与近现代“法治”并不完全相同，大体有以下几种含义：一是根据法律治理国家，与“人治”相对。《晏子春秋·谏上》：“昔者先君桓公之地狭于今，修法治，广政教，以霸诸侯。”[2]据统计，这是目前为止有记载的关于“法治”最早的表述。此外，

---

❶ 高鸿钧 . 法治：理念与制度［M］. 北京：中国政法大学出版社，2002：97-99.

❷ 辞源：第三册［M］. 修订本 . 北京：商务印书馆，1981：1749.

《淮南子·氾论训》也提及法治："知法治所由生，则应时而变；不知法治之源，虽循古，终乱。"二是指依法处治。《史记·蒙恬列传》："高有大罪，秦王令蒙毅法治之。"但有时并非作为一个词组，如《史记·廉颇蔺相如列传》："(赵奢)收租税而平原君家不肯出租，奢以法治之，杀平原君用事者九人。"

法家是战国时期主张"以法治国"的一个学派，"不别亲疏、不殊贵贱，一断于法"是法家对于法治的主要贡献。事实上，法家的法治思想有着重要的实践意义，秦王政就是以法家思想为指导，统一中国的。此后，法治作为中国封建社会治国或治民的一种思想或方法而存在，在与人治相互辩驳中从历史的深处走向现代，在很长的时间内它是封建统治者因其个人好恶取舍的一种工具，间或是百姓无助中的一根稻草。由于学理上的探索不足，法治一直没有深入国人的精神层面，这曾经深刻地影响了中国法治的进程。但是换个角度说，这又可能是历史留给当前中国法治建设的一个重要契机，我们有可能因为在新的社会历史条件下更深刻地认识法治、重视法治而为中国当前的法治现代化，乃至国家治理现代化注入强大的动力。

就目前有记载的资料看，中国"法治"一词自春秋时期开始广泛使用，在时间上要明显早于西方。但就其理论展开情况或系统化程度而言，后起于柏拉图、亚里士多德的西方法治理论奠定了现代法治的理论基础。古希腊人把尊重法律和自由并论为实现他们的政治理想——城邦生活的和谐(善)的两个基本政治准则，主张自由就是人只受法律约束，法律比人还要有权力。毕达哥拉斯最早提出"人治不如法治"之说。柏拉图晚年在《法律篇》中调整了先前对法治的看法，实现了从人治到法治的重要转变，强调《法律篇》中所指的国家是以法律为至上的，统治者和臣民都必须同样服从法律。法治是亚里士多德《政治学》中的一个核心概念，在这部经典著作中，他提出法治是达成城邦"善"的一个重要条件，对于城邦过上有道德的文明生活来说是不可或缺的。他明确指出"法治应当优于一人之治"[1]，并陈述了以下的理由："凡是不凭感情因素治事的统治者，总比感情用事的人们较为优良。法律恰正

[1] 亚里士多德．政治学［M］．吴寿彭，译．北京：商务印书馆，1965：169.

是全没有感情的；人类的本性（灵魂）便谁都难免有感情。”[1]而愤懑或其他任何相似感情的不平衡则容易损伤人们的判断力。亚里士多德承认法律可能存在不足，但同时强调人的智虑同样受有限性制约，“对若干事例，法律可能规定得并不周详，无法作断，但遇到这些事例，个人的智虑是否一定能够做出判断，也是未能肯定的”。法治的作用则可以通过“法律训练（教导）执法者根据法意解释并应用一切条例，对于法律所没有周详的地方，让他们遵从法律的原来精神，公正地加以处理和裁决”。另外，“法律也允许人们根据积累的经验，修订或补充现行各种规章，以求日臻美备”。[2]总之，在他看来，具有恒常性的法治精神对人们的规制教导，抑或是经过充分的经验积累后修改完善的法律，远比受情欲困扰的个人统治更具有合理性，更为可靠。因此，他得出结论：“谁说应该由法律来遂行其统治，这就有如说，惟独神祇和理智可以行使统治；至于谁说应该让一个个人来统治，这就是在政治中混入了兽性的因素。常人既不能完全消除兽欲，虽最好的人们（贤良）也未免有热忱，这就往往在执政的时候引起偏向。法律恰恰正是免除一切情欲影响的神祇和理智的体现。”[3]亚里士多德通过一系列的论证说明了法治相对于人治的优越性及其对于优良政体的意义，使法治的概念历经两千多年时间的洗磨至今仍然深入人心。

亚里士多德认为法治的基本要素在于，“法治应包含两重意义：已成立的法律获得普遍的服从，而大家所服从的法律又应该本身是制定得良好的法律”[4]。这一论述影响深远，至今仍是我们理解法治内涵的基础。然而，因为其中的“善”或“良”是一个价值判断，其判断标准可以因人们所处的时代、地域、社会地位不同而有所不同，这就在实际上造成了人们对法治内涵的理解和把握上的不一致，并由此使法治的表现形式呈现出明显的不同。因而，人们关于法治的标准很难达成一致，不同时代、不同境遇的人对法治的认识很可能大相径庭。

[1] 亚里士多德．政治学［M］．吴寿彭，译．北京：商务印书馆，1965：164.
[2] 亚里士多德．政治学［M］．吴寿彭，译．北京：商务印书馆，1965：169-170.
[3] 亚里士多德．政治学［M］．吴寿彭，译．北京：商务印书馆，1965：170.
[4] 亚里士多德．政治学［M］．吴寿彭，译．北京：商务印书馆，1965：200.

于是，人们为了证明各自对法治真谛认识的真理性而相互辩驳，争论不休。但出于对法治功能、作用，或者说法治理想的高度认同，人们仍然坚持法治的基本取向和核心要素，没有人否定法治存在的合理性。

这让我们进一步探讨法治及其内涵变得非常有意义。

（二）法治的内涵

我们知道，“法治”一词意味着的不只是单纯的法律存在。它指的是一种法律的和政治的愿望，即创造“一种法律的统治而非人的统治”，或者叫作“法律主治”。[1]亚里士多德在《政治学》中对法治内涵的界定突出强调的主要有两点：一是法治在社会生活中的普遍有效性，即已成立的法律获得普遍服从；二是价值判断是法治的重要前提，即被服从的法律是“良法”，而不是“恶法”。这两方面常被人们称为法治“二元论”。这是一种点睛式的概念界定方式，以“善”“良”这样的价值性判断给出了广义法治内涵的经典性表述。这一论述影响深远，至今仍是我们理解法治内涵的基础。或许是这位理论巨人的影响，抑或是法治本身的复杂性，此后的众多学者对于法治的定义都相当谨慎，以原则或要素方式界定法治定义者居多。实际上，对于法治的理解必须有政治因素的介入，因为法治从其诞生起就是与国家、政治紧密相连，确切地说法治与政治发展始终是密切联系在一起的，法治通过国家的支持获得实际运行，以达到调整和维护符合政治发展要求的社会秩序和政治秩序。正是在这个意义上，夏勇指出：“作为政治理想，法治为制度注入锻骨强魄的理性，为学术提供激浊扬清的活力，然又因为承载过多的政治意愿和社会情感而臃杂不纯，以致时常被曲解。”[2]如此看来，亚里士多德正是在以一种发展变化的视角，或者说就是以政治发展的角度来探讨法治内涵的，而不仅仅是局限于他所生活的城邦政治时代，或许这也是这一关于法治内涵的论述堪称经典的一个重要原因。

---

❶ 高鸿钧 . 法治：理念与制度［M］. 北京：中国政法大学出版社，2002：97-99.

❷ 夏勇 . 文明的治理：法治与中国政治文化变迁［M］. 北京：社会科学文献出版社，2012：4.

近代以来关于法治内涵的讨论，在亚里士多德经典论说的基础上充分展开，但确实因政治发展的具体状况不同而存在一些差异。戴雪第一次比较全面地阐述了法治概念，在《宪法性法律研究导言》里提出了“法治”的三层含义，或者说可以从三个不同的角度来看法治。“首先，法治意味着，与专横权力的影响相对，正规的法律至高无上或居于主导，并且排除政府方面的专擅、特权乃至宽泛的自由裁量权的存在。其次，法治意味着法律面前的平等，或者，意味着所有的阶层平等地服从由普通的法院执掌的国土上的普通的法律……最后，法治可以用作一种表述事实的语式，这种事实是，作为在外国自然地构成一部宪法典的规则，我们已有的宪法性法律不是个人权利的来源，而是其结果，并且由法院来界定和实施；要言之，通过法院和议会的行动，我们已有的私法原则得以延伸至决定王室及其官吏的地位；因此，宪法乃国内普通法律之结果。”[1] 这就是戴雪提出的“法治三原则”。在这里，戴雪系统地提出并阐释了法治的含义，概括地讲，戴雪所强调的“真正的法治”意味着大致三层意思：①法律具有至尊性，人人皆受法律统治而不受任性统治，反对专制与特权，否定政府有广泛的自由裁量权。除非违法了，否则任何人都不应受到惩罚，这一点是法治最根本的特征。②法律面前人人平等，无人可凌驾于法律之上，强调人人对法律“平等服从”。简单地说，法律应该一视同仁，不应该因种族、性别、宗教信仰、社会背景等因素而歧视个人。③宪法源于裁定特定案件里的私人权利的司法判决，故宪法为法治之体现或反映，亦因此，个人权利乃法律之来源而非法律之结果，即不是宪法赋予个人权利与自由，而是个人权利产生宪法。法治要求个人的权利和自由要体现在国内“普通法”中，唯其如此，才能确保在个人权利受到侵犯时，公民可以通过法院求得司法救济。戴雪提出的“法治”三要件，对于反对封建特权，保护公民权利和自由具有重要价值，因而对西方乃至非西方国家的法治理论和实践都产生了重大影响。需要指出的是，戴雪界定的法治内涵是以英国

[1] 夏勇.文明的治理：法治与中国政治文化变迁［M］.北京：社会科学文献出版社，2012：12–14.

政体为蓝本的，他甚至把法治看成英国宪法的特色，而事实上“英国提供的只是法治的一个极不充分的例子”[1]。因此，戴雪的法治内涵实际上给我们提供了一个政治发展影响法治的范例。

戴雪之后的现代法治循由两条路径发展：一条路径是继续形式主义法治理论的发展传统，另一条路径则是企图修补形式主义法治缺陷的实质主义法治理论。

所谓形式主义法治，意指“它是由一套公认的形式规则所组成；这套规则是明确的、抽象的而又可操作的；这套规则要求非人格化的服从，要求具有专门性的司法组织执行和保障”[2]。形式法治遵循下列价值：一是法律至上原则，包括宪法至上、司法权威；对公民而言，“法不禁止即自由”，对政府而言，“法无明文规定不得为、法有明文规定必须为”。二是法律普遍性原则，包含普遍性调整、一般性陈述、普遍性适用等要素。三是法律的可操作性原则，包括法律的公开性、确定性、不矛盾性及适中性等要素。四是法律的程序正义原则，主要是指法律纠纷处理的程序正义，包括调解、复议、仲裁和诉讼。五是法律的组织职业化、技术化原则。

形式法治以英国学者拉兹和美国学者菲尼斯为代表。拉兹认为，法治的字面含义是“法的统治”，有广义和狭义之分。广义的法治是指“人们应该服从法律并受法律的统治”，但是在政治和法律理论中，法治应作狭义之理解。即“政府应受法律统治并服从法律”。法治意味着政府的全部行为必须有法律依据，并且能给人们的行为提供有效的指引。拉兹还提出了法治八项原则：①法不溯及既往，应公开明确；②法律应相对稳定；③特别法的制定应受公开、稳定、明确的一般规则指导；④保障司法独立；⑤遵守自然正义原则：公开审理、不得以偏见司法；⑥法院应对于其他原则的执行握有审查权，即审查议会和行政立法等；⑦法院应易于接近：省时省钱；⑧预防犯罪的机构在行使裁量权时不得滥用法律。富勒在论证法的道德性的基础时，也提出了

---

[1] 安德鲁·海伍德．政治理论教程［M］．北京：中国人民大学出版社，2009：172-173.

[2] 王人博，程燎原．法治论［M］．桂林：广西师范大学出版社，2014：109-110.

法治的八项原则：一般性、公布或公开、可预期、明确、无内在矛盾、可遵循性、稳定性、同一性。一般认为，富勒尽管侧重关注法的道德性，但他主张的法治“并不是道德性质的”，实际上仍然是一种形式法治的原则性陈述。菲尼斯所列举的法治要件也是八项。在《自然法与自然权利》一书里，菲尼斯指出，法治是法制的一种特定德性。[1]一种法律制度在以下八种意义上体现法治：第一，规则是可预期、不溯及既往的；第二，规则无论如何也不是不能够被遵循的；第三，规则是公布的；第四，规则是清楚的；第五，规则是相互协调的；第六，规则足够地稳定以允许人们依靠他们关于规则内容的知识而受规则的引导；第七，适用于相对有限情形的法令和命令的制定受公布的、清楚的、稳定的和较为一般性的规则的引导；第八，根据官方资格有权制定、执行和适用规则的人，一要对遵循适用于其操作的规则是负责的、可靠的，二要对法律的实际执行做到连贯一致并且与法律的要旨相符合。

形式法治的理念形成了《布莱克法律辞典》对“法治”的定义：“法治是由最高权威认可颁布的并且通常以准则或逻辑命题形式表现出来的、具有普遍适用性的法律原则。”“法治有时被称为‘法律的最高原则’，它要求法官制定判决（决定）时，只能依据现有的原则或法律而不得受随意性的干扰或阻碍。”[2]德国公法学家哈特穆特·毛雷尔进一步解释道：“形式意义上的法治国家以法律为中心，凡对公民自由和财产的侵害必须具有议会法律的授权；而只要国家活动形式上符合法律，即视为达到法治国家的要求。”[3]形式法治概念的鲜明特点就是更注重法律本身的合法性问题。

实质主义法治开始于德国学者马克斯·韦伯对资本主义法律合理性的探讨。马克斯·韦伯曾这样描述过“法治社会”的基本特征：第一，法律具有至高无上的地位，以法律为依据进行社会管理；第二，法律规范是基于有利权衡或价值合理性（或两者兼而有之）经由协议或强制来建立，它要求这种统治类型的组织成员都要服从其权力；第三，法律实体基本上是由一些抽象

[1] 夏勇．文明的治理：法治与中国政治文化变迁［M］.北京：社会科学文献出版社，2012：18.
[2] 王人博，程燎原．法治论［M］．桂林：广西师范大学出版社，2014：100.
[3] 刘平．法治与法治思维［M］.上海：上海人民出版社，2013：35.

的规则组成的协调体系，通常是人们有意制定的；第四，依法进行行政管理，就是将这些抽象规则运用于实际事例；第五，服从统治的人，是以自觉加入协议的组织的成员身份而服从命令，他服从的只是这一组织的法律，只是一种非人格的秩序，而不是服从统治者本人，服从义务限于法律秩序所承认的范围内，亦即理性所界定的范围之内；第六，无论领袖、官员抑或普通民众，在法律面前人人平等，领袖和官员一方面自身要服从这一非人格的法律秩序，另一方面他们的任何决策和命令，也受到这一秩序的辖制。

自马克斯·韦伯之后，法兰克福学派的代表人物之一纽曼继续了对形式法治转向实质法治的观察，并将马克斯·韦伯关于现代法治发展会出现反形式主义的预见向前推进了一大步。20世纪50年代以后，越来越多的人开始关心实质法治问题。1959年印度德里法学家大会通过的《德里宣言》集中了各国法学家对于法治的一般看法："一是根据'法治'原则，立法机关的职能在于创设和维护使每个人保持'人类尊严'的各种条件；二是不仅要为制止行政权的滥用提供法律保障，而且要使政府能有效地维护法律秩序，借以保证人们具有充分的社会和经济生活条件；三是司法独立和律师自由是实施法治原则必不可少的条件。"[1]其中"根据'法治'原则，立法机关的职能在于创设和维护使每个人保持'人类尊严'的各种条件"就明确体现了实质法治的价值取向。不仅如此，宣言还进一步强调"法治不仅要保障和促进个人的公民与政治权利，且应确保个人合法期望与尊严得以实现的社会、经济、文化条件"[2]。这些明确指向立法和行政机构的具体要求，直接关注的是如何实现和保障"人的尊严"，这就明显地超越了形式法治的范畴，体现了对实质法治的核心追求。

哈特穆特·毛雷尔给实质法治也做了定义——"实质意义的法治国家不仅要求国家受法律的约束，而且要求法律本身具有社会的正当性。实质意义的法治国家是形式意义的法治国家的补充和发展。现代法治国家是指实质意

[1] 王人博，程燎原．法治论［M］．桂林：广西师范大学出版社，2014：99-100.

[2] 高鸿钧．现代西方法治的冲突与整合［J］．清华法治论衡，2000（11）：21.

义的法治国家”[1]。哈耶克这样论述实质法治：“法治之法是维护和保障个人的自由和尊严的法，它是普遍、抽象、具有一般性的法则，平等地应用于人们，避免不合理的差别对待，而且不能是为了特别的、个别的利益或目的而制定的，即它的内容是‘盲目’的（不特别针对某个案、某对象、某利益的）、非个人化的。”[2]德沃金在关于权利的论述中表露了他对形式法治的明确挑战，即主张道德权利，强调个人可以“良心拒绝”和“非暴力反抗”国家不正义的法律；他反对孤立的形式平等，主张给予处于不利地位的群体和个人以更多保护；他要求捍卫体现“公平、正义”要求的法律原则，等等，这些观点体现了鲜明的实质法治的精神。

《牛津法律大辞典》给出了实质主义法治的定义：“它意指所有的权威机构、立法、行政、司法及其他机构都要服从于某些原则。这些原则一般被看作表达了法律的各种特性。如：正义的基础原则、道德原则、公平和合理诉讼程序的观念，它含有对个人的至高无上的价值观念和尊严的尊重。”“在任何法律制度中，法治的内容是：对立法权的限制；反对滥用行政权力的保护措施；获得法律的忠告、帮助和保护的大量的平等的机会；对个人和团体各种权利和自由的正当保护；以及在法律面前人人平等……它不是强调政府要维护和执行法律及秩序，而是说政府本身要服从法律制度；而不能不顾法律或重新制定适应本身利益的法律。”[3]实质法治侧重于法律背后的价值分析，如对正义、平等、自由等人类基本理念的追求和实现程度的考察。

夏勇教授在此前各位学者对法治理解的基础上，提出了法治的十条规诫：①有普遍的法律；②法律为公众知晓；③法律可预期；④法律明确；⑤法律无内在矛盾；⑥法律可循；⑦法律稳定；⑧法律高于政府；⑨司法威权；⑩司法公正。这里的十条规诫是从形式法治的角度对法治内涵的集中概括。归结起来，实际上反映了当代中国依法治国的基本要求：有法可依、有法必依、执法必严、违法必究，科学立法，严格执法，公正司法，全民守法。同时，

---

[1] 刘平．法治与法治思维［M］．上海：上海人民出版社，2013：37.

[2] 陈弘毅．法治、启蒙与现代法的精神［M］．北京：中国政法大学出版社，1998：7.

[3] 戴维·M. 沃克．牛津法律大辞典（中译本）［M］．北京：光明日报出版社，1988：790.

夏勇教授也关注了法治的实质主义表达，认为法治的核心价值在于人类的尊严与自由，强调“把法治理解为一项历史成就和一种法制品德，并且在理解法治的工具效用的同时，认识它对于人类尊严与自由的意义”[1]。秦前红教授认为：“法治的基本理念是强调平等，反对特权，注重公民权利的保障，反对政府滥用权力。由此，法治应有几个最基本的特征：第一，法治不只是一种制度化模式或社会组织模式，而且也是一种理性精神和文化意识。第二，法治作为特定社会人类的一种基本追求和向往，构成了工业化和民主化的秩序基础。第三，法治的最重要的含义，就是法律在最高的终极的意义上具有规限和裁决人们行为的力量，法律既是公民行为的最终导向，也是司法活动的唯一准绳。”[2] 王人博教授与程燎原教授在合著的《法治论》中则提出：“法治的实体价值是指法治所决定的法律在目的和后果上应遵循的社会原则。”“这些原则主要包括正义原则、自由原则和平等原则。”[3] 这强调法治作为一种与人治相对立的社会的组织结构层次，致力于以法律遵循上述原则，以促进和实现社会最高价值目标。

在马克思主义法治观看来，法治是形式意义法治和实质意义法治的统一体。法治形式主义和法治实质主义是我们分析法治最有用的一对范畴。实质法治强调“正义”“平等”“自由”“制约权力”“保障权利”等价值、原则和精神，侧重于法律应有的价值目标，注重法律的道德性，着眼于法律的理想。形式法治则侧重于法律自身的形式和程序及其运行机制问题，注重法律的科学性，强调法律的规则化、规范化、实证化。实质法治只有通过形式法治才能得以体现和保障。形式法治构成了法律生成、发展的基本准则。形式意义的法治应当体现法治的价值、原则和精神，实质意义的法治也必须通过法律的形式化制度和运行机制予以实现，二者均不可或缺。实质法治离不开形式化价值，否则它就不可能真正实现，即一个社会若缺乏法律的形式化规则，

---

[1] 夏勇 . 文明的治理：法治与中国政治文化变迁［M］. 北京：社会科学文献出版社，2012：20-30.

[2] 秦前红 . 法治的源流与中国语境［J］. 民主与科学，2012（6）：19-20.

[3] 王人博，程燎原 . 法治论［M］. 桂林：广西师范大学出版社，2014：106.

就难以成为法治社会。反之，实质法治在价值取向上是形式法治追求的最终目标，形式法治最终要受实质法治的制约，离开了合道德和正义的目标与目的，形式法治也就失去了真正价值。形式法治致力于通过形式或程序上的规定性，保留法律对变化中的现实生活的权威性的存在和进行解释的可能的空间，而实质法治则致力于在精神和理念层面对法治形式主义进行把握和提升。形式法治与实体法治作为不可分割的两个方面构成了完整的法治，对立统一的两个侧面形成了法治的内在矛盾，正如沃尔克所说，“一方面，法治表示对法律的确定性和稳定性的需求，以便人们得以相应地规划和组织他们的安排；但是，另一方面，法治又强调需要法律保有某种灵活性并且能够让自身适应公共观念的变化。一方面，作为法律面前人人平等的推论结果，法治宣称对法律适用的一般性的要求；但是，另一方面，法治又小心翼翼地让平等原则不适用于那些可以或者应该做出合理区别的案件。不仅如此，司法独立被说成是法治的一个本质要素，但与此同时，我们又不想让法官过于独立，以免法治蜕化为司法的暴政”[1]。法治的这些内在矛盾使其被看作“一个无比重要的、但未被定义，也不能随便就定义的概念”。但是，尽管如此，仅就法治有益于所有人，没有人发表拒绝法治的观点来看，倡导法治已经成为人们的普遍共识。

（三）政治学视角下法治内涵解读

“法治的分析语境出自西方的思想和实践这两个不同的来源。法律实践家和法官总是站在法治对话的前沿，他们的实践则为理论家所解释。尽管法治有着丰富的、难以割断的实践的历史，但理论家所做的将它理论化的尝试却常常是杂乱无章的。”[2] 这些事实某种程度上解释了为什么法治概念时常模糊不清。法治实践总在发展变化之中，有时甚至瞬息万变，这对解释指导法治实践的法治理论创新与发展带来极大的挑战。事实上，尽管关于法治的简约

---

❶ 夏勇．法治是什么——渊源、规诫与价值［J］. 中国社会科学，1999（4）：121.

❷ 夏勇．法治是什么——渊源、规诫与价值［J］. 中国社会科学，1999（4）：141.

化思考模式表明了人们为揭示法治的实质而一直坚持不懈地努力，这导致了法治概念出现以来一直处于被解释、论证、驳斥和反证的过程中，而法治却又总能通过自身的理想性和价值性表明其与人类本性的适切性，从而弥合了各种争议，使处于不同境况的人们在法治这个范畴前始终保持信仰，至少是热衷。所以，在理解法治这一内涵极其丰富的范畴体系时，确实需要一个多重维度。法治是服务于人的发展的一个历史性、经验性的范畴，而与法治密切相连的社会生活是在运动变化中体现规律性的，要致力于使关于法治的每一种理解都是在人们现有的条件下尽可能地接近法治的真谛。在所有的条件中政治因素对社会生活的影响最大，所以对于法治的理解必须有政治因素的介入，因为法治从其诞生起就是与国家、政治，确切地说与政治发展密切联系在一起的，它通过国家的支持获得实际运行，以达到调整和维护符合政治发展要求的社会秩序和政治秩序。因此，关于法治内涵必须有政治发展层面的考量。

从政治学的角度看，法治应该是政治共同体以构建符合人性的价值理念和生活秩序为目标、以良法的至上性为前提、以全体成员依法参与治理为特征的，它是一种符合社会正义的价值理想，是一种与人治相对应的治理模式，也是一种法主导下的稳定有序的社会状态。

1. “法治”意指一种治国方略或社会调控方式

法治作为一种治国方略或社会调控方式，指的是国家在诸多社会控制体系中选择法律作为主要控制手段，依照法律治理社会、管理国家。它具有以下特征：①以法律作为国家治理社会的基本手段，凡事“皆有法式”；②法律成为判断行为的基本准则，凡事“一断于法”；③法律约束的平等化，法律无例外地约束所辖范围内的所有人；④法律通常具有确定性、公开性和一般性；⑤司法机构的专门化，即设有专门负责司法的机构来负责法律的运用。法治是在质疑和否定人治的基础上提出的国家治理与社会调控方式。在中国古代先秦诸子和古希腊哲学家的论著中，最早提出了这种“法治”的观念。如《管子·明法》中有“以法治国，则举措而已”，《商君书·任法》有“任法而治国”，《韩非子·心度》有“治民无常，唯治为法”，强调把社会关系纳入法律的轨道，用带有权威性、强制性的法律规范或严刑峻法治理社会。亚里士多德也主张“法治应当优于一人之治”，强调富于理性的法律在国家管理和社会调控方面的指引作用。上述各种论断都把法治当作一种治国方略或社会调控方式。当前我国的治国之策——“依法治国，建设社会主义法治国家”，也是在这一意义上使用法治概念的。

2.“法治”意指一种依法办事的原则

法治作为一个动态的或能动的社会范畴，其基本意义是指依法办事。也就是说，在制定了法律之后，任何个人和组织的社会性活动均应该受到既定法律规则的约束，人人平等地依法办事是法治的基本要求和标志。法治精神的核心是政府机关及其工作人员严格依法办事，只有政府官员严格依法办事，接受法律的约束，才有法治可言。正如英国著名学者哈耶克所说：“法治的意思就是指政府在一切行动中都受到事前规定并宣布的规则的约束——这种规则使得一个人有可能十分肯定地预见到当局在某一情况中会怎样使用它的强制权力，和根据对此的了解计划他自己的个人事务。”[1]美国法学家富勒也表达了同样的见解，他说，“法治的实质必定是：在对公民发生作用时（比如将他投入监狱或宣布他据以主张财产权的证件无效），政府应忠实地运用预先宣布的应由公民遵守并决定其权利和义务的规则，如果法治不是指这个意思，它就毫无意义”[2]。

3.“法治”意指良好的社会秩序

法治也可以被理解为一种社会关系或者社会状态。李元书认为：“法治（rule of law），即法律的统治或法律主治，是指以良法为依据和准则治理国家而形成的一种稳定有序的社会状态。”[3]法治实现的过程，就是一系列主体将法治思想、法律制度变为生活中的法律的过程，是通过法的具体运作所获得的理想法治状态或法治秩序。正是在这种意义上，我们会常常使用“法治社会”这样的提法。在这种状态下，由于权力受到制约，权利得到伸张，同

---

❶ 哈耶克．通往奴役之路［M］．王明毅，等译，北京：中国社会科学出版社，1997：73.

❷ 张文显．政治与法治［M］．长春：吉林大学出版社，1994：242.

❸ 李元书．政治发展导论［M］．北京：商务印书馆，2001：145.

时争议又通过正当的程序设计得以和平解决，正如有人所说的“法治……在法律规束住了国家权力和政府后而使权利在人与人之间得到合理配置的社会状态”[1]，所以，我们可以说法治所追求的目标就是这样一种和谐的社会结构和社会秩序。

无论是作为治国方略，还是作为依法办事的原则，法治最终要表现为一种良好的社会秩序。达到某种良好的法律秩序状态，既是法治的目标和结果，也是检验一个国家是否厉行法治的一个重要指标。法治秩序与一般的法制秩序的主要区别在于，它不仅仅允许法律存在，而且赋予其在国家生活中至高无上的地位，使法律所固有的全面引导功能、有效规范功能、保障与制约功能等充分发挥，从而形成一种法律主治状态。

法律秩序是法律规范实行和实现的结果，是法治社会的一种基本追求和向往。社会和法律进化的规律之一就是从无序到有序的转换，从一种秩序到另一种秩序的更新。历史不断地表明有序社会总要比无序社会更有助于人类的正常生活。在法治社会，法律秩序尤其受到人们的关切和重视，可以用来作为一种重要的尺度，用以衡量法治的水平、质量和规模，包括法治过程中的缺陷。法律秩序的合理化、合法化及稳定性的程度越高，越是标志法治的成功；反之，法律秩序如果扭曲化、形式化，法律体系的合理性、公正性或法律秩序受到严重侵犯和破坏，则说明法治存在内在的弊端或不同程度的危机。

4.“法治”代表着某种具有价值规定性的社会生活方式

法治首先是政治需求引导下的一种价值理念，与公平、正义、自由、平等等价值理念相互作用、相互支撑、相互依托，共同建构出人类生活的一种理想样态。法治又是一种制度体系，是获得政治资源支持的制度体系及其运行机制。法治也是一种社会生活方式，是在政治的保障和支持下，以价值理念和制度体系的形式付诸生活实践，从而形成的一种现实的社会生活方式。

法治应首先对“依据什么样的法律进行统治”作出回答和判断。法治所

---

[1] 徐显明.论“法治”构成要件——兼及法治的某些原则及观念［J］.法学研究，1996（3）：37.

要求的“法”应具备三个特征：①科学性。应合乎自然规律、社会规律以及法律自身的发展规律，成为一种主观与客观、理性与经验相结合的产物。②正义性。应体现和反映一个社会基本的价值取向，以维护和实现社会的正义。正义蕴含着公平、公正、公道、平等等内容，是一个社会所有价值体系所追求的最高目标。③民主性。应充分体现人民的意志，代表最大多数人的最大利益，以确保基本人权和自由为依归。

法治不是单纯的法律秩序，还是一种理想的社会生活状况。法治是有特定价值基础和价值目标的法律秩序，即法治是有价值规定性的生活方式。作为提出这一思想的第一人，亚里士多德指出，“法治应包含两重意义：已成立的法律获得普遍的服从，而大家所服从的法律又应该本身是制定得良好的法律”。其第一种意义是法治的形式方面的规定性，它包括法律规范必须清晰、公开、适度、可行、非溯及既往、规则之间协调一致、有明确的效力范围和制裁方式，等等。第二种意义强调的就是法治内容方面的价值规定性。当然，法治的价值基础和价值取向是随着人类社会历史发展而变化的一个变量。就现代社会来说，法治的价值基础和价值取向至少应该包括：①法律必须体现人民主权原则，必须是人民根本利益和共同意志的反映，并且以维护和促进全体人民的综合利益为目标。②法律必须承认、尊重和保护人民的权利和自由。③法律面前一律平等。④法律承认利益的多元化，对一切正当的利益施以无歧视性差别的保护。据此解释，如果某个法律制度或法律秩序缺乏这些最低限度的价值基础和目标，就不配称为现代法治。

综上，政治发展的需要使法治作为一种政治理想和价值，一种治理原则、一种制度体系、一种法实践之后所形成的社会状态，其主旨在于依据一定的法律价值观来构建社会的基本结构、运行机制和行为方式，形成有利于政治发展的以法律为依据的秩序化社会运行模式。

（四）法治与相关概念辨析

1. 法治与人治

法治与人治是相互区别、相互对立，相互争论了几千年的一对概念。从法治与人治相互辩驳而存续的时间来看，甚至可以把二者界定为一种特殊的依存关系。法治是对人治的否定，也是对人性的一种警惕和对强权的一种必要防范。杨海蛟教授强调："法治和人治的区别不在于有无法律的存在，而在于法律在国家治理中是否享有至高无上的权威地位以及各种问题和矛盾的解决是否以法律的规定为依据进行。因此，我们可以认为，法治与人治的分界点就是：当法律与当权者的个人意志发生冲突时，法律高于个人意志，还是个人意志凌驾于法律之上；或者说，是'人依法'还是'法依人'。"[1]具体来说，二者间的区别主要体现在以下几个方面。

第一，从国家治理的依据、方式和结果看，法治与人治存在明显的区别。人治主张特殊的权力意志至上，而法治主张普遍的理性意志至上。人治以个人的权威为依据对权力和权利进行分配与控制，常常因人而异，对人的行为进行具体的指引。而法治则是以法律的权威、标准和程序为依据对权力和权利进行分配与控制，利用普遍的法律对人的行为进行一般性的指导。在治理国家的过程中，人治必然产生专横和独裁，以至于损害大多数人的利益。法治因为法律的普遍性则有可能避免类似情况发生。[2]"法治与人治的主要区别，在于专横的消除以及随之确保的可预见性和'恒常正义'。"[3]

第二，从社会组织结构形式看，法治与人治的区别在于权力和法律的相互关系不同。人治的社会结构中存在着一个人格化的最高权力，实际归属上它可能属于一个人，也可能是几个人。人治中即使法律存在，但也形不成法律主治，因为法律存在的目的是强化权力。人治也可能表现出贤君明主遵守自己制定的法律，但一个决定性的因素是"在法律之上仍然存在一种不能被限制、不能被制约的人格化权力。这种权力既可以'生法'，也可以'废法'，法律固能存在着，但始终缺乏一种自我保护机制"[4]。在法治的社会结构中权力固然也存在，但其必须接受法律的约束和规范。事实上，法治体现了这样

[1] 杨海蛟.政治文明：理论与实践的思考［M］.北京：中国社会科学出版社，2009：52.
[2] 杨海蛟.政治文明：理论与实践的思考［M］.北京：中国社会科学出版社，2009：54.
[3] 梁治平.法律的文化解释［M］.北京：生活·读书·新知三联书店，1994：4.
[4] 王人博，程燎原.法治论［M］.桂林：广西师范大学出版社，2014：102.

一种社会组织形式，“法律不但得到权力的有效支持，而且它作为一种非人格化的力量对权力发挥着制约作用”[1]。在此基础上，法律尤其是宪法具有普遍的国家强制性或最高效力，无论官员还是普通公民都必须普遍遵守。

第三，从权利义务关系来看，法治与人治各有侧重。权利和义务是一对相互依存的范畴，理论上说，没有权利就不应该履行义务。但在人治的社会结构中主要体现为义务本位。人治中权利往往以“特权”的形式存在，按社会等级人为地分配上层社会成员，而占绝对多数的其他社会成员却只能是义务主体，甚至根本不享有权利。在法治之下，主体的权利与义务是互为条件的，承担义务是主张权利的前提，不存在只享有权利不承担义务的主体。法治范围内的主体在法律上的权利是平等的，杜绝特权的存在。

2. 法治与法制

法治与法制之间既有明确的区别，又有密切的联系。首先，法治与法制有以下区别：①法制既可指一国的法律和制度或法律制度，也可指严格依法办事的一种方式、制度。而法治概念的含义则主要在于主张执政者严格依法治理国家。②当法制作为法律和制度或法律制度的简称时，它指的是具有实体性的法律、制度，属于制度的范畴，强调加强法制是强调要有治国的工具。而法治是一种治国的理论、原则和方法，相对人治而言，强调法治就是强调法律、制度这种工具在治理国家中具有极其重要的地位和作用。法律、制度在国家治理中的作用得到充分凸显，成为国家政治生活与社会生活的根本保障。③法制既强调国家机关和公职人员必须严格执行与遵守法律，也强调每个公民守法。而法治强调的主要是一切国家机关和公职人员必须严格执行与遵守法律，依法办事。④在近现代，任何国家都有自己的法律和制度，也即都有某种意义上的法制。但并不是每个国家都能够真正实现以法治国，都有法治。其次，法治与法制又有着密切的联系。法制不仅在意指法律实施、法律监督等严格依法进行国家管理时，与法治含义相同，当法制意指一国法律制度简称时，与法治也有密切的联系。二者间的内在联系表现在：一方面，

[1] 王人博，程燎原．法治论［M］．桂林：广西师范大学出版社，2014：104.

法治的核心要素——法，要以制度化的形式表现出来，即使是不成文宪法，那么它也是依托于一些程序性规则或起到参考性作用的判例而存在的。法的制度性存在是法治生成的一个条件。另一方面，一国法律制度的健全需要有法治理论指导，执政者没有法治观念，不重视法律制度在治国中的作用，不重视对法律制度的执行和遵守，就不可能真正加强法制。同时，法治这种治国的理论、原则和方法的实现，又需要以健全的法制为条件，没有健全的法律制度，就不可能有真正的法治。

第二节　政治发展的理论考察

政治发展是人类社会历史演进的缩影，是在社会历史规律制约和人的能动作用合力下的前进上升运动。从外在表现上看，政治发展是政治生活和政治社会形态由简单、原始状态向复杂、高级的较为完善状态演变的动态过程。政治发展一般表现为特定政治体系的结构和功能的完善，政治格局的均衡和政治秩序的稳定，并由此广泛涉及经济、社会、文化、法律等社会生活的各个方面。从内在本质上看，政治发展是政治关系的变革和调整，是物质生活条件决定下的政治权力关系和政治权利关系的变革和调整。一般来说，政治发展的基本目标可以概括为政治民主、政治效率和政治秩序。政治发展的基本方式是政治革命和政治改革。而政治发展的根本动力在于生产力和生产关系的矛盾运动所引起的特定经济社会关系基础上的利益关系和利益矛盾运动。

一、政治的内涵解析

政治是人类社会生活的重要方面，随着人类社会的发展而延续了几千年。尽管在不同社会历史阶段政治的表现形态不尽相同，但它在各个社会共同体的社会生活中都处于非常重要的地位，直接影响着社会生活的各个方面和其中的一切成员。在当今世界上，政治对于民族国家的存续和发展，乃至国际秩序的稳定都起着决定性作用。

在人类漫长的社会发展史上，人们对于政治的认识，随着社会历史的不断演进和有关“政治”知识的积累，呈现出不断变化发展的趋势。这些认识有些相似，有些差别比较大，更有一些是迥然相异的，但归根到底大致可以分为两类，一类是非马克思主义的政治观，另一类是马克思主义的政治观。马克思主义从历史唯物主义出发，认为政治本质上是一种特定的社会关系，按照这一观点，可以把政治定义为在一定的经济基础上，人们围绕着特定利益，借助于社会公共权力来规定和实现特定权利的一种社会关系。

王浦劬教授对非马克思主义政治观做了经典性的概括和梳理[1]，列举如下：一是从道德政治观出发认为政治是一种社会价值追求，是一种规范性的道德。孔子、柏拉图、亚里士多德都是以道德政治观的视角来讨论政治的。这种政治观体现了人们对于政治的期望和价值要求，体现了特定历史时期社会成员对于政治生活和活动的衡量标准，体现了人们对“政治”应然的理想状态的追求。然而仅仅从社会价值的层次上把握政治，重哲学思辨和抽象的伦理价值而轻社会现实，无法现实地反映社会政治生活，也不能深刻揭示社会政治的本质。二是从权力政治观出发认为政治是对权力的追求和运用。春秋战国时期的法家，以及 16 世纪意大利政治学家马基雅弗利是中西方权力政治观的奠基者，现代权力政治观则以马克斯·韦伯、哈罗德·拉斯韦尔等为代表。权力政治观认为权力是政治的中心和根源，权力的产生、配置或分享、保持或流转就是政治。这种政治观主张从政治的现实状况出发把握政治，触及了政治的现实内容。但是，它忽视了政治生活中确实存在着特定的价值和道德，也没有指明权力背后的实际动因。三是从公众管理视角出发认为政治是公众事务的管理活动。孙中山先生正是从这个维度给出了政治的经典定义：“政治两字的意思，浅而言之，政就是众人的事，治就是管理，管理众人的事，便是政治。”[2] 这一政治观把握了政治公共性和管理性特点，具有容易同政治实践相吻合的特点，容易从社会实践中得到验证，但是，从马克思主义的阶级

---

❶ 王浦劬 . 政治学基础［M］. 北京：北京大学出版社，2006：3–6.

❷ 孙中山选集（下）［M］. 北京：人民出版社，1981：661.

分析角度看，它忽视了政治还有统治性的一面。四是从决策论的解释出发认为政治是对于社会价值物的权威性分配的决策活动。戴维·伊斯顿和拉斯韦尔所倡导的这种政治观指出了政治活动的基本对象是社会价值物，包括物质价值和精神价值；政治活动的内容和方式是分配社会价值物的决策活动；这种分配是权威性即合法强制性的分配。但把政治活动仅仅限定于分配性决策，没有揭示社会价值权威性分配及其方式形成的深层动因。五是从神学论的解释出发认为政治是一种超自然、超社会力量的体现和外化。这种神权政治观曾经是中国封建政治统治合法性的依据，也曾是西方中世纪神学政治统治的精神支柱，虽然在当今宗教学说中仍然具有影响力，但时时遇到来自现代科技发展的挑战，以及理性思维的质疑。总体来看，非马克思主义政治观给了我们关于政治的理论和实践的许多启示，但是也都存在着各自的缺陷和疏漏，如理想化地理解政治、泛道德化地定义政治、脱离社会物质性来研究政治，等等。真正解决上述问题，科学界定政治含义和特征的是马克思主义政治观。

马克思主义政治观以辩证唯物主义和历史唯物主义为方法论基础，科学地揭示了政治的基本内容：首先，政治是一种具有公共性的社会关系。马克思主义认为，人类社会不过是人与人关系的总和。人们的社会关系有经济、政治、文化、民族、种族等各个方面，而政治则是这种关系的一个方面。其次，政治是经济的集中体现。作为一种特定的社会关系，政治是经济的集中体现，无论是政治的本质、内容、形态还是方式，从根本上说，都是由当时特定的社会关系决定的，政治以其特定的社会作用，体现着社会经济关系，体现着特定社会的各种经济利益和要求。最后，政治的根本问题是政治权力，也就是国家政权问题。政治权力是社会生活的强大的统治性和支配性力量，它成为特定阶级实现自己的利益的重要凭借。任何阶级要实现自己的要求和社会目标，都必须掌握政治权力，政治权力是政治的核心，一切政治活动，都是围绕着这一核心展开和进行的。此外，马克思主义强调政治是有规律的社会现象。

马克思、恩格斯认为政治是建立在一定经济基础之上的上层建筑。试图维护和打破这种经济剥削而展开的各阶级之间的权力斗争，是现代资本主义政治活动的本质。马克思、恩格斯强调“一切阶级斗争都是政治斗争”[1]；列宁说“政治是经济的最集中的表现”[2]，“政治就是各阶级之间的斗争，政治就是反对世界资产阶级而争取解放的无产阶级的关系”[3]，“政治就是参与国家事务，给国家定方向，确定国家活动的形式、任务和内容”[4]，“政治是一种科学，是一种艺术”[5]，等等，这些源于马克思主义，并经由实际斗争检验的关于政治的经典论述，分别从政治的基本特征、属性、基本内容和特征等角度揭示了政治的丰富内涵，为我们理解和把握马克思主义的政治概念奠定了基础。

根据马克思主义的上述观点，王浦劬教授将政治定义为：“在特定社会经济关系及其所表现的利益关系基础上，社会成员通过社会公共权力确认和保障其权利并实现其利益的一种社会关系。”[6] 对于政治的这一定义，可以从以下几个方面来理解：第一，它强调政治是一种社会关系，并且指明这种社会关系在本质上是一定经济基础形成的利益关系。因此，政治关系涵盖了阶级、民族、社会集团、阶层等之间的关系，涵盖了对立阶级之间、非对立的阶级之间和特定阶级内部的关系。第二，它强调一切借助于社会公共权力来维护、实现和协调的社会利益要求和社会关系，才具有政治性，这就区分了政治现象与非政治现象。第三，它从经济关系基础上形成的利益关系这一社会联系的本质出发，揭示政治的客观实在性，在人们基本需求的意义上保证了政治定义的深刻性。第四，这个政治定义中涉及公共权力和社会成员权利的关系问题，以公共权力为核心的政治与以限制公共权力、保障社会成员权利为目标的法治在此出现了交集，从而为我们讨论政治与法的关系，继而思考法治与政治发展的关系问题预留了理论空间。

---

1. 马克思恩格斯选集：第 1 卷［M］. 北京：人民出版社，2012：409.
2. 列宁选集：第 4 卷［M］. 北京：人民出版社，2012：381.
3. 列宁选集：第 4 卷［M］. 北京：人民出版社，2012：308.
4. 列宁文稿：第 2 卷［M］. 北京：人民出版社，1978：407.
5. 列宁选集：第 4 卷［M］. 北京：人民出版社，2012：189.
6. 王浦劬 . 政治学基础［M］. 北京：北京大学出版社，2006：9.

二、政治发展的核心要义

政治发展作为现代政治学研究的一个重要概念，主要从宏观层面动态地研究现代国家，尤其是处在现代化进程中的发展中国家的政治变迁过程。政治发展研究很大程度上是20世纪40年代末兴起的区域研究和政治学的“行为主义革命”两股学术思潮融合与激荡的结果。20世纪50年代以来，政治发展先是由西方政治研究领起，而后成为政治学研究的一个重要领域和热门话题，并形成了分析框架和理论体系。20世纪80年代以来，中国政治学界基于中国最大发展中国家的实际对政治发展进行了卓有成效的研究。

（一）政治发展的含义

政治发展在20世纪六七十年代的西方政治学中是一个热门话题。作为分析发展中国家政治问题的一个术语，政治发展的概念涵盖面广而复杂，因此，学者们的理解也异彩纷呈。例如，鲁恂·派伊在其代表作《政治发展面面观》一书中，把不同学者对政治发展的内涵的理解归纳为十个方面：“(1)政治发展是经济发展的前提；(2)政治发展是工业社会的典型政治形态；(3)政治发展就是政治现代化；(4)政治发展是民族国家的运转；(5)政治发展是行政和法律的发展；(6)政治发展是大众动员和大众参与；(7)政治发展是民主制度的建立；(8)政治发展是一种稳定而有序的变迁；(9)政治发展是动员和权力；(10)政治发展是多元社会变迁过程中的一个方面。”❶在此基础上，他把政治发展理解为一个综合变化的过程，其中呈现三种趋势：即个人平等观念的形成、政治体系能力的加强和制度分化与专门化程度的提高。❷亨廷顿在《变化社会中的政治秩序》中认为，政治发展是指政治的制度化和政治参与的扩大化。亨廷顿把政治发展定义为取得政治的稳定性。他认为，政治稳定性可以从静态和动态两个角度去考察。静态指的是政治制度

---

❶ 鲁恂·派伊．政治发展面面观［M］．天津：天津人民出版社，2009：49-61.

❷ S.N. 艾森斯塔德．现代化：抗拒与变迁［M］．北京：中国人民大学出版社，1988：2-6.

化，是指组织和程序获得安定和价值的过程；动态指的是政治参与的程度提高，政治稳定取决于二者之间的平衡程度。阿尔蒙德认为政治系统对国内或国际环境的变迁所作出的反应，特别是对政权建立、国家建立、参与和分配等挑战所作出的反应，构成政治发展的内涵。他从三个方面来看待政治发展：首先是政治文化的世俗化，这主要是指人们的政治态度、政治观念的变化，即某种政治文化成为普遍化的、大众化的政治文化。其次是政治结构的分化，在分化当中，政治“角色发生变化，变得更加专门或自主化，出现了新型的专门角色，出现了或创造了新的专门化的结构和次体系”。而所谓“角色分化和结构分化，不仅仅是指新一类角色的出现和旧一类角色的变化，而且包括角色之间或结构之间相互关系上可能发生的变化”。最后是政治决策能力和贯彻政策能力的提高，即政治体系扩大其政策作为的能力的提高。这些站在西方价值观立场上带有西方中心论色彩的政治发展概念虽有偏狭之处，但也不同程度地揭示了政治发展的内容与特征。

国内学者对政治发展的内涵也做了比较深入的讨论，有代表性的观点如下：①王沪宁教授认为政治发展意味着建立适应一个特定社会的历史—社会—文化要求变化的稳定的政治体系。[1]②王浦劬教授认为政治发展是政治关系的变革和调整，实质是在利益和利益关系变化和发展的基础上，政治权力和权力关系、政治权利和权利关系、政治权力和政治权利相互关系的变化发展；也表现为政治关系的各种衍生形态的发展变化，其包括政治行为性质、方向和方式的改变和调整，政治体系基本性质、组织制度和运行机制的变革和完善，政治文化价值取向、认知情感、态度动机、思想理论的变化和演进。[2]③李元书教授认为政治发展是通过扬弃代价，以寻求不断发挥人的政治潜能的政治体制和政治生活方式的过程，以及这些体制和生活方式的生长过程。[3]④谢庆奎教授认为政治发展是在独立民族国家形成和传统社会向现代

---

[1] 王沪宁．比较政治分析［M］．上海：上海人民出版社，1987：237.
[2] 王浦劬．政治学基础［M］．北京：北京大学出版社，2006：295.
[3] 李元书．政治发展导论［M］．北京：商务印书馆，2001：7.

社会转型的过程中，政治体系的合法化、民主化和现代化的过程。❶⑤杨海蛟教授认为政治发展是一个与政治不发展相对应的概念，相似于经济发展、社会发展等。此外，还有学者认为，政治发展是指整个人类社会政治进化的一种状态，是表示以国家权力为核心的政治体系朝着合理化方向变迁的趋势、程度和性质。❷政治发展是人类社会演进过程中存在的一种社会现象，它既是一个不断的历史过程，也是一种必然趋势与战略目标；既可能是现实的变革过程，也可能是变革的目标设计和选择。作为当今人类共同面临的任务和主题，它是社会全面进步的标志，但因不同国家的具体情况而具有不同的目标、不同的发展道路和发展模式。❸政治发展是一个自主的多样性发展过程，每个国家都有自己独特的国情，历史背景、经济发展水平、政治文化传统、人口素质也各不相同，所以政治建设与政治发展的起点、模式、道路也应是多样化的。❹此外，也有学者以政治机制的某一状态来描述政治发展，把其界定为“政治运行机制能容纳、主导社会的利益矛盾和冲突，具有适应现代市场经济和政治体制内部诸要素及其相互关系发展变动的控制和调适能力”❺。

综上所述，学术界对政治发展的理解，观点分歧是客观存在的，尚未形成一致的看法。学者们从不同角度赋予政治发展以不同的含义，使政治发展成为一个表明政治体系综合能力提高的复杂概念，其中包括政治合理性基础的扩大，政治制度化水平的提高，政治参与机会的增加，民主程度的提高，公民自由权利的保障和实施等。尽管学术界对政治发展含义的界定存在分歧，但并不妨碍我们从广义和狭义两个角度来理解这个概念。从广义上讲，政治发展是政治体系向更高级形态的变迁过程，如从封建国家到资本主义国家，从分散、多元的政治形态到统一民族国家的形成，从资本主义民主向社会主义民主的演进，等等。从狭义上看，政治发展是指政治体系内部结构、体制、

❶ 谢庆奎 . 新中国五十年的政治发展［J］. 理论学习与研究，1995（5）：13.

❷ 王仲田 . 政治学导论［M］. 北京：中共中央党校出版社，1997：238.

❸ 郑慧 . 经济全球化与中国政治发展战略目标［J］. 学习与探索，2003（5）：148.

❹ 郑言 . 回顾与思考：新中国政治建设与政治发展 60 年［J］. 政治学研究，2009（5）：16.

❺ 臧乃康 . 中国政治发展目标模式的选择［J］. 中共浙江省委党校学报，1995（1）：7.

功能和运作的科学化、合理化，如从习俗、惯例、传统治理向法律、制度治理的转变，从政治、行政合一的体制向官僚行政体制的变迁，从全能、集权政府向有限、分权政府的转化，等等。政治学研究的政治发展，主要集中在狭义的概念，即政治体系内部的政治发展，尤其是指现代化过程中的政治发展。广义的政治发展与狭义的政治发展虽然层次角度不同，但是关系紧密，广义的政治发展理论揭示了政治发展的方向及其规律，对狭义的政治发展有着深远的指导意义；狭义的政治发展将不断丰富和充实广义的政治发展理论，广义的政治发展正是通过狭义的政治发展的推进而得以实现的。

政治发展理论的形成和过程可以分为以下三个阶段：第一个阶段是从20世纪50年代初到60年代初。以新兴国家从传统向现代化社会过渡为背景，主要借助社会学的理论成果，初步建立起政治发展研究的理论框架。此时政治发展的概念尚未正式提出，政治发展被等同于从传统向现代社会的过渡。因此，这一时期西方政治学者研究的主题是“现代化”理论。代表性的研究成果是阿尔蒙德和科尔曼于1960年出版的《发展中地区的政治》。第二个阶段是从20世纪60年代初到70年代。在行为主义政治学趋于成熟的基础上，运用事实和技术手段，集中研究发展中国家的政治发展，从个案研究到建立理论模型，最后形成相对独立和完整的理论体系，表现出鲜明的行为主义色彩。这一时期发展中国家的发展道路问题成为政治发展研究的重点。亨廷顿、阿尔蒙德、鲁恂·派伊、宾德、科尔曼、拉巴隆巴拉、维巴、韦纳、李普塞特、沃德和罗斯托等陆续投入政治发展理论研究，他们先后出版的一系列有关政治发展的丛书《沟通与政治发展》《官僚体制与政治发展》《教育与现代化》《日本与土耳其的政治现代化》《政治文化与现代化》等，标志着政治发展理论研究进入一个高峰期。特别需要指出的是，阿尔蒙德和鲍威尔的《比较政治学：体系、过程和政策》、鲁恂·派伊的《政治发展面面观》、亨廷顿的《变化社会中的政治秩序》，以及鲁恂·派伊、科尔曼等提出的政治发展的“危机与序列”理论都是这一时期具有代表性的研究成果。第三个阶段是20世纪70年代以后。受美国政治学从宏观研究转向微观研究，从科学化转向实用研究的影响，政治发展研究也开始呈现出这样一种趋势——主张通过对发展中国家公共政策的研究，建立以经验为基础的理论，致力于解决发展中国家面临的各种实际社会问题。这种干预性的研究取向遭到一些发展中国家学者的强烈抵制，因而这种政治发展理论研究逐步走向衰落，研究的重点也由政治发展道路转向政策研究，分析政治决策的经济后果和经济决策的政治后果。政治科学研究的公共政策导向在方法论上凸显了经济学的重要性，于是一批政治科学家试图以经济学的理性抉择来分析政治现象，研判政治发展问题。与此同时，政治发展理论也正处于依赖理论挑战和批判现代化理论的阶段，因为政治现代化理论的实践效果远远低于预期，“在许多第三世界发展中国家，民主政治建设中途夭折，陷入政治动乱，并且极大地损害了经济的发展。这种现实也削弱了现代化理论在政治发展研究中的影响”❶。而依托理性抉择的公共政策分析研究途径也面临着是否适用于非工业化的“第三世界”国家的考验。20 世纪 70 年代的西方政治发展研究就在这种尴尬的境地中逐渐趋于低迷状态。

纵观西方学者关于政治发展的研究，具有以下共同特征：在适用范围上，将政治发展限定于第三世界，把发展中国家定位成政治发展的对象，暴露出了西方学者“欧美中心论”的学术偏见及其傲慢的态度。在评价标准上，带有浓厚的西方本位主义色彩，把西方政治制度奉为理想模式，把资本主义制度描述为最完美的政治模式。在发展中国家政治发展滞后的原因分析上，西方政治发展理论研究都试图回避西方殖民主义的影响。事实上，当今世界一些国家发生的内战、种族仇恨和武装冲突等制约政治发展的不利因素，往往是西方殖民主义在历史上对发展中国家进行侵略和殖民统治而留下的后果。在理论体系构建上，政治发展理论体系尚不完整、不成熟。有关概念、原理或命题的科学性和系统性还存在问题。政治发展、民主政治、政治稳定等基本概念内涵还不够明确，甚至充满歧义。

❶ 姚建宗 . 国外政治发展研究述评［J］. 政治学研究，1999（4）：82.

（二）政治发展的目标

在研究政治发展时，我们把这一概念同政治变迁严格区分开来，政治变迁是一种描述性的过程，它仅仅揭示了政治生活中随时间推移而出现的客观性变革过程，不带有任何价值判断。政治发展则不同，它属于目的论的概念，政治发展被设想为达到某个或某些目标的运动，因此，政治发展就不是依据它的内容而是依据它的方向来进行研究。这样，政治发展就具有了特定的目标，以及相应的标准和指标来衡量这些目标取得了多大的成就。马克思主义认为，政治发展是由社会发展推动和决定的，因而，任何社会的政治都将随社会的发展而发展。社会经济发展决定了政治发展，反过来，政治发展为社会经济发展服务。从这样一种政治发展与外部社会经济发展的关系来看，政治发展的最终目的在于推动社会经济发展和进步，推动社会生产力的发展。这就要求政治发展的基本方向与社会经济发展的方向一致，否则政治发展不仅会破坏和阻碍社会经济发展，也会因为社会经济发展的危机而导致自身发展的问题和危机。为了更好地服务于政治发展最终目标的实现，学者们提出政治发展的三个基本目标，即政治民主、政治效率和政治秩序。

政治民主是政治发展的根本目标。民主是人类社会开化程度和进步状况的重要标志。政治民主的基本含义是，在国家政治生活中，全体成员真正平等、真正普遍地参与一切国家事务。它意味着广泛的政治参与、政务公开、机会均等、实行法治、保障人权等。当代一些西方政治发展论者把政治民主视为发展中国家政治发展的重要目标甚至是唯一目标，他们以西方的民主标准为参照来审视和评价发展中国家的政治发展，认为一个达不到西方民主标准的社会，无论其经济程度如何，政治发展程度都是不过关的。而实际上对于发展中国家来说，要实现政治民主，既需要价值认同，也离不开培育民主生成的社会经济基础。对于已经实现政治民主的国家来说，进一步巩固和健全民主制度也是一个需要长期付诸努力的过程。当今世界，政治民主已成为政治发展的潮流，资本主义国家不时地调整其民主政治形式，社会主义国家正在不断推进民主政治建设进程，发展中国家的政治民主化运动正在快速地扩展。需要指出的是，不论对政治民主如何界定，它都不可能是任何个体和组织的随心所欲、为所欲为，相反，政治民主一定是以法律作为行为边界和权利保障的，因此，政治民主必然与法治相辅相成。

政治高效化是政治发展的功能性目标。政治高效化是指具有民主政治本质属性的政治系统在功能上或运行中具有良好的性能和效率，其核心是政府的行政管理效率。它要求国家机构或政府具有权威和威信，能够作出正确的决策并高效率地执行政策，高效有力地管理政治、经济和社会事务。法律能集中人民的意志且能有效地规范社会行为，有助于不断提高人民的生活水平，增加人民的福祉，这些法律的功能预设恰恰又迎合了政治高效化的需要，成为政治高效化这一政治发展目标所包含的具体内容。追求政治效率一般要做到：第一，领导层政治决策高效统一；第二，政治运行机制充满活力，行政执行高效有力；第三，政治系统有良好的动员能力和应变能力，能确保社会稳定和谐，经济高效、持续发展；第四，避免陷于专制独裁强制执行，从而牺牲公民的自由、平等和社会公正。

政治秩序化是政治发展的显性目标。政治秩序化也可以称为政治稳定，是指没有政治暴力、镇压或体系的，没有政治演进中的中断或空谈，政治变革因循制度化轨道稳定有序地进行，政治生活具有以法律为规范的正常秩序，政治发展能够保持动态的稳定。任何社会的政治发展都表现为对原有政治秩序作一定的调整或变革，政治发展的重要目标是使这种调整或变革能遵循制度化轨道稳定有序地进行。政治秩序化或政治稳定这一目标有着双重的价值意义，它既是政治发展以及整个社会发展顺利进行的前提保障，又是逐步实现民主政治目标的基本政治条件。“政治秩序则部分地取决于政治制度的发达程度和新兴社会力量被动员起来参与政治的程度二者之间的关系。”[1] 这个观点强调，后发展国家走向现代化的过程中，若没有良好的秩序则其他一切方面的发展都是不可能的。最优先考虑的不应是经济发展和政治参与的扩大，

[1] 塞缪尔·亨廷顿.变化社会中的政治秩序［M］.王冠华，等译.上海：上海世纪出版集团、上海人民出版社，2008：8.

而应是保持政治稳定。对于发展中国家来说，政治秩序与政治民主具有同等的价值。而保持政治稳定则需要一个权威，这个权威就是政府。这个观点被称为强大政府论或政治秩序论。强大政府也就是有能力制衡政治参与和政治制度化的政府。

政治发展的上述目标涵盖了政治结构的专门化、政治权威的强化、政治系统职能范围的扩大、政治体系科层化、政治运作制度化、政治参与大众化。在政治发展目标之下涵盖了如此丰富的内容，那么这些具体政治发展目标之间关系如何？又应该如何安排它们之间的相互次序或比例要求？为此有学者提出了“目标相容性”“目标冲突性”两种对立的观点。相应地，也出现了折中性方案，致力于寻求可以使各种发展目标之间互相调和的途径，特别是关注目标的选择顺序、调和各种发展目标的制度结构以及推动同时实现各项发展目标的政府战略和政策。强调通过权威、法治、有限政府来实现政府能力的有效运用；注重以政治文化的普及和提升来体现政治发展所需要的民主、参与意识、平等自由精神。同时，鉴于政治发展和经济发展密切相关——没有政治的高度发展，经济发展就没有保障，没有经济的发展，政治发展则缺少条件，这是辩证统一的——在政治发展的过程中，必须以经济发展为前提条件，根据经济发展、生产力发展的状况来调整政治发展的目标、方向和进程。至于政治发展的内部目标安排，只要是能够促进社会经济发展，推动生产力发展，符合社会整体利益需要的，就是合理的政治发展的目标结构。

（三）政治发展的类型

根据政治发展的历史起点、发展的动力、发展的时序、现代化的领导力量、政治发展与经济发展的关系等方面的差异，我们大体上将政治发展划分为两种基本模式，一种是以西方国家为代表的早发现代化国家模式，另一种是以发展中国家为代表的后发现代化国家模式。

政治发展的早发模式与后发模式的主要差别在于：第一，早发现代化国家政治发展起步较早，伴随着现代化的起始，最早发轫于1500年前后的英国和法国，而后发现代化国家政治发展起步较晚，大多是从第二次世界大战后才开始；第二，早发现代化国家政治发展的最初动力来源于社会内部，而后发现代化国家政治发展的动力与外部文化的传播和外来挑战密切相关；第三，早发现代化国家政治发展的主导力量是新兴市民阶层或资产阶级，政治变迁一般自下而上，而后发现代化国家政治发展的主导力量来自国家和政府，政治变迁一般自上而下；第四，早发现代化国家的政治发展随贸易扩展和工业革命而运动，经济发展与政治发展基本同步进行，而后发现代化国家的政治发展一般发生于工业化之前，在经济开始起飞后，政治发展往往又滞后于经济发展，政治发展与经济发展经常不能同时推进。以上几点，分别构成了早发模式与后发模式的主要特征。但需要指出的是，上述早发模式与后发模式的特征都是就理论上的纯粹状态而言的，而实际上早发模式与后发模式只能相对而言，不少国家都处于早发与后发两种纯粹模式之间，因而兼有两种模式的某些特征。例如，相对第三世界国家而言，德国是早发现代化国家，但与英国和法国相比德国又属后者，所以德国政治发展既具有某些早发现代化国家的特征，也具有明显的后发现代化国家特征。具体来说，西方早发现代化国家即发达资本主义国家和第三世界后发现代化国家即发展中国家以及社会主义国家的政治发展走的是完全不同的路径。

1. 发达资本主义国家的政治发展

从人类发展的历史来看，发达资本主义国家的政治发展大部分是通过社会内部的各种力量的变革及其相互作用而促成的，几乎不受外部力量的影响。大体上，发达资本主义国家政治发展的历程经历了三个阶段。一是国家建设，即通过君主集权和绝对主义从封建主义、诸侯割据到建立现代民族国家的过程；二是民主化，即通过资产阶级革命和渐进式改革确立公民权利和政治权利，扩大政治参与，建立民主的政治体制，如代议制、普选制、政党制、现代官僚制和司法独立制度；三是福利化，即随着资本主义发展的深入，国家的职能和政府的干预扩大，国家承担了大量的社会职能，建立了现代意义上的福利国家。需要强调的是，尽管西方主要国家都先后经历了国家建设、民主化和福利化的一般历史进程，但这些国家完成上述三个历史进程的具体道路存在着明显的差别。大而化之，可以抽象出三种具体的发展模式或道路。第一种是渐进—妥协的发展道路，以英国为典型。除英国外，瑞典、挪威、丹麦、荷兰、芬兰、比利时、卢森堡等国走的也是这样一种道路，甚至美国等原英国殖民地的政治发展大体也属于这种发展模式，只是美国与英国略有不同的是，美国由于没有封建主义的历史，政治发展较少受传统的影响而更具原创性，其基本政治制度是通过宪法得以确立的。第二种是激进—革命的发展道路，以法国为典型。与法国的激进—革命式发展道路相似的还有葡萄牙、西班牙、希腊等国。俄国历史上的政治发展也属于这一类型，只是到 20 世纪其革命的性质发生了变化，建立了新型的社会主义国家。第三种是保守—改良的发展道路，以德国为典型。与英国、法国相比，德国的政治发展步履维艰，姗姗来迟。德国的政治发展依靠的是保守的国家主义力量，民主化的问题没有从根本上解决，使其走上了专制主义和军国主义的道路，经过第一次世界大战的失败、魏玛共和国的夭折、希特勒的上台和第二次世界大战的劫难，最后在占领军刺刀下才完成了民主化的任务。除德国外，日本、意大利的政治发展也属于保守—改良的道路。

2. 发展中国家的政治发展

发展中国家是与发达国家相对应的概念，因而从这一意义上说，现阶段的社会主义国家都属于发展中国家。但需要说明的是，这里所说的发展中国家，特指除社会主义国家以外的其他发展中国家，即那些被称为原殖民地国家或民族主义国家。

在第二次世界大战前后的民族解放运动中，亚非拉地区原殖民地国家相继获得民族独立，踏上了建设民族国家的现代化发展道路。为数众多的发展中国家选择不同的发展方向和发展道路。就多数发展中国家来说，独立后的政治发展历程大体上也可以划分为三个阶段。一是民族国家的整合。民族国家的整合是指在整合民族国家以及恢复和发展民族经济的同时，建立由文人执掌政权的代议制民主共和制。政体形式往往以宗主国或邻近大国为蓝本，例如，原英国殖民地国家大多实行内阁制，南美国家由于受美国的影响而实行总统制的较多。二是军人干政。由于民主政治在发展中常常出现挫折，如西方民主政体不适合本国国情、国内民族矛盾激化、发生严重的社会冲突等，军人以维持社会秩序的名义，通过政变方式接管政权，实行带有集权色彩的军人统治。二是“还政于民”。与军人干政同时出现的往往是反对军人统治和要求实行民主政治的浪潮，随着发展中国家民主意识的觉醒，在民众争取政治民主化的斗争中，军人开始把政权转交给通过民主选举产生的新政府。由此，发展中国家的政治发展开始了新的历程，即在政治实践中探索一种适合本国国情的民主政治制度。

发展中国家的政治发展存在若干共性特点。第一，许多国家的民主政治体制制度杂糅。有些国家的民主政体中含有某些传统君主制的因素，有些国家的政治形式中包含资本主义共和制与社会主义共和制的双重因素，既实行资本主义议会制度，又实行社会主义某些政治原则。第二，军队在国家政治生活中具有举足轻重的地位。在许多发展中国家，由于历史和现实的多重原因，各政治势力之间往往存在众多矛盾、发展过程中经常出现经济危机或政治危机、面临外部的军事威胁等，军队作为一支特殊的政治力量，积极参与和干预国家政治生活，军事政变屡屡发生，绝大多数国家在不同时期都出现过军人政权。军人干政的作用在不同的国家不完全相同，有的起到了稳定政治秩序或缔造现代政治制度的积极作用，而有些国家的军人政权则成了代表旧政治势力的专政独裁。第三，政治发展中政治稳定的目标往往难以实现。许多发展中国家属于多民族、多部落、多语言或多宗教的国家，民族、语言、宗教的多样化和殊异性，成为引发政局不稳定的潜在因素。此外，西方发达国家对发展中国家进行的政治、经济以至军事方面的干预，也是造成政局不稳定的一个主要原因。经常性的政治冲突和政局动荡，成为困扰发展中国家的突出问题，直接影响了发展中国家的现代化进程。第四，政治民主化发展过程步履维艰。民主政治的顺利发展需要经济、社会、文化、政治等方面的条件。而对大多数发展中国家来说，在由传统社会向现代民主社会转型的过程中，却存在诸多先天或后天的不利因素，如经济上贫穷落后、民众的文化素质低、传统习惯势力强大、政治发展不稳定等。这些不利因素严重制约民主政治的发展，使民主政治发展显得艰难而曲折。

（四）政治发展的基本方式

政治发展往往采取两种基本方式，即政治革命和政治改革。政治革命是政治关系的质变方式，其标志是政治权力的变更和移易，往往表现为通过一个阶级推翻另一个阶级的殊死斗争，获取胜利的阶级掌握政权，在战争的废墟上重建国家。政治改革则是政治关系的量变方式，其特征是社会政治的演进和完善，一般表现为在现有的基本政治框架和政治秩序进行局部调整，以解决制约政治体制运行的障碍，促进政治发展。

1. 政治革命

革命有广义和狭义之分。从广义上讲，革命是指推动事物发生根本变革，引起事物从旧质到新质的飞跃。从狭义上讲，革命主要是指社会革命和政治革命。狭义革命是人类社会历史发展中的一个重要现象，其中的政治革命作为社会意义上的革命的一种特殊类型，是指一个阶级推翻另一个阶级政治统治的暴力行动。它是指一个社会的政治制度、社会结构、领导体系、政治活动和政策及其主要的价值观念作急促的、根本的和暴力的内在改变。革命不同于暴乱、叛乱、政变和一般的改朝换代，它是旨在建立正义和正当的社会秩序的道德行为；政变、改朝换代只是改变领导权和政策；暴乱、叛乱可能改变政策、领导权和政治制度，但不改变社会结构和价值观念。马克思主义经典作家认为：首先，革命的深刻根源在于生产力和生产关系的矛盾性。马克思说："社会的物质生产力发展到一定阶段，便同它们一直在其中活动的现存生产关系或财产关系（这只是生产关系的法律用语）发生矛盾。于是这些关系便由生产力的发展形式变成生产力的桎梏。那时社会革命的时代就到来了。"[1] 其次，革命体现为阶级之间的矛盾和对抗。毛泽东说："剥削阶级和被剥削阶级之间的矛盾，无论在奴隶社会也好，封建社会也好，资本主义社会也好，互相矛盾着的两阶级，长期地并存于一个社会中，它们互相斗争着，但要待两阶级的矛盾发展到一定的阶段的时候，双方才取外部对抗的形式，

[1] 马克思恩格斯选集：第 2 卷［M］. 北京：人民出版社，2012：2–3.

发展为革命。”[1]最后，革命是社会发展过程中的质变。事物发展的过程是一个由量变到质变的过程，量变是缓慢的，而质变是一种“突变”和“飞跃”。这种“突变”和“飞跃”反映到社会制度上就是革命，其结果是新的社会制度代替旧的社会制度，从而极大地解放社会生产力，促进整个社会的发展和进步。正是在这个意义上，马克思说：“革命是历史的火车头。”[2]

以马克思主义的视角来看政治革命，可知政治革命的发生是基于不以人的意志为转移的主客观条件，正如列宁所说：“一般来说，革命形势的特征是什么呢？如果我们举出下面三个主要特征，大概是不会错的：（1）统治阶级已经不可能照旧不变地维持自己的统治；上层的这种或那种危机，统治阶级在政治上的危机，给被压迫阶级不满和愤慨的迸发造成突破口。要使革命到来，单是‘下层不愿’照旧生活下去通常是不够的，还需要‘上层不能’照旧生活下去；（2）被压迫阶级的贫困和苦难超乎寻常地加剧；（3）由于上述原因，群众积极性大大提高，这些群众在‘和平’时期忍气吞声地受人掠夺，而在风暴时期，无论整个危机的环境，还是‘上层’本身，都促使他们投身于独立的历史性行动。没有这些不仅不以各个集团和政党的意志、而且也不以各个阶级的意志为转移的客观变化，革命通常是不可能的。”[3]这些条件不是任何人的主观臆造，而是生产力和生产关系的矛盾运动的结果，它以现实社会中不同阶级之间阶级利益对立为表现形式，当这种矛盾和对立趋于激化而导致政治力量对比关系发生重大变化时，政治危机和社会危机全面到来，政治革命的时机也就逐步成熟了。此时，原有的政治权力和政治权威已无力维持旧有的局面，无法调控其所面临的危机，从而使政治权力的变易成为客观必然。摇摆中的政治权力，对相互角逐的各政治力量来说都意味着无限的可能性，于是政治权力成为被追逐的目标，其最终归属成为政治革命结果的标志。当政治权力重新回归旧主则革命失败；当政治权力为新生力量所拥有即宣告革命成功。

---

[1] 毛泽东选集：第1卷［M］. 北京：人民出版社，1991：334.
[2] 马克思恩格斯选集：第1卷［M］. 北京：人民出版社，2012：527.
[3] 列宁全集：第26卷［M］. 北京：人民出版社，1988：230.

综合以上因素，政治革命就是在社会利益矛盾对抗的基础上，社会政治力量为变更政权和社会利益关系而反抗既有政治权力和政治统治的激烈活动。[1]它是以阶级为政治主体的旨在推翻既存政治统治的暴力行动，用一种政治体系取代另一种政治体系的激烈的变革，是政治体系发生的全面质变。其作用在于打破旧的政治关系和政治秩序，推翻旧的政治制度，代之以新的政治关系、政治秩序和政治制度，从而推动整个社会历史的发展与进步。

作为政治关系质变过程的政治革命，具有不同于其他政治发展方式的特征。

首先，政治革命是以革命阶级为主体的政治活动，是革命阶级推翻落后、反动阶级的统治的运动。从根本上说，政治革命是离不开社会革命的。马克思在《哲学的贫困》中讲道，在阶级社会中，任何一种政治运动同时又是社会运动。“不能说社会运动排斥政治运动。从来没有哪一种政治运动不同时又是社会运动的。只有在没有阶级和阶级对抗的情况下，社会进化才不再是政治革命。”[2]因此，政治革命发生的原因应当从社会革命的原因中去寻找。社会革命发生的根本原因是生产力与生产关系之间的矛盾。社会生产的发展导致社会变革，这是历史的必然过程。但这个过程不会自然发生，而需要通过革命。只有经过革命，改变旧的、不适应生产力发展需要的生产关系，才能从根本上解放生产力，推动社会生产的发展。在阶级社会中，生产力与生产关系之间的矛盾不可避免地表现为代表新的生产力的被压迫阶级与在旧的生产关系中占据统治地位的统治阶级之间的矛盾和斗争。而这种阶级矛盾和斗争，就往往成为革命的直接原因。代表新的生产力方向的被压迫阶级，为了打破旧的生产关系的束缚，必须变成社会中占统治地位的阶级，因而只能采取推翻统治阶级的政治行动，也就是政治革命。

其次，政治革命的首要任务是夺取政权，通过夺取政权来推动政治发展，

---

[1] 王浦劬 . 政治学基础［M］. 北京：北京大学出版社，2006：300.

[2] 马克思恩格斯选集：第 1 卷［M］. 北京：人民出版社，2012：275.

是政治革命的最重要标志。在阶级社会中，一切政治上层建筑都是建立在一定的经济基础之上，并受经济基础决定的。政治上层建筑主要依靠政治权力来维护和巩固经济基础，镇压被统治阶级，实现对被统治阶级的政治剥削，因而政治权力是统治阶级实现阶级统治的工具。

当任何为了破除旧的生产关系，并使自身获得解放的被统治阶级不得不与统治阶级展开激烈斗争时，斗争的焦点必然集中在国家的政治权力上。这正如恩格斯所说的："在阶级反对阶级的任何斗争中，斗争的直接目的是政治权力。"[1]因此，阶级斗争的性质和目的，决定了政治革命实质上就是争夺政治权力的斗争，政治革命的首要问题和基本问题就是政治权力的问题。任何试图成为统治力量并建立新社会的阶级在采取推翻旧的统治阶级的革命行动时，夺取政权必定是其首要任务。衡量一场革命是否是政治革命，首先就是看其是否是为了夺取政权。列宁指出："无论从革命这一概念的严格科学意义来讲，或是从实际政治意义来讲，国家政权从一个阶级手里转到另一个阶级手里，都是革命的首要的基本的标志。"[2]成功的政治革命所建立的政权都导致了新政治秩序的产生，扩大政治参与并使之稳定化和制度化，更为根本的是，新政权能够在一定的时期内适应社会经济发展的需要，推动了生产力的发展。

再次，政治革命以政治体系全面的、根本性的变革为内容，与旧有的一切政治关系、政治结构和政治观念进行决裂，建立一种全新的政治体系和政治制度。政治革命与其他政治发展方式的不同在于其变革的全面性和彻底性。一场全面的革命通常包括对现存政治制度的迅速而猛烈的摧毁，动员新的社会集团参与政治生活，并建立新的政治制度和政治秩序。从历史上来看，政治革命最容易发生在社会转型时期，特别是传统社会在向现代社会转变时期。在这些时期，社会生产发展造就了新的社会阶级、集团，也塑造了新的政治意识，新的政治意识迅速扩展，并动员新兴的社会阶级、集团参与政治生活。

---

❶ 马克思恩格斯全集：第 19 卷［M］. 北京：人民出版社，1963：284.

❷ 列宁全集：第 29 卷［M］. 北京：人民出版社，1985：137.

但是，旧的社会统治阶级为了维护旧有的生产方式和自己的统治地位而利用政权压制革命的阶级、集团。在这样一种阶级对抗和冲突中，革命随之爆发了。革命建立的新的政治体系必然重新界定政权结构，容纳新的阶级、集团进入政治生活，宣扬新的政治价值观念和政治合法性来源，由一批革命的精英人物执掌政权，创立新的、符合社会发展的政治制度。综观早发现代化国家和发展中国家在政治发展的过程中，政治革命往往给国家的现代化带来全面而根本性的变化，不管是政治制度、社会结构、经济生活、领导体系、政策法令，还是价值观念、意识形态等方面。

最后，政治革命往往以暴力形式为表现，通过革命的暴力推翻反动的阶级统治，建立新型的政治制度和政治秩序。国家从本质上是一种物质的、暴力的工具，因此，政治革命常常同暴力联系在一起。在阶级社会中，当生产力与生产关系的矛盾、经济基础与上层建筑的矛盾使政治统治面临全面危机时，任何掌握政权的统治阶级都不会主动让出政权，反而会以更加严厉、更加残酷的政治统治维持摇摇欲坠的政权。因此，政治革命只能采取暴力的方式才有可能获得成功。近代历史上，如果没有把查理一世送上断头台，没有巴黎人民攻占巴士底狱，英国和法国革命的结果或许就不是今天这样。革命同暴力相联系，并不意味着所有的暴力都是革命。革命暴力是在具有革命形势和发生革命危机时的结果，是具有深刻的社会阶级基础的。革命不同于政变、起义、叛乱、暴动之处在于，政治革命的任务不仅仅是为了夺取政权，实现某个具体的政治目标，更重要的是在于通过全面变革政治关系和政治制度以实现新的生产方式代替旧的生产方式的过程。

总体上，政治革命在历史上对社会政治发展的作用主要体现为调整政治关系，改变社会发展的政治环境，更新政治体系和政治结构，变革政治观念和政治文化，从而为政治发展和社会发展开辟新的道路。

2. 政治改革

改革是对事物的改造与革新，与革命相比，它显得较为温和、渐进，既包含了量变的过程，也包含了质变的过程。二者在变革的动力、速度、范围、方向上存在较大的差异。革命涉及价值观念、社会结构、政治制度、政策纲领等方面迅速、全面和剧烈的变化，这些变化越完全，革命就越彻底。反之，在领导、政策和政治制度等方面发生范围有限而又速度和缓的变化，则属于改革。政治改革是指政治关系的调整与变化，也即统治阶级中的政治领导集团根据社会利益矛盾状况及其对统治权的要求，有计划、有步骤地进行政治体系的改进，调节政治关系，以巩固和完善其政治统治过程，其实质是统治集团对政治关系进行的自主性调整。政治改革是统治阶级中的领导集团有意识地去适应不断发展变化的政治社会环境的过程。引发政治改革的因素是多种多样的，涵盖了政治、经济、文化等各个方面，既有来自内部因素的影响，也有来自外部因素的影响。其最根本原因是政治结构与社会结构的不相适应和矛盾冲突。归根结底是生产力和生产关系、经济基础和上层建筑之间的矛盾日益激化的产物。政治改革就是为了维护和改进原有的政治统治，排除生产力发展的障碍，而在政治结构方面所作的有计划的自我调整和改进。

政治改革是政治体系较为全面的革故鼎新，涵盖了比较广泛的内容。其主要调整社会政治利益关系，调整社会阶级、利益集团之间的关系，集中表现为调整政治权力关系和政治权利关系，构造新的政治权力格局，以适应社会政治发展的需要。具体体现在以下几个方面：一是政治结构的调整。它是指国家政权各个组成部分的配置和排列的改变，以及各政治团体和组织在政治体系中地位、作用及其相互关系的改变，中央与地方职责权限及关系的调整，涉及政治基本架构的调整和政治权力结构的调整。二是立法制度的改革。主要包括立法主体的调整，立法机构地位、权限、组成和作用的改变，立法方式和程序的修改等。三是行政制度的改革。主要包括行政机构的建立、归并和裁判，行政职权的调整，行政效率的提高，行政监督的完善，官僚腐败的遏制；人事制度的变革，包括行政人员的选拔、培养、考核、奖惩、晋升等一系列制度的建立和完善等。四是司法制度的改革。主要包括司法机构的设立和职权设定，法律的颁布、执行和修改，司法程序的完善，司法人员队伍的建设和管理等。此外，政治改革还涉及政治任务和方针政策的重大调整、选举制度的改革和选举程序的完善、政治行为模式的调整和政治文化的发展更迭等。

作为政治发展的一种方式、途径和表现形态，政治改革的主要特征如下。

首先，政治改革以维护和巩固现有政治统治为目的，以不破坏既有政治统治的根本基础和基本原则为限度。社会生产关系的总和构成该社会的经济基础，经济基础又决定着上层建筑。任何一种社会生产关系都有与之相适应的社会关系（在阶级社会里主要为阶级关系）和政治上层建筑。当生产力的发展迫切需要改变旧的生产关系时，政治上层建筑的危机也就到来了。但是，在阶级社会中，统治阶级为了维护自己的统治，不会轻易让出政权，也不会让决定政权的旧的生产关系被轻易抛弃。在这种情况下，存在两种可能：一种可能是，统治阶级利用手中的政治权力进一步巩固和维持旧的生产关系和政治统治，不作任何的让步，这样，生产力和生产关系、上层建筑和经济基础的矛盾的解决，集中表现为被压迫阶级和统治阶级之间的冲突和斗争，这种斗争往往以革命暴力的方式体现。另一种可能是，统治阶级为了维持政权和旧的生产关系，主动采取改革措施，使被统治阶级的利益在旧的生产关系中得到一定的反映，允许社会各个阶层有限参与政治过程，从而缓和阶级冲突和矛盾，避免了革命的情势。政治改革即属于后一种情况。

其次，政治改革以政治领导阶层为变革的主体，通过政治领导层自上而下地发动来实现政治改革进程。改革与革命的一个重要区别在于变革主体的不同。革命是被统治阶级自下而上地发动、实施的具有广泛社会基础的政治变革，而改革则是由统治阶级、领导阶层自身发起并执行的政治革新，如日本的明治维新、俄国的彼得大帝改革、土耳其的凯末尔改革等。二者的主体不同，决定了政治变革的结果也存在很大的差异。政治改革虽然不需要打破旧的生产关系和上层建筑，却使改革过程更加复杂。改革者必须在各种社会力量之间寻求利益平衡，努力消除社会分裂和冲突。与革命者相比，改革者需要把更多的注意力放在改革的途径、手段和时机方面，需要审慎对待各种改革目标之间的关系，把改革纳入稳定有序的进程中，避免因改革处理不当而走向革命。

再次，政治改革是有计划、有步骤的渐进过程，整个变革的过程从属于政治领导层的严格控制，通过量变的过程达到质变的实质。由于改革是一种利益关系的调整，几乎所有的社会阶级、集团的利益状况都在这一过程中被改变，因此，改革不可能一下子完成，只能在政治领导层的协调、安排之下有计划、有步骤地进行，不能操之过急。在一些进行政治改革的国家，通常先采取增量改革后实施存量改革的方法，即在旧的体制因阻力太大而无法改动时，先发展出一些新的体制或新的成分，随着新体制、新成分的发展壮大，政治关系和政治结构的不断变化，以及政治改革环境的改善，再逐步改革旧的体制和旧的秩序，通过渐进的量变过程最终达到质变的结果。

最后，政治改革以和平的方式进行，基本上排斥了革命和暴力在政治发展进程中的地位。政治改革的出发点就是为了避免阶级冲突中可能出现的因对抗而导致的暴力革命，因而，政治领导阶层主动采取相应的措施对现存的政治关系进行调整、改变，显然，这种变化是以妥协、和平的方式出现的。改革者着眼于变革，但鉴于既得利益的考虑，改革不可能十分彻底，也不可能采取剧烈的方式。革命暴力的改革过程超越了改革者所能够控制的范围和程度，而且其改革结果无法预期，这是发动改革的统治阶级极不愿发生的。从政治改革发动者的角度出发，适时进行政治改革，通过调整社会集团之间的利益关系，缓解阶级、集团之间的冲突，削弱反对现存政治制度的力量，可以有效地防止革命情势的出现，从而保证统治阶级原有的统治地位。

与政治革命一样，政治改革在社会政治发展过程中发挥着重要作用：首先，它是缓解社会利益矛盾的有效方式，是推动社会政治经济和文化发展的重要途径。其次，它是适应社会利益发展要求，维护政治统治，提高政治管理效率的有效途径。此外，政治改革是社会政治生活中有效防止和消除弊端的手段。

当代表旧的政治关系和政治秩序的统治阶级不愿主动退出历史舞台时，政治革命便成为政治发展的动力。而当统治阶级主动对政治关系和政治秩序进行调整时，政治改革就成为政治发展的主要推进方式。

（五）政治发展的动力

政治发展是社会总体发展的一个组成部分。它不是自发地进行的，而是经济、文化、历史传统，以及国际环境等各种力量共同作用的结果。根据历史唯物主义的基本原理，从根本上说经济发展是政治发展的根源性动力机制。而历史传统与文化模式时刻制约和影响着政治发展的步伐。此外，政治发展不是空中楼阁，不可能离开具体的社会环境和国际环境。在这样的认识基础上，我们认为政治发展动力问题可以从两方面来考察：一方面是推动政治发展的主体力量；另一方面是推动政治发展的方式。

从推动政治发展的主体力量来看，主要有以下理论观点：一是领袖推动论。依靠在民众中具有巨大感召力的政治精英来推动政治发展。二是政党推动论。依靠组织严密、具有广泛社会支持的政党来领导政治改革或革命。三是文官推动论。依靠具有政治中立和专业精神的文官队伍推动政治的发展。四是军队推动论。依靠和发挥军队的权威与高效两大特点推动政治发展。亨廷顿曾对一党制在发展中国家中的作用给予高度评价。他认为对于发展中国家来说，一党制最大的吸引力在于它既能满足权力集中以推动改革的要求，也能满足权力扩张以扩大参与的要求。在一党制中政治领袖控制着政治参与的渠道，因而能够提供不同种族、宗教或地区的横向整合，从而促进政治共同体的形成。亨廷顿在《变化社会中的政治秩序》一书中还分析了军队在政治发展中的作用，他认为在政治秩序由传统的寡头执政官政体向激进的执政官政体转变时，军队在国家建设中起着改革者的作用，军队成为唯一能够向传统政治体制提出挑战的社会集团。

从推动政治发展的方式来看，主要有以下三种动力：一是文化更新论。政治发展要与政治文化的更新建立同步关系，制度的变革必须以文化变革为基础。通过思想启蒙和现代政治文化的普遍传播，推动政治的发展。二是革命推动论。革命不是政变、暴动和独立战争，它是使传统社会走向现代化的途径之一，它动员新生的社会团体参与政治，以形成新的政治制度。革命的先决条件是政治制度不能向新生的社会力量和新的精英分子提供政治参与的途径，同时被排除在政界之外的众多社会力量具有参与政治的愿望，他们感到自己所需要的物质利益只有经过政治途径才能够获得。三是改革推动论。亨廷顿认为，改革的目标是使社会、经济和政治达到进一步的平等，以及政体之内的公民政治参与的扩大。改革比革命更为困难，因为它比革命需要更大的政治技巧。例如，改革者经常面临着对各个目标优先顺序的选择，其中最突出的矛盾是，既要提高社会经济的平等而集中权力，又要提高政治的平等而分散使用权力，在实际中二者往往难以两全。革命在现代化过程中并不是难以避免的，如果能在领导阶层及其政策上进行小规模的改革，就可以避免社会结构、政治制度和价值观念方面的激烈变革。

第三节 法治与政治发展的关系探究

作为国家意志的体现——法与政治关系密切，它们同属于上层建筑范畴，同受经济基础制约并反作用于经济基础，二者间相互区别、相互联系、相互作用。法是政治的一种表现形式，政治是法存在的基础和前提，因此，在实践中二者间的正和博弈是常态。然而，在某些特定情况下法与政治也可能存在不相适应的情况，解决这一问题，一般有两种情况：一是在原有的政治秩序范围内通过政治改革的方式，或者以法的制定、修改或解释的方法使二者处于协调状态。二是在激烈冲突的情况下，通过政治革命的方式建构新的政治生态，并在新的政治秩序基础上去评判旧法、创制新法，通过这样的方式使二者处于新的正和博弈状态。一定程度上说，法治表明法与政治处于协调发展状态。法治是社会组织结构和方式优化的结果，它是政治发展的产物，也是政治发展的一个重要标志。政治发展决定和影响着法治的成熟程度、发展路径、目标方向，以及其他细节性内容，与此同时，法治以其特有的内在规定性和社会组织功能深刻地影响和推动着政治发展。

一、法与政治的关系

法是伴随着国家和阶级的产生而出现的，是人们为解决资源配置矛盾，塑造稳定的社会关系和行为预期，确保生活秩序而以国家共同体的名义创制并保证强制实施的行为规范。进一步讲，法是反映由特定物质生活条件所决定的统治阶级意志和社会共同生活的需要，以权利和义务为内容，以确认、保护和发展统治阶级所期望的社会关系、社会秩序和社会发展目标为目的的行为规范体系，是统治阶级实现阶级统治和社会管理的工具。所以究其实质，法也是社会经济的反映，通过约束人们的行为来确保社会秩序，实际所规范和调整的也是由当时物质生活条件所决定的经济关系和经济利益格局。

政治是一个极其复杂的社会现象，是阶级社会中特有的现象，主要是指阶级斗争和处理阶级关系。它既包括敌对阶级之间的斗争关系和同盟阶级之间的合作关系，也包括一个阶级内部各个阶层和各个集团之间的关系。政治涉及的内容很多，其建立于经济基础之上，核心问题是政权问题。阶级之间的联合和斗争以及协调本阶级内部各个组成部分之间的关系，都是围绕着夺取和巩固国家政权这个核心问题而展开的。而阶级斗争的阶级关系的实质是各个阶级的经济利益。所以，经济是政治的实质性内容，政治是经济的最直接、最集中的表现。在政权的组建、运行过程中，广泛地涉及人们相互间，特别是阶级、阶层，以及各类社会团体、政党之间的相互关系问题。规范的政治运行需要规则，尤其是需要借助具有国家强制力的规则来调整所有社会成员间的复杂关系，从而实现社会生活的秩序化，保证阶级统治的稳定发展。鉴于此，我们不能孤立地看待政治，而要在与其他社会现象（尤其是法）的广泛联系中寻找政治及其发展的规律性。

法与政治同属于上层建筑，其作为国家意志的体现，无疑与政治有紧密的联系。法与政治决定于共同的经济基础，并反作用于经济基础。法与政治相互区别、相互作用。

（一）法与政治相互区别

法与政治是彼此密切相关的两种社会现象，同属于上层建筑范畴，但又各有其特定的内涵和外延。政治通过把利益关系集中、上升为政治关系来建构符合自身需要的经济基础，从宏观上确立经济关系的基本原则和基本经济制度；法则是以技术、规则和程序的形式对经济关系作制度化规范。二者在产生方式、基本内容、功能指向、调控的手段及其效果等方面都存在明显的差别。第一，法与政治产生的方式不同。政治的产生是一个自然的社会历史过程，在人类社会公共事务和公共管理产生之后，政治也就产生了；法则是在一定政治目标调控下，为了实现特定政治秩序和社会秩序而经过特定程序产生的行为规则。政治往往是法的创制、存废、样态，以及运行状态的决定性因素，尽管法对政治也具有反作用，但是一般来说，相对于法，政治具有时间上和逻辑上的先在性。第二，法与政治在基本内容方面有明显区别。政治所涵盖的内容远比法的内涵更宽泛，而法的内容则相对狭窄。政治是人类社会公共生活的必然产物，包含了人类社会生活的方方面面，既调控人们的行为，也调控人们的思想。政治以特定的意识形态为导向，重在突出社会生活的组织性。作为国家制定或认可的行为规范，法侧重规范人们的行为，人的思想在没有外化为行为时并不受法的调整。法以保护正当法益为导向，重在强调社会生活的规则性和秩序性。"国家制定或认可"的特性也充分说明了法对于政治的从属性，即政治的外延大于法，法与政策、方针等都是政治的有机组成部分。第三，法与政治对社会生活的调控方式不同。政治的控制和调整功能通过政治行为和过程实现，表现为政治主体通过政治斗争、政治统治、政治管理、政治参与，来获得和运用政治权力、维护和实现政治权利，以改变群体力量对比、整合民众诉求、调整利益分配结构、塑造政治信仰、培育国民精神等，从而实现对社会生活的调控。方针政策、舆论宣传、法律、道德、风俗文化、军队、监狱、警察、法庭，以及政治运动、政治革命、政治改革、战争与和平等，都是政治调控社会生活的可选项。法通过对法律主体权利义务的确认和保障来实现对社会的控制和调整，国家强制力是法律调控的最终保障，没有国家强制力的保障，法律将失去存在的意义。由此可见，政治的调控手段多元多样，未必都依赖国家的强制力，而法律调控必须也必然具有国家强制性。二者调控手段的差异，一定程度上也导致了调控效果的差异。正如卓泽渊教授所说："政治调控手段的多元与多样，大大扩展了政治调控的空间，但是也妨碍了政治调控的有效性。"[1]而依托国家强制

[1] 卓泽渊．法政治学［M］．北京：法律出版社，2005：28.

力为后盾的技术性规则——法，无论在广度还是力度上都具有其他规范无法比拟的优势。

（二）法与政治相互作用

一方面，政治是法的基础，法受政治的影响与制约；另一方面，法具有相对独立性，能够确认和调整政治关系。一般来说，法总要反映并服务于一定的政治，实现一定的政治要求，政治的变化和发展，都会或多或少地影响着法。法律调整的许多问题和许多内容，都具有政治的性质，直接受制于政治，与政治无关的法律问题和法律方面，也与政治的环境和状况密切相关，间接地受制于政治。政治关系的变化与发展对法的变化与发展有着重大影响。特别是一个国家制定和修改宪法与基本法律，往往是国内各种政治力量对比关系发生变化的结果。政治体制改革引起法的效力或内容的变化。改革的过程，首先表现为法的立、改、废的过程，改革就是“变法”。大量的宪法性法律问题，以及国家机关组织法、立法法、地方自治法等法律法规，无不具有直接的政治性，理所当然地直接受政治的影响。这些法律所涉及的国家制度、经济制度、文化制度、教育制度、国家政体、行政区划、立法权限、立法程序、地方自治、民族区域等问题，都是重大的法律问题，更是重大的政治问题，同时具有法律和政治的双重属性。从政治的角度看，是具有法律属性的政治问题；从法律的角度看，是具有政治性质的法律问题。在这样的问题和事项上，有关的宪法、法律和法规就具有政治的属性，而且是直接的政治属性。

1. 政治是法的基础

政治是法的基础，关于这个观点，桌泽渊教授在《法政治学》和《政治是法律的基础》中做了较为详细的阐释，主要体现在以下几个方面。[1]其一，政治为法律提供权力基础。任何法律都是以权力作为基础的。没有权力，法律就无法产生。任何时代的法律都是以国家权力作为根据的，并且直接表现

[1] 卓泽渊．政治是法律的基础［J］．学习与探索，2005（5）：101.

为某种权力意志的体现。尽管这种权力意志背后还有更为深刻的根据，但是法律的制定和认可都必然和必须首先具有权力这一基础。是权力使法律具有了神圣的性质，是权力使法律具有了强制服从的力量源泉。权力为法律提供了心理和暴力的双重保障。一方面，人们慑于权力的神圣性，而延伸至对法律产生敬畏。权力在一定程度上制造和维持着人们对于法律的心理上的服从。另一方面，人们更慑于现实的权力威胁，不得不遵行法律。如果违反法律，权力的强制力就会降临，人们就必须依照法律的规定行事，而不顾及人们的守法意愿。其二，政治为法律提供组织基础。法律是人类政治社会的产物，政治组织则是政治社会存在的外在标志与活动主体。进而可以说，法律是人类社会政治组织的产物。没有政治性质的组织，人类的法律就失去了制定主体和执行主体。在人类社会中，政治组织作为公共权力的拥有者担负着维持公共秩序和达成某种或某些政治目的的使命。政治组织为了达成自己的目的会制定和认可法律，并保障法律被切实地贯彻。从法律本身来看，它本身就是人类有组织活动的要求与结果。没有政治性质的组织存在，人类没有必要去创设法律，而且创设出来的法律也没有最有效的执行者和监督者。可以认为，一般的公民对于法律的执行和监督也有重要的作用，但事实上，个人的作用始终是以组织的存在为前提，并且从属于组织的。没有政府、司法机关等政治组织，任何个体对于法律的执行和监督都是软弱无力的，也是难以持久的。其三，政治为法律提供政策基础。政策是政治的意志表现，政治主体不同，其政策会有所差异。政策分为国家政策、政党政策等，国家的政策始终是制定法律和实施法律的重要指针。国家的政策总是随着国家形势的发展变化而发展变化的。国家政策的变化既可能是一些新法律得以制定的前提，也可能是一些既有法律必须进行修改的依据，还可能是某些法律应该被废止的原因。至于政党的政策，也会对法律的状况与变化产生影响。政党的政策因各个政党在国家和社会生活中的地位和作用的不同，而对法律产生不同的影响。在众多的政党中，尤其以执政党对法律的影响最大。执政党的政策或者通过议会，或者通过政府，或者通过他们具有表达优势的其他方式对法律产生影响。政治作为法律的政策基础，全面地影响着法律的创制、修改和废止等立法活动，也为法律的实施提供了某种政策性质的依据。法律的实施首先涉及对于法律文本的解读。国家的政策或特定情况下的执政党的政策，为既定的法律条款的理解提供了政策性的指导。

2. 法确认和调整政治关系

在阶级对立社会里，法调整各种社会关系，其中主要是调整统治阶级与被统治阶级的关系：统治阶级、集团内部关系以及统治阶级、集团与其同盟者的关系。法要制裁、打击各种违法犯罪活动，特别是制裁危害国家安全的犯罪活动，往往明显反映政治。法通过调整关系，维护公共秩序，在发挥政治职能的同时发挥社会职能。具体来讲，法对政治关系的确认和调整体现在以下几个方面：其一，法通过分配政治利益来协调政治关系。法把统治阶级的共同利益确定为社会的普遍利益，或者是人民的利益、国家的利益。同时，法确定各种准则，保持既有利益分配格局的稳定，从而将政治斗争限制在一定的范围之内。法调整执政党与公权力、中央与地方权力、立法、行政（军事权力）与司法权力，确认与保障公民权、政治权、人权等各种权利关系，平衡政治权力与政治权利。法不仅贯穿经济关系反映和凝聚为政治关系的过程，而且将利益和价值物的权威性分配以规范、程序和技术性形式固定下来，使之具有形式上共同认同的性质，并因此具有形式上的正统性和权威性。其二，法规范政治行为。政治行为是人们在特定利益的基础上，围绕着政治权力的获得和运用、政治权利获得和实现而展开的社会活动。法对于国家机构、政治组织、利益集团等政治角色行为和活动的程序性与规范性进行控制。在民主社会，政治行为是受法律规范的，政治行为是一种受制于一般法律规范的利益追求游戏。20 世纪初期开始的政党法制化趋势，都表明法对重要政治角色行为控制、调整的必然和必要。在现代社会，法不仅为现代政治管理和公民的政治参与提供手段与途径，还为后者对政治的控制提供了规范与途径。其三，法立足于政治问题，促进政治发展，法律的制定本身就是政治问题解决的方式与表现。政治运行的规范化，政治发展中政治生活的民主化（如政治过程的透明、公民政治参与的质感等）和政治体系的完善化，离开法的运作都无从谈起。法的局部性调整（尤其是宪法性法律的修改）可能引起政治改革，法的整体性废或立则可能意味着政治革命的出现。

法与政治既有区别，又密切关联，科学地把握法与政治的关系还要注意避免两种错误倾向：一是因二者密切关联而把二者等同、混同起来，以法代政，或者以政代法。实践中，一方面要防止以法律取代政治。法反映政治，但并不是每一具体的法都有相应的政治内容或要求。法还有执行社会公共事务的其他职能，不能把法调整的一切社会关系都归结为政治关系。政治的策略性和灵活性远非法律可比拟，法律的刚性作用方式会影响政治应有的弹性效应的发挥。如果把丰富的政治生活内容局限到“法”这一个圈子中，就会使其他政治措施——方针、政策等带上法的特殊强制性，因而极有可能会妨碍政治有效展开。另一方面要防止以政治取代法律。依法行政是现代政治文明的标志。以政代法，意味着政治权力越过了应有的边界，成为一种不受法律约束的权力，其结果必然损害法的权威和公信力，从而导致法律虚无主义。法律作为一种行为规则，尽管其创制和运行都可能由政治来决定，但其特有的技术性、国家强制性等，充分表明法仍然有其自身的特定规律性。二是因二者存在差别而对其进行刻意的分裂与对立，无视法与政治的紧密联系，否定法的政治职能。防止这一错误倾向，首先必须看到法与政治的一致性的客观存在。“同时存在的法律与政治，在性质上总是相同的。每个社会的法律与政治都保持着性质上的同质性，并且在总体上不会错位。”[1]法与政治都是人类群体生活的产物，在阶级社会演进、国家建构过程中，二者性质彼此一致、内容相互交叉、变化协调互动，这是经得起历史考察的客观事实。其次必须正视“法的政治倾向性”[2]，即由于政治在上层建筑中居主导地位，因而总体上法的产生和实现往往与一定的政治活动相关，反映和服务于一定的政治，政治关系的发展变化也在一定程度或意义上影响法的发展变化。总之，法与政治关系密切、相辅相成，“政治对法具有主导作用，法对政治具有服务作用”[3]，同时，法与政治的差异也是明显的，“混淆法律与政治，必然是错误的，不科

❶ 卓泽渊．法政治学［M］．北京：法律出版社，2005：29.

❷ 刘金国．政治形态与法的关系［J］．法学杂志，2003：6.

❸ 刘金国．政治形态与法的关系［J］．法学杂志，2003：6.

学的，非理性的”[1]。割裂法与政治，或者混淆法与政治的两种倾向都是有害的，防止和反对上述两种错误倾向是正确认识和处理法与政治的关系的必要前提。

二、政治发展决定了法治的形态

政治发展的需求和支持是法治得以产生与维系的决定性因素。从源头上看，法本身就是政治发展的产物，是人类以政治的方式稳定社会秩序、解决社会发展问题过程中采取的规则，是附加了政治使命、依托于政治国家的强制性而发生作用的一种行为规则。法治是政治体系的合法化、民主化和现代化的必然要求。政治发展产生了以法治的方式调整利益分配和权力格局的需要，但在此之前，政治发展已经在经济、文化、社会心理、社会管理、国家统治方式等方面为法治的出现做了相应的准备。法治总要反映并服务于一定的政治，实现一定的政治要求，政治的变化和发展，都会或多或少地影响着法治。

政治发展决定法治的形态。具体表现在：一是政治发展决定了法治的生成和发展。城邦政治决定了古希腊法治的诞生，封建社会的法治打上了深刻的神权政治的烙印，近现代法治则是以资产阶级革命为标志的现代政治发展的产物。二是政治发展的不同阶段决定了法治内容的差异。古希腊法治在内容上注重哲学和伦理层面的法治理论建构，古罗马法治则侧重具体操作层面法治实践问题，中世纪法治则重在平衡教权和王权的关系，近现代法治则是以平等、民主、自由为核心的。三是政治发展的不同类型决定了法治的不同样态。早发现代化国家在法治发展模式上多为社会演化型法治模式，发展中国家则往往采取政府推进型法治模式。此外，政治革命和政治改革也会对法治模式、内容有深刻影响。

（一）政治发展决定了法治的生成和发展

历史地看，政治发展决定了法治的从无到有。法治不是从来就有的，它

[1] 卓泽渊. 法政治学［M］. 北京：法律出版社，2005：28.

是在人类政治发展进程中出现的，是人们在政治发展进程中进行历史选择的结果。人类社会经历了原始社会、奴隶社会、封建社会、资本主义社会和社会主义社会五种形态，社会历史发展呈现出前进上升的基本趋势。政治发展是在尊重社会历史发展规律的前提下，人们通过选择恰当的治理方式保障社会生活的有序进行，进而改造社会、实现自身完善和提高的政治进步状态。选择有效的治理方式以顺应和推进社会历史的前进既是政治发展自身的要求，又是其肩负的社会使命。

不同社会形态的政治发展侧重不同的治理方式，通过类型化的方法，人们可以提炼出文明社会（特别是国家产生以来）几种主要的治理方式：神权政治下的神治、专制体制下的人治、倚重伦理教化的德治和依法治理的法治。神治是借助神的权威进行统治，不管是古希腊罗马那样的人格神崇拜、中国古代称作“天”那样的泛自然神崇拜，还是基督教与伊斯兰教的“上帝”“安拉”的超人格神崇拜，其实质都是特定社会的人们试图借助超自然的力量，以现世或来世的奖惩规制人们的心性与行为，统一信仰，统合思想，统制行为，从而实现社会组织形式与生活方式的有序化。人治是指依靠个人意志的作用来管理政权实行政治统治。人治是建立在超凡能力和独特的人格魅力基础上的，是依靠统治者个人的权威治理国家的一种治理方式。在人治的秩序中，社会的前途与民众的命运完全寄托于权威的个人品质与才能，依赖于权威的个人倾向与偏好。德治是人类社会用道德控制和评价社会成员行为的一种手段。主要通过榜样示范、道德礼仪、教化活动、制定乡规民约和宗族家法、舆论褒贬等形式实现，重视对民众的道德教化。德治要求统治集团以身作则，注意修身和勤政，充分发挥道德感化作用。作为一种治国方略或社会调控方式，法治指的是国家在诸多社会控制体系中选择法律作为主要控制手段，依照法律治理社会、管理国家。它具有以下特征：①法律被奉为治理社会的主要机制，凡事“皆有法式”；②法律成为判断行为的基本准则，凡事“一断于法”；③原则上，所有人均受法律约束；④法律通常具有公开性、确定性和一般性；⑤设有专门负责司法的机构。

《商君书·更法》曰：“治世不一道，便国不法古。”上述几种治理模式在现实中往往交互渗透，或并行共治。但是随着人类社会历史的上升运动，法治凭借其内在的理性意志在政治发展的多种选择中越来越受到人们的重视，其含义也进一步丰富和发展。而其他的几种治理方式却时时遭到冷遇和质疑，甚至逐步退至历史的角落。正是长久以来政治发展及其经验的积累，使人们意识到神治的虚幻、人治的随意和任性，认识到德治是人治的理想化样态，是“治己基础上的治人”，同样是以人性为基础的。也正是在政治发展实践的基础上人们认识到了法治对于公共生活的平衡作用和秩序功能，以及法治的稳定性和可靠性。正是从法治对于政治发展的积极意义出发，亚里士多德说：“法治应当优于一人之治。”因为相比之下，任何个人都容易受感情的支配，君主也不能例外。而法治则意味着不受感情支配，因为“法律恰恰正是免除一切情欲影响的神祇和理智的体现”[1]。

近现代以来，政治发展激活了平等、自由、人权等个体价值。作为保障这些个体价值实现的最有效的治理方式，法治自然也就获得了勃勃生机。然而，法治含义如此丰富，从一种法治原则和制度（治国方略），发展为一种法治理想价值（价值）、一种法治现实（社会状态）、一种依据一定的法律价值观来构建社会的基本结构和行为方式（运行机制），以至于时至今日人们关于法治的含义也并没有达成完全的共识。正如布雷恩·Z.塔玛纳哈所说：“有多少人在捍卫法治，几乎就有多少法治观。”[2]但这并不妨碍法治成为当今世界最突出的合法化政治理想。面对世界格局的种种变化和诸多的不确定性，人们“在一点且只在一点上出现了超越所有裂痕的普遍共识：‘法治’有益于所有人”。事实也确实如此，在当今世界任何人拒绝法治都是冒天下之大不韪。而这一切正是政治发展所决定的。法治作为实现政治发展最有力的举措，同时也是政治发展最显著的标志，被政治发展所选择、所推崇是符合逻辑的历史必然。政治发展推动了法治的形成，又是政治发展跨越社会形态和意识形态的差异，选择、坚持和发展了法治。

---

[1] 亚里士多德.政治学［M］.北京：商务印书馆，2009：171-172.

[2] 布雷恩·Z.塔玛纳哈.法治论［M］.武汉：武汉大学出版社，2010：1，4-5.

（二）政治发展的不同阶段决定了法治内容的差异

城邦制度是古希腊法治的温床。在柏拉图时代，希腊本地和各殖民地时常有互相争战的城邦，各城邦可以结成联盟，而且有不同的政体。有的是民主的，如雅典；有的是贵族统治，如斯巴达；有的是专政暴政，如罗马。这说明，希腊在古典时代就从未形成一个政治共同体，小国寡民、各自为政的城邦政治是此时最基本的政治形态。从各城邦多种多样的演进轨迹来看，大致经历了王政、贵族、僭主和民主政治几个时期。其中，雅典的民主是雅典政治发展的高峰。古希腊法治的政治基础是典型的小国寡民的城邦政治，所以，柏拉图和亚里士多德等思想家所殚精竭虑勾画的理想国家或良好政体，城邦政治所追求的正义、城邦的善构成了当时法治内容的一个特点，古希腊法治不仅强调法律在城邦生活中至上的权威性，还把法治和德性相联系，注重法律的价值。无论是毕达库斯、柏拉图，还是亚里士多德，这些西方古代思想家讨论法治问题时，念兹在兹、萦绕于心而又挥之不去的是城邦政治，城邦、正义、善、道德自律、政体等，这些概念构成了此时法治的核心概念，关于这些概念的哲学和伦理思辨是古希腊法治的鲜明特征。此外，应该指出的是，古希腊法治仅属于奴隶主阶级所享有，占人口多数的奴隶，不仅难以享有法治的成果，连做人的起码权利都没有。因此，这种法治是经济上占统治地位的奴隶主阶级的法治，是为维护奴隶主阶级的政治统治和经济利益服务的，是与当时政治发展状况相适应的法治。

罗马法治内容及其特点也是由其政治发展所决定的。罗马作为一个曾经的城邦国家，在征服希腊后建立了罗马共和国，期间奴隶主与奴隶、贵族与平民之间矛盾尖锐，内战频繁，最后上层奴隶主阶级镇压了奴隶阶级和民主派力量，推翻了共和国，经过寡头政体而最终建立君主独裁。罗马时期的政治发展促进了商品经济的发展，经济规则的现实需要促使其私法相当繁荣，其拥有古代世界最完善的法律，但在法治理论的发达程度上无法与古希腊相比。究其原因，罗马人是热衷政治的实践者，他们的政治法律思想家也不再是书斋里的学者，而是些显赫的政治家和官员，这些兼具政治家和官员身份的法学家在国家中占据着非常重要的地位，是统治者御用的智囊，其任务自然是顺应统治者的要求去解决当前急需的具体法律问题。很显然此时的政治发展对法治创建者们的要求不再是像古希腊那样富于自由发挥和创造精神，而是要求他们循规蹈矩，善于为现实的规则进行论证，搞一些形式主义的东西。这些作为政客或御用文人的政治法律思想家经常忙于政治事务，这在一定程度上影响了他们的理论创造，甚至只需把希腊人思想庸俗化而为专制独裁论证即可。于是他们坚持专制主义的政治理论，为一个个罗马独裁者的专制统治大献殷勤，这使得罗马法治思想日益摆脱对哲学和伦理学的从属关系，缺少了哲学根基的法治必然成为现实政治的辩护词。虽然古罗马思想家西塞罗主张过法律的权威，但当时层出不穷的新私法问题还是取代了人们对法律本质和正义的思考，因而罗马法治专注于解决具体问题，在法治理论上没有太多的创造性建树。

中世纪是神权政治的时代，这一时期法治的有无首先是一个需要解决的问题。若根据西方古代特别是亚里士多德的法治理论对中世纪的有关思想的制度进行研究，就会发现在那样一个分封割据的社会中似乎并没有什么完整的、独立的法治可言。但结论似乎又不应该这样下，因为尽管中世纪西欧社会中没有足以与亚里士多德法治定义相媲美的法治，但是，权力必须受到限制，以及人人（包括君主在内）都应该遵守法律——特别是那些体现了神意和自然法要求的法律，也的确是中世纪西欧社会中人们的共识。法学家和教会学者或宗教学家是这一时期法治的强力倡导者，这缘于教会与国家或者说教皇与国王斗争的需要，而这种斗争构成了中世纪西欧政治问题的核心。世俗法律家极力主张法治，强调国王遵守法律的重要性，例如，13 世纪中期英国的布雷克顿在他的《论英格兰的法律与习惯》中就主张：国王有义务服从法律，因为国王处在上帝和法律之下；不是国王创制法律而是法律造就国王。宗教学者则坚持认为，法律是神意的体现，所有尘世权威都应当服从法律。他们还立足于教会至上的立场，主张限制世俗国王的权力，声称国王不受制于人，但受制于上帝和法律。托马斯·阿奎那主张，“一旦统治者因背叛教义而被开除教籍，他的臣民依据这一事实便可不受他的统治，并解除约束他们的效忠宣誓”[1]。神权政治的时代，法治在宗教意识形态的支持下实现了限制王权的目的。

进入近代，随着资本主义商品经济的发展，自由、平等、人权等思想迅速传播，在启蒙思想家的论述中，建立在社会契约论基础上的国家观念使得法治的内涵更加丰富，并与民主、自由等思想一起成为资产阶级争取自身权利的重要途径。法治的思想在此时与古典自由主义思潮形成互动，为自由主义大师们所津津乐道。如哈林顿在其著名的《大洋国》一书中首次明确地将法治界定为有限政府和“共和国家”，指出专制国家是“人的王国，而不是法律的王国”，而法治国家则是“法律的王国，而不是人的王国”，通过法律限制和控制政治权力是法治最主要的原则。这一时期，法治作为治理国家最基本的方式在西方政治思想深处扎根并随着实践的发展而不断地在理论上丰富和完善起来。尽管法治在此后不断地被各种思潮予以新的解释，但其作为一种治国的基本方略、一种追求良好社会治理秩序的方式已经被人们接受，并日益成为一种新的意识形态而为各国以不同的方式宣扬。历史地看，正是不同阶段的政治发展决定了法治的阶段性特征和具体样态。

（三）政治发展的不同模式决定了法治的不同道路

根据政治发展的历史起点、发展的动力、发展的时序、现代化的领导力量、政治发展与经济发展的关系等方面的差异，我们大体上将政治发展划分为两种基本模式，即早发现代化国家模式和发展中国家模式。早发现代化国家模式是一种内源自发型模式，即现代化的动力来自国家内部，现代化的过程是一个自发的自然演进的过程。而发展中国家模式则属于外源被动模式，即现代化是外部压力和外力推动的结果。

这两种不同的政治发展模式分别产生了两条相互区别的法治道路：政府推进型的法治道路与社会演进型的法治道路。[2]前者的主要特点是，政府是

---

[1] 托马斯·阿奎那．阿奎那政治著作选［M］．马清槐，译．北京：商务印书馆，1963：50.
[2] 蒋立山．中国法制现代化建设特征分析［J］．中外法学，1995（4）：11.

法治运动的领导者和主要推动者，法治主要是在政府的目标指导下设计形成的，是主要借助和利用政府所掌握的本土政治资源完成的，是人为设计出来和建构出来的；后者的主要特点是，法治主要是在社会生活（与政府相对应的“民间”社会生活）中自然形成和演变出来的，是社会自发形成的产物。❶

早发现代化国家往往采取“社会自然演进型”法治道路。这种法治道路是指一国的法治化主要是在社会生活（与“政府”相对立的“民间”社会生活）中自然形成和演变出来的，是社会自然形成的产物，是一种“内源”发展的类型。这种法治道路模式的主要特点是，它是在自己内部资源的基础上演变进化而来的，是商品经济逐步发展和民众法治意识逐步积累的产物。这种法治的直接动力主要来自市民社会而非政府和国家上层建筑，在法治化目标、程序上较少“人为”和“预设”的痕迹，在时间进程上需要一个相对漫长的发展过程。西方国家在法治实践上大多数走的是这样一条法治道路。

发展中国家则大多采取“政府推进型”法治道路。这是一种相对于“自然演进型”法治道路而言的法治化模式，是指一国的法治化运动在国家“上层建筑”的推进下启动和进行，“政府”是法治化运动的主要动力，法治目标主要在政府的目标指导下设计形成，是“人为”建构的，法治化进程及其目标任务主要是借助和利用政府所掌握的本土政治资源完成的。需要指出的是，这里的“政府”是指相对于“社会”而言的广义上的政府，它泛指“国家上层建筑”，因此，“政府推进型”法治道路也即“国家上层建筑推进型”法治道路，即引导和推进社会法治化进程的，除了政府行政机关，还有执政党的机关、国家权力机关等。之所以称为“政府推进型”，是因为狭义上的“政府”即行政机关，乃执行、实施法律的主要机关，在推进社会法治化的历史进程中担负着重要任务，起到特殊的重要作用。

此外，从政治发展的方式上看，一般来说政治革命意味着法治的创生、

---

❶ 蒋立山．中国法治道路初探（上）[J]．中外法学，1998（3）：16.

断裂和跃迁，而政治改革则往往意味着传统法治的沿袭和局部性调整。

三、法治影响和推动政治发展

法治既是政治发展的产物和标志，同时又深刻地影响和推动着政治发展。“法治的价值意味着权力的直接性转化为间接性，意味着权力直接支配的领域被法律所代替。这样社会的组织结构就由权力支配法律转化为法律支配权力。法治的内在价值就在于它是旧社会的组织结构的改变，新社会的组织结构的形成，它是一种法律与权力关系的新格局。”[1] 法治是对旧有的社会组织结构的改造，体现为对固有政治系统及其结构功能的调整、发展和创新，从而为政治发展提供了契机。法治以其内在的实体价值和外在的形式价值确立了政治发展的基本规则，规范着政治发展主体，改善着政治发展环境，法治形塑了政治发展的合理预期。

法治影响和推动政治发展，具体表现为：一是法治确立政治发展规则。实质法治为政治发展确立了基本规则，而形式法治则为政治发展提供了秩序保障。二是法治规范着政治主体。法治规范和调整下的各类政治主体以法治为基本原则，清醒地把握自身角色，为政治的协调发展履行使命。三是法治改变政治发展环境。法治通过保障权利、规范权力、倡导平等自由理念、塑造良好社会文化氛围和生活秩序，从而为政治发展提供了有利的社会环境。

（一）法治确立政治发展规则

人治和法治的根本区别在于如何对待法与权力的关系问题。人治是一种法居于权力之下的特定的社会组织结构。人治并非绝然排斥法的存在，历代的名君贤主也有很多主张立法，为了追求长久稳定的统治，君主本人一般也不能轻易破坏他自己制定的法律，甚至也有所谓的“王子犯法与庶民同罪”这样的法制运行规则。但是，在法与权力的关系问题上，人治的一个核心命题是在法之

---

[1] 王人博，程燎原．法治论［M］．桂林：广西师范大学出版社，2014：120.

上存在一个人格化的权力，这是一种不能被限制、不能被制约的权力，它既可以“生法”，也可以“废法”，所以在人治之下，即使有法的存在，法也是处于一种缺乏自我保护机制的状态之中。法治的情况正好与此相反，“在法治中，权力虽然作为一种支配力量而存在，但它必须受到法律的控制。法治把权力与法律的关系置于一种新的格局，法律不但得到权力的有效支持，而且它作为一种非人格化的力量对权力发挥着制约的作用”[1]。在法治主导的社会组织结构中，法获得了至上的权威，具有最高的法律效力，全体社会成员都必须普遍遵守法律，这意味着从统治阶级到普通公民在法律面前都是平等的。法治在法与权力的关系问题上表现为法支配权力，法的产生依特定程序，以法来规范和指引权力产生和行使的全过程。法治通过改变法与权力的组织结构形式及其运行规则，而使政治发展获得突破性进步，以法治取代人治是政治发展的一个飞跃，这也意味着法治在政治发展中获得了足够的重视，相应地法治所遵循的一些基本规则也对政治发展起到了规制或促进作用。法治是实体价值和形式价值的统一体，实质法治和形式法治从不同的角度说明了法治对于政治发展的作用。

1. 实质法治为政治发展确立了基本规则

实质法治强调“正义”“平等”“自由”等价值、原则和精神，侧重法律应有的社会价值目标，注重法律的道德性，着眼于法律的理想。实质法治所坚守的这些始终引导和规范着人类社会发展演进，政治发展自然也必须遵循这些价值目标和相应的理念原则，即使是表现形式相对剧烈的政治革命也必须最终回归这些法治所秉持和捍卫的价值目标和理念原则。

正义原则是法的渊源之一，更是法的追求与归宿。正义是人类社会普遍认为的崇高的价值，是指具有公正性、合理性的观点、行为、活动、思想和制度等。正义是一个相对的概念，不同的社会、不同的阶级有不同的正义观。衡量正义的客观标准是这种正义的观点、行为、思想是否促进社会进步，是否符合社会发展的规律，是否满足社会中绝大多数人最大利益的需要。正义基本的要求是分配社会利益和承担社会义务不是任意的，要遵循一定的规范

[1] 王人博，程燎原 . 法治论［M］. 桂林：广西师范大学出版社，2014：104.

和标准；正义的普遍性是指遵循一定标准进行社会利益和义务分配的道义要求对社会所有成员都具有普遍的约束力；分配社会利益和义务者要保持一定的中立。正义是对人之为人的尊重和平等对待，是对人的本质的深刻认识，是“人追求自身本质的最高理想，人的世界、人的关系以及人的行为的最高准则与公理，人类发展与完善的价值真理。正义的实质是把人的发展、人的价值、人的尊严视为人的世界、人的关系以及人的行为的根本。人在其历史发展过程中对于权力、财富、功能、权利、美德等生活价值的追求，只有在符合人对自我的本质追求时才是正义的，否则就注定要陷于不义之中”[1]。总而言之，正义是彰显符合事实、规律、道理或某种公认标准的行为。平等原则是法治所具有的内在规定性。平等是法治的基础，对法治的探讨从来离不开平等。平等观念是法治与人治的分水岭；平等运动是法治状态的真实写照；平等制度是法治发展的阶梯。皮埃尔·勒鲁认为：“平等是一项原则，一种信仰，一个观念，这是关于社会和人类问题的并在今天人类思想上已经形成的唯一真实、正确、合理的原则。”“平等这个词概括了人类迄今为止所取得的一切进步，也可以说它概括了人类过去的一切生活。从这个意义上说，它代表着人类已经走过的全部历程的结果、目的和最终的事业。”[2] 人类社会的进步，就是从不平等走向平等的过程，是平等逐渐实现的过程。平等是一个极其重要而又争论不休的政治哲学概念，在一系列的哲学思辨中，有学者指出了平等的属性：“平等作为一种价值和主张是依赖于自由或权利的。”[3] 有学者通过综合考察关于平等含义的各种观点，从思想观念、运动和制度三个维度明确了平等的基本内涵：“平等是不同社会主体在一定历史阶段的交往过程中处于同等的社会地位，在社会领域享有同等权益履行同等义务的理念、原则和制度。”[4] 自由是法治追求和实现的目标。孟德斯鸠在他的著作《论法的精神》中将自由定义为：“自由是做法律许可的一切事情的权利；如果一个

---

[1] 洋龙．平等与公平、正义、公正之比较［J］．文史哲，2004（4）：148.

[2] 皮埃尔·勒鲁．论平等［M］．王允道，译．肖德厚，校．北京：商务印书馆，1988：266.

[3] 韩水法．平等的概念［J］．文史哲，2006（4）：134.

[4] 郑慧．何谓平等［J］．社会科学战线，2004（1）：164.

公民能够做法律所禁止的事情，他就不再有自由了，因为其他的人也同样会有这种权利。”❶杨海蛟教授指出：“自由作为一种理念、原则和制度，是人们在一定历史条件下，在特定社会领域内获得按其各自意志认识和改造世界的权利。”❷自由是一切发展的基础，不难发现，实质法治所揭示的上述价值原则不仅仅是法治所独有的，而且是通过法和法治独特的社会功能加以强调、促进和保障的社会共同价值目标，因此，这些价值原则应该毫无例外地为政治发展所遵循。“正义”“平等”“自由”这些实质法治所强调的核心价值，清晰地表明了法治所追求的社会价值目标，从实体价值、社会理想的角度为政治发展确立了基本规则。

2. 形式法治为政治发展提供了秩序保障

形式法治不是指向法律的社会目的性，而是侧重于法律自身的形式和程序及其运行机制问题，注重法律的科学性，强调法律的规则化、规范化、实证化。它通常表现为由一套公认的形式规则所组成的法律体系，这些规则是明确的、具体的、抽象的而又是可操作的；这种法律规则体系系统通过国家强制力要求非人格化的服从。形式法治通过法律的规则化、规范化，以及至上性表明了法治是特定社会中的一种权威性存在。而“在某些社会，法治形式化原则不可能成为法律生成、发育的内在性标准和要求”。因为“在权力本位、权力主治之下，法治形式化原则很难有生存进化的空间和机会”❸。这样的表述，一方面意味着形式法治的出现是政治发展的结果，是近现代社会的发展造就了形式法治；另一方面形式法治的至上性、权威性也让我们意识到其在推进近现代社会政治发展中所具有的无可替代的作用，因为“独立自由的主体、多样化的‘泛权利’体系，只能属于形式化法律的世界”❹。

形式法治强调法的普遍性、法的至上性、法的可操作性、法的程序正义性，注重立法、执法和司法职业化和技术化。法的普遍性是指法律是一种包

---

❶ 孟德斯鸠．论法的精神（上册）[M]．张雁深，译．北京：商务印书馆，1982：156.
❷ 杨海蛟，王冠群．何谓自由 [J]．思想战线，2007（4）：63.
❸ 王人博，程燎原．法治论 [M]．桂林：广西师范大学出版社，2014：148，155.
❹ 王人博，程燎原．法治论 [M]．桂林：广西师范大学出版社，2014：161.

含着普遍性的允许、命令或禁止非特定的人们如何行为的规则或标准。法的普遍性实质上是人们面对社会历史发展过程中的复杂性现象，以自身理性、智慧为基础，以自身权利和社会生活秩序的平衡为目标，通过立法与法律的方式对纷繁复杂的社会现象和人的行为进行科学抽象的结果，是一个舍弃个别性和特殊性，抽取共同性和一般性的过程。社会越是向前发展，法的普遍性程度就越高。[1]法的普遍性旨在用一般的、抽象的规则包容复杂的社会现实，从而在法律上表达平等的要求。法的至上性强调法律是公民行为的最终向导，是司法活动的唯一准绳，公民个人、政府，以及其他社会组织都必须首先和主要受法律的约束，从而形成法律支配公民行为和政府行为的至上权威。法的可操作性“是指法律具有通过一定操作程序而不受守法者和法律操作者任意说明与解释的支配，并确切、公开地加以实现（遵守、适用）的特性，它包括法律的公开性、确定性、不矛盾性及知足性诸方面”[2]。程序正义虽然关涉法治的诸多层面，但核心在于司法诉讼程序，突出强调司法程序上的公平或审判的公正程度，具体包括客观性、公正性、中立性、正当性，以及合法化等。立法、执法和司法职业化和技术化是指职业性法学专家集团或法律方面的职业角色集团的形成和组织化，及其通过培训和不断实践而更加熟练地掌握立法、司法、法律分析技能并应用于法治实践的过程。形式法治的上述要素共同强化了“法治的一个重要含义，就是法律在最高的、终极意义上具有规制和裁决人们行为的力量”[3]，正是这些多重要素的密切协同塑造了法治的权威性。

形式法治是法律的制度性存在，没有这种存在形式，就不能称为法制，更无从谈到法治。形式法治构成了法生成、发展和运行的基本准则，是实质法治得以实施，从而保障社会可靠运行的形式化的法律体系。“一切社会生活都直接或间接地由法律所形成和引导，而且，持久的社会秩序与安定，没有

---

[1] 王人博，程燎原．法治论［M］．桂林：广西师范大学出版社，2014：164.

[2] 王人博，程燎原．法治论［M］．桂林：广西师范大学出版社，2014：169.

[3] 王人博，程燎原．法治论［M］．桂林：广西师范大学出版社，2014：175.

不依赖法律的。”[1]因此，形式法治的社会价值在于通过法的至上性、明确性、可操作性来调控社会秩序，从而为政治发展提供秩序保障。

马克思主义法治理论强调法治是实质法治与形式法治的统一。实质法治只有通过形式法治才能得以体现和保障。形式法治构成了法律生成、发展的基本准则。形式意义的法治应当体现法治的价值、原则和精神，实质意义的法治也必须通过法律的形式化制度和运行机制予以实现，二者均不可或缺。实质法治离不开形式化价值，否则它就不可能真正实现，即一个社会若缺乏法律的形式化规则，就难以成为法治社会。反之，实质法治在价值取向上是形式法治追求的最终目标，形式法治最终要受实质法治的制约，离开了合道德和正义的目标和目的，形式法治也就失去了真正价值。形式法治致力于通过形式或程序上的规定性，保留法律对变化中的现实生活的权威性的存在和进行解释的可能的空间，而实质法治则致力于在精神和理念层面对法治形式主义进行把握和提升。由此，形式法治与实质法治作为不可分割的两个方面构成了完整的法治，为政治发展既规定了实质性进步的标尺，也强化了秩序性保障。

（二）法治规范着政治主体

法治的规范和约束有助于提高政治主体的法治素养与政治能力，使之自觉地掌握政治发展规律，准确地把握政治发展方向和进程，合理地选取政治发展方式、方法，科学地配置相关资源，并减少政治发展的阻力和风险，以取得政治发展的实际效果。

政治主体是指在社会政治关系和政治过程中具有主体身份并以其存在或行为对政治资源的配置产生作用的政治决策者和政治参与者。广义的政治主体包括国家与政府、阶级与阶层、政党与利益集团、民族与种族、臣民与公民、文官与官僚、政治家或政治领袖以及国际组织和国际社会。狭义的政治主体是指在政治过程中处于支配和主导地位的政治行为者，其相对的政治客

---

[1] 王人博，程燎原．法治论［M］．桂林：广西师范大学出版社，2014：165.

体是其行为所涉及的被动的政治行为者。有些政治学家从法律的角度出发，把政治主体看作政治权利和政治义务的承担者，认为只有那些被国家的法律赋予一定的政治权利和政治义务，并且实际地参与国家政治活动的人，才是政治主体。

政治发展主体则是指活跃在政治体系中的社会政治组织和公民，具体来讲包括国家、政党、政治社团及普通公民。它们是政治活动的参与者，也是法治的主体。法治的一个突出特征是法在国家政治生活和社会生活中处于支配地位，法对一切权力都具有明确的制约作用，在法效力范围内的所有政治主体都受其约束，这就意味着国家要接受法治的规范，其附属的各级各类机关要依法成立、依法行政，各政党在宪法和法律范围内活动，各政治社团也要依法成立、遵守宪法和法律，公民要在遵守法律的前提下，依法行使权利、履行义务、承担责任。

马克思主义国家理论科学地说明了国家的概念。国家是一定领土上全体居民所组成的，拥有主权的社会共同体，是某个政府所领导的社会管理组织，它实质上是阶级统治的机关，是一个阶级压迫另一个阶级的工具。国家最基本的职能是政治统治职能和社会管理职能，即运用暴力、法制等强制力量稳定和发展政治统治，维护社会经济、科学文化教育、公共福利事业的发展，这些基本职能决定了国家在政治发展中具有无可替代的作用。无论是政治改革还是政治革命，都是以国家为中心展开的。法治的实施本身是国家行为，在以国家为后盾、获得了国家强力支持的同时，法治也对国家起着规范和限制作用。法治对国家的作用表现为两个方面：一方面在于法治赋予国家政治合法性。国家的政治合法性是国家存在的依据，它经常与社会正义、公民权利实现保障、自由的实现状况相联系，也是社会公众检验和认同其国家存在合理与否的最根本尺度。狄骥认为："国家建立在强力的基础上，但这种强力当其行使得合法时才是合法的。"[1] 国家合法性可以建立在革命的基础上，但长久来看通过法治所获得的合法性更加稳定持久。法治使社会公众能够从

[1] 狄骥．宪法论：第1卷［M］．北京：商务印书馆，1959：482.

自身合法权利保障的实际状态出发来判断国家的活动是否背离明示的法，从而决定国家合法性状况。另一方面则是法治起着规范、约束公共权力的作用，使之不得任性。“法是一种普遍而公开的行为规则，国家是一种具有强力的又不能不为特定的少数人管理或运作的公共组织，因此，在法与国家共存的历史期间，运用法律规制国家将是永恒的课题。”[1] 法治约束国家所属的各级各类机关依法成立，严格按照法定的职能和程序行使职权，履行职责。法治对国家的规制提升了国家政治合法性，社会公众的支持和认同使国家更有能力推动和促进政治发展。

马克思主义从阶级分析的角度，界定了政党定义的实质性内容。在马克思主义看来，政党是阶级和阶级斗争发展到一定历史阶段的产物，是代表一定阶级、阶层或集团的根本利益，为达到某种政治目的，特别是为了取得政权而建立的一种政治组织。政党是反映特定的社会阶级和阶层的政治组织，这种组织的作用在于争取并运用政治权力，以维护成员的政治理想和增进成员的共同利益。政党一般都有一整套的组织体系，以章程和机构的形式来约束成员的行动。政党依靠发展组织成员和争取群众支持来扩大自身在政治活动中的影响力。法治对政党的规范作用表现在：所有政党都必须遵守宪法和法律，在法许可的范围内活动，依法定程序从事政治活动，影响社会政治生活。法治的调整和约束，有助于提升政党的规范性、组织力和感召力，从而吸引群众，扩大政党的社会影响力，便于推行自己的路线、方针、政策，以增强政治影响力，保证其在政治发展中起到更大的作用。例如，随着依法治国在中国的实践展开，以中国共产党为首的各党派都充分认识到法治对党自身建设的重要意义。中共十八届四中全会进一步明确了坚持中国特色社会主义法治道路，建设中国特色社会主义法治体系的重大任务。其中，中国共产党表明了对法治建设的高度重视，重申“党的领导和社会主义法治是一致的，社会主义法治必须坚持党的领导，党的领导必须依靠社会主义法治”，“要求党依据宪法法律治国理政”，“形成完善的党内法规体系”，“也要求党依据党

[1] 卓泽渊．论法治国家［J］．现代法学，2002（5）：15.

内法规管党治党”，强调“把党领导人民制定和实施宪法法律同党坚持在宪法法律范围内活动统一起来”。此外,“四个全面”也明确提出了“全面从严治党”的要求，这是中国共产党面对新形势而在法治方面采取的主动举措，对于推动中国特色社会主义政治发展具有重要意义。再如，法治在西方国家政党活动中起着非常重要的作用，体制内的各政党必须依法成立，遵守宪法和法律，通过合法途径，遵照正常的法律程序参与竞选，或表达自己的政治目的。政党活动的合法性是其能否参与政治、在政治发展中发挥作用的重要的前提条件。

政治社团是现代政治生活中的重要现象，是在社会政治生活中，按照特定的利益集合在一起，有组织地参与、影响政府政策制定、变动和执行过程的社会团体。政治社团是活跃在现代政治体系中的一种重要力量，具有以下四个特征：政治社团是利益和目标较为单一具体的政治组织；政治社团是社会成员按照特定规则形成的政治组织；政治社团是旨在影响政府政策制定和实施过程的政治组织；政治社团是群众性政治组织。实质上说，政治社团一般是代表某一方面社会群体利益而参加政治活动的群众组织，因此，法治对其的规范作用就显得更加重要，法治的作用在于规范政治社团的组织，限制其私利活动，从而为政治发展提供更好的社会环境和群众基础。

公民是数量最多、最为常见的政治主体。“公民”一词既是一个政治概念，又是一个法律概念。从政治角度看，“当个人在政治中不具有自主性时，作为臣民存在；当个人在政治中获得了自主性时，作为公民存在”，因此，公民是“参与公共事务从而在政治国家中具有自主性的个人”[1]。自主性意指“自己的事自己决定，公共事务共同决定”，自主性意味着摆脱异己力量的束缚和奴役。当然在公共领域个人的自主性也是以公共秩序和法治存在为前提的。作为政治意义上的公民，其核心特征——自主性，也是通过法治关于权利和自由的规定，及其对他人合法权利和自由的尊重来获得的。从法律角度看，公民是指符合一国国籍法规定，具有一个国家国籍的自然人。作为法律上的概念，公民的权利义务是法治预先设定的结果，公民的政治权利、义务及其行

[1] 陈振明.政治学——概念、理论和方法［M］.北京：中国社会科学出版社，2004：148-149.

使方式和程序都需要法律加以明确规定。公民参与政治生活的资格、范围也需要有法律明确限定。总之，无论从政治角度还是法律角度，法治对公民的约束和规范都是数量众多的公民有序生活、依法行使权利、履行义务、承担责任的保障。法治对于公民整体的塑造和提高是其参与政治，推动政治发展的必要条件。

（三）法治改变政治发展环境

法治是人类文明的重要成果。从野蛮到文明，从人治到法治，是人类发展过程中一个质的飞跃。用法律来治理国家，用法律来推动经济社会发展，用法律来保障人们的权益，用法律来调节社会关系和利益纷争，是各国治理国家和社会的普遍规则。法治有利于完善民主、保障人权，法治要求法律至上、法制完备、立法科学、司法公正，法治意在制约公权力，确保依法行政，保障公民合法权利，等等，这些关于法治要素与功能的理论性预设通过在现实的社会实践中发挥作用，创造了有利于政治发展的环境。具体来说，法治从以下几个方面为政治发展创造条件。

法治推动经济发展，改善经济环境。市场经济本身就是法治经济。法治是市场经济的产物，同时它又反作用于市场经济。市场经济是契约经济，市场主体之间能够平等协商、等价有偿进行公平交易，这是市场经济发展的核心；市场经济是竞争经济，市场主体能在统一、公正、有序的环境下展开竞争，这是市场经济发展的保障。市场经济需要用法律来明确市场主体的产权关系、交换关系和竞争关系。法治通过经济立法和执法为市场经济确立规则，规范交易行为，保证经济安全，促进市场经济健康、有序、高效发展。法治鼓励经济活动当事人或交易主体信守诺言，忠实于自己所承担的义务，以“平等”“自主”“虔诚”和“负责”的态度去从事经济活动。法治在经济活动中的规范和引导作用为政治发展奠定了相应的经济基础。

法治激活公民权利意识，鼓励积极的政治参与。法治以赋权的形式，强化公民个体的权利意识和参与意识，鼓励公民参与政治。法治要求各种政治主体在宪法和法律的范围内进行政治活动，接受法治的规范和监督，强化公权力依法行政和行政公开，优化、改善政治参与环境。法治在鼓励公民政治参与的同时，也注重提高和规范公民政治参与能力，调控和引导公民以合法的方式和途径实现政治参与，推进政治发展。

法治提升人文环境。法治通过构建为各社会主体理解和认同的秩序架构与秩序规则，来限制人们相互间的非理性行为，从而使社会成员依法享有权利、行使权利、维护权利、履行义务、承担责任。这一过程中，法治塑造了一种以平等、自由、民主、权利保障为核心价值的法治文化，这种文化以反专制、反独裁政治为特征。法治文化熏陶下的人们易于也习惯于自觉以法来约束和调整自己的行为，从而形成良好的社会秩序。人们遵循法治和理性，易于达成共识，有利于政治稳定，减少政治发展成本，促使人们以文化的觉醒去推动政治发展。

总之，法治在锻造国族、凝聚团结、聚集人心方面的正能量是无与伦比的。法治与政治发展之间相互作用、相互影响，其结果是彼此相得益彰，并最终作用于规范和推进人类的社会生活，共同服务于人的发展。

第三章　西方法治与政治发展关系的实践考察

法治是西方政治发展中始终贯穿的一条主线，西方社会历史演进的历程就是二者之间相互影响和推进的历史，其间既形成了较为丰富的思想理论，也留下了可资借鉴的实践经验。从历史分期来看，西方资本主义革命和资本主义政治制度建立是西方古代法治与近现代法治的分界线。前后两个历史时段中政治发展的复杂性相应地使同时代的法治理论和实践呈现出不同的内容与特点，即使是同一时段，地域差别和政治力量格局各异使法治与政治发展之间的关系各具特色。梳理法治与政治发展的实践历程，既是对西方文明的回顾和反思，对其发展规律的发掘和探索，又是对西方文明未来发展趋势和路径的前瞻。

第一节　西方法治的发端与古代西方政治发展

西方法治的历史以古希腊城邦政治为开端，期间古希腊人对哲理的热恋和对城邦的忠诚曾一度造成法治理论源头的繁荣，并使古希腊永载世界文明的史册，但无法挽回城邦政治走向没落的结局。罗马法治是在征服与扩张中建立起来的，社会生活秩序尤其是政治生活秩序的现实需求使罗马法治放弃了对法治的哲学玄想，私法的繁荣推动了古罗马从城邦王政，经由贵族共和直至罗马帝国。中世纪的黑暗并没有终结法治，相反在自然法的支持下法治平衡于王权与教权之间，并最终实现了控制王权的作用，形成了独具西方特色的封建法治传统。近现代以来的法治及其理念既是资产阶级革命的产物，又是资本主义制度得以建立的理论支撑。一分为二地看，近现代西方法治，一方面在反封建的斗争中赋予资本主义强大的生命力，是平等、自由、民主的武器；另一方面也是资产阶级维护自身利益压迫无产阶级的工具。

一、法治与古希腊城邦政治的兴衰

中外学者比较一致地认为西方法治的源头在古希腊，在熠熠生辉的古希腊文明史上，法治与同时代的哲学、艺术、建筑、科学、戏剧、神话等，一样充满智慧之光。“法治作为一种连绵不断的传统，是在雅典全盛时期以后1000多年才开始生根。因此，希腊的法治思想最好被理解成其后各时期的典型模式、激励和权威。”[1]探讨古希腊法治绕不开的思想巨擘是柏拉图和亚里士多德，在其流传后世的经典著作中人们充分地看到他们为追求城邦的“善”，着力建构符合城邦政体的法治方案而作出的种种努力。尤其是亚里士多德，他写作《政治学》的核心目的就是通过系统地讨论政体及其相关的法律问题，来回答什么是最优良的政体。

大约在公元前8世纪到公元前6世纪，在荷马时代形成的希腊部族分布范围内，先后形成了200多个奴隶制城邦国家。城邦制度是古希腊史上的重要问题，它是希腊法治产生的一个政治基础。在古希腊的城邦时代，特别是在雅典，“城邦至上”不但是一种“官方学说”，而且是国民的普遍心态。亚里士多德的“人天生是一种政治动物”的著名命题也就是从这一事实出发的。如此重要的城邦最初只是一个周围设防的居住区域。对于居住其中的居民来说，它最重要的意义就是防御外敌。由于当时战争频繁，部落的安全是至关重要的大事，希腊各部落久而久之都占据了一处专门的居住地，它们往往建立在有利于防守的天然地形中，并筑有城墙。城的周围还有或大或小的农业区域。设防的中心居住地加上周围的农业区域就构成了古希腊最初的“城邦”。当然稳定的城邦随着经济的发展也都在不断地扩大、繁荣和发展。

[1] 布雷恩·Z. 塔玛纳哈. 法治论［M］. 武汉：武汉大学出版社，2010：8.

城邦制度有三个特点：一是城邦直接由氏族部落或部落联盟演化而来。原始社会人们以氏族部落或部落联盟为群体生活，聚族而居，聚族而迁。希腊氏族演化为城邦是在原始公社内部自然发生的，是一个漫长的过程。城邦最初的居民都有血缘关系，并以此区分原有居民和外来居民，并据此确定公民权。二是城邦实行集体剥削。城邦贫民作为一个整体，剥削奴隶、被征服的外族人及外来居民。当一个城邦征服另一个城邦后，掠夺来的财富作为公有财产分配给城邦公民。三是小国寡民。小国寡民不仅是城邦的外部特征，也是它生存的条件。它的政治制度和经济制度正是适应了小国寡民的条件才得以行之有效的。城邦实质上就是具有公民身份资格的公民个人的集合体。公民身份是参与城邦生活的先决条件。城邦和谐生活是全体公民的目标和权利，城邦的一切活动都是建立在此基础上的，宗教就是神圣化的城邦生活本身。法律就是能够保证有资格的公民参与城邦生活并保证生活和谐的一种尺度或准则，是个人与城邦关系的特殊性制度的直接体现，如轮流担任公职、用抽签的方法决定任职人选等。这些“法律”（或者称为生活模式更确切）存在的意义是为了使更多有资格的公民参与城邦政治。

在古希腊众多的城邦中，斯巴达和雅典是最有影响的，对后世影响至深的法治就是以雅典为源头而流传下来的。雅典是经由贵族共和制演进到民主共和制的。雅典民主制度的建立经历了长期反复的斗争。在此之前，由于政治权力日益为贵族集团所垄断，雅典统治阶级内部矛盾重重、政局严重不稳，数次出现平民领袖依靠武力和平民支持执掌政权的“僭主政治”，贵族统治出现危机。公元前 594 年，梭伦成为雅典的首席执政官，此后连任 20 多年。梭伦改革是雅典历史上最重要的事件之一，它揭开了雅典政治改革的序幕，成为雅典民主制度的起点。公元前 509 年，克利斯提尼当选执政官，其随后开始的政治改革完善了雅典的民主制度。两次改革推动了雅典民主制的形成和发展，也树立了城邦，即公民的政治共同体在雅典公民心目中的重要位置。从公元前 443 年到公元前 429 年，伯里克利连选连任雅典首席将军，完全掌握国家政权，雅典的民主政治迎来了全盛时期。

雅典的民主制是直接民主制。这是一种脱胎于原始民主制，适合于小国寡民的民主制度。公民大会是它的最高权力机构，当时所有年满 20 周岁的自由公民都可以参加。公民大会每月举行 2 ～ 4 次，讨论有关内政外交军事等方面的国家大事。每一个公民都可以上台发言辩论，表决时一般采用举手。500 人会议作为公民大会的常设机构，负责部分国家行政事务。每一个年龄超过 30 岁的男性公民，不管其阶级和财富状况如何，均有资格担任（有薪酬的）法官，裁断法律案件；他们也在管理委员会（有一个轮值首脑）中、在立法集会中担任官员，这些职位由多个人担任。雅典民主制的一个重要机构是公民陪审法庭。在伯里克利时代公民陪审法庭已成为最高司法机构，拥有 6000 名庞大的陪审员队伍。[1] 为了保证问责制，主持案件审判的地方官员能够通过普通公民的投诉受到违法之指控。由于这些特征，“对雅典人而言，民主与‘法治’同义”。雅典人没有垄断法律生产或提供法律服务的法律职业阶层或者政府工作人员。法律——字面上讲——是其公民活动的产物。法律面前人人平等是他们体制的一项重要价值。这并不意味着对所有人都适用同样的法律标准，法律确定了人的各种类型（如妇女、儿童、奴隶和非公民），各种类型有不同的法律意涵。毋宁说，平等意味着法律将根据其规定适用于所有的人，不管适用对象是谁，是贵族或者是低层的匠人。

雅典民主制度的产生是由当时的阶级力量对比状况所决定的。它是在商品经济发展影响下，工商业奴隶主和贵族奴隶主经过斗争所产生的一种妥协形式，同时也反映了参与斗争的中下层平民的愿望和利益。当然梭伦和克利斯提尼的个人作用在雅典民主制形成中也是非常重要的。另外，对外战争也促进了雅典内部的公民团结。公元前 5 世纪，雅典在达到其荣耀的巅峰之时以自己是由公民直接统治的民主城邦感到自豪。

然而雅典民主制度并不是完美无缺的。苏格拉底就曾认为雅典民主政体的“根本缺陷，在于它不要求其领导者具有任何特殊的知识，它将社会的命运置于缺乏真知灼见的人们手中”[2]。苏格拉底认为雅典民主制中几乎所有公

---

[1] 董建萍 . 西方政治制度史简编［M］. 北京：东方出版社，1995：24–25.

[2] 应克复，金太军，胡传胜 . 西方民主史［M］. 北京：中国社会科学出版社，1997：67.

职都无明确的专门技艺要求，而是以票选多数或抽签来决定，这对于重大国事来说是不成体统的和危险的。他认为只有那种既有知识又有道德的少数人才有资格管理国家事务，认为拥有知识和善德的贵族才最适合管理国家事务。实际上，反对雅典的民主制和拥护善德贵族政治的政治观是苏格拉底以身殉道的真正原因。客观地说，雅典民主政治确实无法防止极端化的发生。民主和自由是令人向往的，但如果运用失当，它也会转向反面，给国家和人民带来灾难。因此，希腊民主制度的危险在于，民主政体能够像绝对君主政体一样暴虐。雅典民主制能比较有效地防止个人独裁，但无法防止野心政客利用群众情绪进行党派斗争。别有用心的思想煽动很容易影响表决结果，失去理智的狂热审判易于造成错案。事实上，滥用民主权利也确实给雅典带来一些不可挽回的损失。为了抵御民主可能带来的暴政，法律被赋予一种与众不同的地位，使它不易于被平民法庭和立法集会修改。这些法庭和集会的作用是尊重法律、担当法律的守护者而不是随心所欲地宣告法律。法律被视为卓越的命令，是有生命的共同体的坚强后盾，享有神圣的地位。“希腊哲学家和政治家像以前和其后的其他人一样，为一个梦想所诱惑：将某种基本法制度纪录在案，它是如此完美地适合于它为之创立的社会之真正利益和真实的社会情况，因而被尊奉为永恒的、不变的法。”[1]梭伦这位生活在公元前6世纪的传奇统治者创立了一套法律和平民法庭，“梭伦的法律”这个短语被用来当作某些古老而不可冒犯之特殊法的标签。新法律能够通过，旧法律能够修改，但这些法令要受到审查。提议者必须表明现行法的不充分性以作为法令得以通过的条件，立法会的所有法令都要受到检验以审查它与先前法的一致性。如果立法被发现与先前的有效法律相矛盾，那么，该法令的提议者可能受处罚。这些不同机制和标准的结果是维护了民主制，“同时使人民主权原则受制于法律至上原则”。

到柏拉图和亚里士多德的时代，雅典已经从巅峰走向衰落，公元前5世纪末在与邻国斯巴达的战争中战败。其衰落的原因，有学者认为是雅典的公

[1] 布雷恩·Z.塔玛纳哈.法治论［M］.武汉：武汉大学出版社，2010：9.

民缺少了雅典民主制赖以产生和因之而卓越超群的——自律和对城邦的认同。他们过于专注于商业、醉心于享受雅典军事扩张收获的成果。另外，苏格拉底被雅典的平民主义者判处死刑，这已经充分说明平民统治之危险性。在这样的时代背景下，柏拉图和亚里士多德都极其关注大众民主下出现暴政的潜在可能性，相应地，他们强调法律代表一种经久不变的命令。柏拉图在《法律篇》中提出的法制意在具有永恒性。他们表达的对法治的忠诚是为了实现其稳定性和约束力。柏拉图坚持认为政府应该受法律约束："如果一个国家的法律处于从属地位，没有权威，我敢说，这个国家一定要覆灭；然而，我们认为一个国家的法律如果在官吏之上，而这些官吏服从法律，这个国家就会获得诸神的保佑和赐福。"❶

亚里士多德认为法治是克服平民暴政的重要方法，法律应该具有普遍约束性，法律应当被普遍地服从，法律是一个社会的最高权威，法律是普遍具有理性的人们共同同意的，以理性对感性欲望、要求和冲动加以必要约束和限制而形成的行为规则。"凡是不凭感情因素治事的统治者总比感情用事的人们较为优良。法律恰正是全没有感情的；人类的本性（灵魂）便谁都难免有感情。……那么，这就的确应该让最好的（才德最高的）人为立法施令的统治者了，但在这样的一人为治的城邦中，一切政务还得以整部法律为依归。只在法律不能包括而失其权威的问题上才可以让个人运用其理智。"❷"以一人高高凌驾于全邦人民之上是不合自然的（也是不相宜的）……同等的人交互做统治者也做被统治者，这才合乎正义。可是，这样的结论就是主张以法律为治了；建立［轮番］制度就是法律。那么，法治应当优于一人之治。遵循这种法治的主张，这里还需辨明，即使有时国政仍须依仗某些人的智虑（人治），这总得限止这些人们只能在应用法律上运用其智虑，让这种高级权力成为法律监护官的权力。"❸"让一个人来统治，这就在政治中混入了兽性的因素。常人既不完全消除兽欲，虽最好的人们（贤良）也未免有热忱，这就往往在执政的时

❶ 西方法律思想史资料选编［M］. 北京：北京大学出版社，1983：24-25.
❷ 亚里士多德 . 政治学［M］. 吴寿彭，译 . 北京：商务印书馆，1965：164.
❸ 亚里士多德 . 政治学［M］. 吴寿彭，译 . 北京：商务印书馆，1965：169.

候引起偏向。法律恰恰正是免除一切情欲影响的神祇和理智的体现。”[1] 亚里士多德在上述引文中提出了几个议题，它们成为法治讨论的主线：政治平等情形下的自治；政府官员服从法律；法律与理性相等同，可抵御统治权力固有的滥用倾向。

亚里士多德法治理论试图将所有的人都置于法律的约束之下，克服人们的行为在本原、原始的意义上是受感情、欲望、冲动所支配的，防止人因情感的影响而使民主制度走向民主暴政。亚里士多德法治理论对待人性前提采取了三个递进式的推论进行论证：其一，良好的统治应当免除情欲，即免除任意和不确定；其二，人的本性使任何人都不能免除任意和不确定；其三，只有法律的统治即法治才能免除任意和不确定。正是基于此，亚里士多德经常这样设问：“由最好的一人或由最好的法律统治哪一方面较为有利？”亚里士多德的回答同其恩师柏拉图的回答截然不同，柏拉图主张应该由“哲学王”进行统治，而亚里士多德断然说：“法治应当优于一人之治。”因为人性是不可信的，“单独一人就容易因愤懑或其他任何相似的感情而失去平衡，终致损伤了他的判断力；但全体人民总不会同时发怒，同时错断”。因此，“谁说应该由法律遂行其统治，这就有如说，惟独神祇和理智可以行使统治；至于谁说应该让一个个人来统治，这就在政治中混入了兽性的因素，虽最好的人们（贤良）也未免有热忱，这就往往在执政的时候引起偏向。法律恰恰正是免除一切情欲影响的神祇和理智的体现”[2]。这里，亚里士多德实际上论证了法治作为一种社会政治治理方式，就是在不抱有神灵下凡、圣哲出世幻想的情况下，在普遍具有人性缺憾的人们中实行的一种最有可能造就普遍的和平、正义、安宁、幸福的社会管理方式。亚里士多德对作为理性的法治与作为感情的人治两者的对比经历了岁月的长河，历久而弥新，影响深远。

柏拉图和亚里士多德都承认了一种可能性：“法律很可能被制定出来服务于精英的利益。”[3] 为了防范法律出现这样的偏向，他们都主张，法律存在的

---

[1] 亚里士多德 . 政治学［M］. 吴寿彭，译 . 北京：商务印书馆，1965：170.
[2] 亚里士多德 . 政治学［M］. 吴寿彭，译 . 北京：商务印书馆，1965：170.
[3] 布雷恩 · Z. 塔玛纳哈 . 法治论［M］. 武汉：武汉大学出版社，2010：11.

意义和价值应该是增进共同体的善，促进所有公民道德品性的培养。柏拉图说："我们坚持认为，非为全体城邦的善而确立的法律是伪法律。""因而，凡正义之物既合法又公平，凡非正义之物既不合法也不公平。"❶ 对柏拉图来讲，法律是神的命令的体现，与善相一致。亚里士多德说："政治学上的善就是正义，正义以公共利益为依归。按照一般的认识，正义是某种事物的'平等'（均等）观念。"❷"符合于正宗政体所制定的法律就一定合乎正义，而符合于变态或乖戾的政体所制定的法律就不合乎正义。"❸ 他的结论是，"法律为优良时就应具有至上性"❹。

柏拉图和亚里士多德两人都没有提倡违抗法律，即使是非正义的法律。他们将法律视为社会秩序的根本，坚持普遍守法。两人对人民主权思想都保持谨慎的态度，事实上，他们把它看成潜在的暴民统治，认为人民未受教化，且缺乏才干，易受平民领袖的蛊惑，对社会产生平等化影响。再者，两人都不是平等主义者。他们相信人民具有不相等的政治能力天赋、品德和杰出程度——这些往往与出身状况有关——而且主张那些优越者应该当统治者，应获得更多奖赏。他们的观点是，最好的政府是由最优秀的人统治而不是由法律统治的政府，因为法律没有规定所有情形，不能事先考虑所有结果。"的确"，柏拉图注意到，"在优秀国王遂行统治的国度，法律像'一个固执而无知的人'那样成为通向正义之途的障碍"。❺ 他们提倡的依法而治（the rule under law）只是一种次好方案，只是由于人的弱点而有必要。柏拉图在《法律篇》中让法律实行统治，这是他在《理想国》中提议的让贤良（哲学上讲是受教化有美德的）护国者担任统治者之想法的更实际可行的替代方案。亚里士多德倡导依法而治，同时不赞成极端民主，因为这会使民主凌驾于法律之上，民众成为集体的君王，削弱了法律的权威，将最终走向专制统治。他认为民

❶ 布雷恩·Z. 塔玛纳哈 . 法治论［M］. 武汉：武汉大学出版社，2010：11.
❷ 亚里士多德 . 政治学［M］. 吴寿彭，译 . 北京：商务印书馆，1965：150.
❸ 亚里士多德 . 政治学［M］. 吴寿彭，译 . 北京：商务印书馆，1965：149.
❹ 亚里士多德 . 政治学［M］. 吴寿彭，译 . 北京：商务印书馆，1965：11–12.
❺ 布雷恩·Z. 塔玛纳哈 . 法治论［M］. 武汉：武汉大学出版社，2010：12.

主和法治不是对立的，例如，在司法审判中多数人问题比少数人容易找到正确适用法律的答案。

显然，柏拉图和亚里士多德在西方文明史上的权威地位，当然会使法治优于人治的理念带上一些权威的色彩。尽管柏拉图和亚里士多德颂扬法治至上，但他们关注的重点是直接反对开始时提及的雅典民主主义者，他们也相信法治。柏拉图和亚里士多德极关心限制民众的暴政，相反，雅典的民主主义者——这正是激起柏拉图和亚里士多德恐惧的平民政府——主要担忧的是由贵族寡头攫取政权，这是因为斯巴达征服之后由斯巴达扶植的短命但罪恶昭彰的“三十僭主的暴政”使他们深受其害。对雅典民主主义者来讲，不可或缺的是——法律至高无上性的前提条件——公民们自己直接参与创法活动。如我们所见，法律作为对民主的限制与法律作为自治的产物这两种关切之间的紧张关系在全部历史中都没有得到舒缓。法治只是在贵族寡头和平民政府之间实现了阶段性的平衡。

在雅典依法而治的盛期，公民享有法律上的平等；法律是以一般条款拟定的，不针对任何个人；公民大会、地方法官、立法集会受法律约束；公民在法律禁止的行为范围之外可以随心所欲地自由行动。雅典人因而实现了一种形式的法律之下的自由（liberty under law）。这不是现代术语中的个人自由，他们当时还不具备这一观念，但这涉及自治的自由（liberty of self-rule）和从事一切法律不明文禁止之事的自由。

二、法治与古罗马政治制度的演变

罗马人的法治观导源于希腊文明，斯多葛学派的自然法理论构成了连接希腊法文化和罗马法文化的桥梁，其中，西塞罗（Cicero，公元前106—前43年）是当时罗马自然法理论的集大成者。波利比奥斯（Polybius，约公元前200—前118年）则在其主要著作《历史》（有译作《通史》）中基本因袭柏拉图和亚里士多德的观点，保留了现存最早的罗马历史和研究罗马政治制度的成果，他把“罗马制度实践的混合宪制理论”与罗马共和国的政体联系在一起，将罗马共和政体解释为一种优良且稳固的混合宪制，并且成为支撑罗马崛起雄霸世界的制度基础。罗马法的发展与罗马政治制度的演变大体同步，分三个阶段：①在罗马国家形成的初期，人们从接受并默认为社会生活中相互关系之规则的习惯法到要求编纂成文法，这是罗马法的初始阶段。公元前450—前449年颁布的罗马历史上的第一部成文法典《十二铜表法》就是平民反对袒护贵族斗争取得的成果。②公元前3世纪中叶前后罗马法呈现出从公民法或者市民法开始向万民法发展的态势，可视为罗马法的发展阶段。③公元前27年罗马帝国建立之后，帝国前期的皇帝都非常重视法律的制定，许多著名的法学家从法理上对公民法和万民法做了详细的论述，大大丰富和完善了罗马法的内容。公元7世纪的查士丁尼皇帝时期编成《查士丁尼民法大全》，这是罗马法体系最终完成的标志。

（一）罗马政治制度的演变

古罗马的政治制度的演变历史一般可以分为三个时期：王政时期（公元前731—前509年）；共和制时期（公元前509—前27年）；帝国时期（公元前27—公元476年）。

从公元前8世纪至公元前6世纪末，这个时期称为“王政时期”，是罗马从原始公社制向奴隶制社会过渡的时期。先后有七个“国王”统治着罗马，其中有拉丁人，有萨宾人，也有伊达拉里亚人。王政早期，罗马实行军事民主制。“王”实际就是一位军事首领，由选举产生，其职位不能世袭。除了王权，此时的罗马政治体制还包括库里亚大会和元老院。库里亚大会有权选举公职人员，批准法律，决定战争或者媾和，以及重要的审判，在当时是罗马最高的权力机构。元老院成员则是由王指定的一些德高望重的氏族长老、显贵或军功卓著者。元老院是王的咨询机构，同时掌管征兵、征税，管理和分配公共财产，组织重要的祭祀活动等。元老院还是库里亚大会的预决机构，由它先提出和制定法律，然后提交库里亚大会通过。王政后期随着生产力水平的提高，罗马社会日益分化。出现了两个变化：一是出现了奴隶制，其来源主要是战争中的战俘，也有的公民由于债务沦为奴隶。二是自由公民内部逐渐形成贵族和平民两个阶层。贵族主要源于原氏族公社内的显贵家族，当时他们在政治上已经享有很大的特权。比如担任高级公职，进入元老院，垄断宗教事务等。平民除来源于原氏族下层外，还包括一些零散来到罗马经商做手艺的外族人。有原氏族血统的平民虽能参加库里亚大会，但不能担任高级官员、神职和进元老院，其公民权利是不完全的。外来移民除不能参加库里亚大会外，还要缴纳捐税、承担某些义务，但没有公民权。王政时期还通行一种"保护制"，实质上是隐蔽的奴隶制。公元前6世纪，罗马平民人数显著增长，平民与贵族之间的矛盾和不平等日益扩大，以血缘为纽带的库里亚体制逐渐不能适应和凝聚整个社会。这种情况下，发生了影响深远的塞尔维乌斯改革，建立了对罗马后期仍有作用的森杜里亚制。塞尔维乌斯改革被恩格斯看作罗马国家形成的标志。

共和制时期从公元前509年到公元前27年，在这个时期，国王由两名选举产生的称为"执政官"的官员所取代，两个执政官互相牵制，他们拥有最高军事权和民政权，是罗马军队的总司令。执政官负责招集和主持元老院会议、人民大会，同时也是元老院和人民大会决议的主要执行者。执政官之下设行政长官（或称大法官）、监察官、保民官等。共和制时期的元老院人数在300～600名，最多达900名，共和制初期元老由执政官任命，不久就固定由监察官每5年审定一次。共和制时期元老院的地位由于控制了公共资财并有权否决公民大会的所有措施而发展成为罗马最有权势的机构，是国家决策的核心。罗马共和国时期的人民大会分为三种：一是库里亚大会，其职能是把最高统治权授予森杜里亚大会选出的执政官，共和制时期的库里亚大会仅起象征性的作用。二是森杜里亚大会，从塞尔维乌斯改革起至共和制时期一直是罗马主要的人民大会，负责选举执政官及其他高级官员，一切法律均需要通过森杜里亚大会的表决。三是特里布大会，就是地区性的人民大会，其重要作用主要表现在共和制后期，成为罗马共和国时期最民主的人民大会，参加者不分血缘、财产差别。公元前287年以后，森杜里亚大会的立法权转归特里布大会，一切法律都由特里布大会上通过，一些高级官员如保民官、平民营造官、财务官等也由特里布大会选出。此外，特里布大会上还有部分审判权。

公元前27年，元老院正式授予屋大维"奥古斯都"和"大元帅"的尊号，罗马进入帝国时期。通过中央集权制度的建设，屋大维建立了有效的行政管理体系，形成了日益稳固的独裁政体，确保了200多年的稳定。罗马帝国时期的政治制度有以下几个显著特点：一是皇帝总揽大权。屋大维上台后虽然名义上承认元老院为国家最高权力机关，但实际上他通过清洗元老院异己者、充任首席元老、担任终身大祭司等方式控制了军事、民政和宗教方面最高权力。其后的统治者也都因袭了这一体制，罗马的君主专制统治日益完善，帝国后期，元首改称君主，宫廷礼仪日渐豪华和繁复，君主已变成远离人群的神秘的超人。二是逐步建立起对皇帝负责的官僚制度。屋大维及其后继者采取了排斥元老院实权的做法，设立自己的私人办事机构，负责处理皇帝的财物和司法事务。后来皇帝的私人事务与国家事务混为一体，皇家办事机构发展成中央行政机关。诸如元首顾问会议、秘书处、司法部、财政部逐步设立，起到了管理相应国家事务，并直接向皇帝负责的作用。三是建立了庞大的行政管理网络。行省是意大利半岛之外的罗马征服地区。对这些地区罗马历来采取分而治之的地方管理策略。帝国时期随着疆域的扩大，行省制度深受皇帝重视，从而以各种方式进一步加强了行省控制。四是皇位继承混乱。帝国早期皇位世袭还没有用法律固定下来。但实际上继位问题往往由皇帝个人权威的强制力来决定。整个帝国时期皇位继承异常混乱，宫廷阴谋、流血政变频发。许多皇帝包括一些有作为的皇帝都死于非命。公元395年，皇帝狄奥多西去世时制造了东西罗马的分立。公元476年，西罗马帝国灭亡。1453年，奥斯曼帝国灭亡东罗马帝国（拜占庭帝国）。

（二）罗马法治的发展

古罗马漫长的历史留给世人的除了赫赫武功，还有古代世界完备的法律制度。在强大武力庇护下，罗马商品经济有了较大发展，各种社会关系较为复杂，商品经济的发展要求与之相适应的法权关系，其中特别是许多新的私法问题都亟待法律予以解决，这使罗马的法律发展日益摆脱了对哲学和伦理学的从属关系，走上了解决现实法律问题的取向。如果说古希腊对于法治在理论上作出了重要贡献，那么，古罗马人更多的是将法治的理论付诸实践，从制度上提供了依法办事、尊重法律权威的管理模式，为后世如何实行法治树立了典范。

罗马法早在王政时期即已产生，最初是习惯法。在公元前5世纪中期，这些基于传统的习惯法被加以整理之后由国家以成文法的形式予以颁布，这就是著名的《十二铜表法》。这部法律是对以往习惯法的记录和整理，一改以前法律由祭司秘密记录、秘密保管的做法，将法律刻在十二根铜表上，在罗马广场公布于众。这种公开化与世俗化的做法从此成为罗马法的一大特点。在此后的900多年里，虽经一再修改，但《十二铜表法》始终是罗马的基本法，对后世及整个欧洲大陆影响极大。在此后的共和政体下，执政官成为执法机构的监护人，他们不但可以提出执法的程序规则，而且对整个司法部门拥有监督权。到公元前367年，罗马专门设立了执法官的职位，行使原来属于执政官的司法权。由于《十二铜表法》作为成文法需要在具体适用时加以解释，所以每年年初，执法官都会当众宣布他在新的一年中将遵循的司法原则，这些指导性的原则被称为司法告示。对司法告示的发布实际上为执法官提供了一个机会，使他能够把社会政治生活中出现的新问题纳入原有的法律框架，同时也能够对原有的法律提出新的解释。这一制度一直持续到帝制建立之后。执法官的作用在于通过释法发展了罗马法，这一制度的存在使法与现实生活联结更为紧密，提升了法的权威性，推动了罗马的法治实践。

罗马为古代世界提供了最系统和最完备的法律体系。罗马法体系本身分为两个大的部分，即市民法（ius civile）和万民法（ius gentium）。前者是指适用于原来的罗马公民的法律，后者则是指在罗马扩张过程中，执法官为了协调市民法与新征服地区原有的法律而颁布的司法告示，或者为了适应这些地区与罗马不同的实际情况而对市民法作出的新的解释。随着时间的推移，万民法的部分内容逐渐融入市民法，而罗马传统的司法制度和法律原则也不可避免地受到了被其征服的各地区，包括希腊诸邦和巴比伦等地的法律思想与司法实践的影响。

与古希腊相比，罗马在创造性的理论思维方面显得相对贫乏，对于法律的本质和正义之类的理论问题缺乏兴趣，因而没有能够产生像柏拉图和亚里士多德那样的伟大思想家。尽管如此，关注实践，关注具体问题的解决，这一特点使罗马人对西方法治与政治发展仍然作出了重大贡献，这种贡献体现于它的法律和制度，以及其中所凝结的政治智慧。古罗马法治的一个贡献是为树立权利观念奠定了基础。罗马跨地域的征战使自身成为异质性的多民族国家，久而久之，原来氏族体制下的人与人之间的血缘关系也逐渐淡化，这为自由民的个人发展创造了条件。自然法思想也使罗马人继续发展了希腊化时期的个人主义，以此来确定人们之间的个人权利和义务观念。查士丁尼编撰的《法学总论》就提出，“正义是给予每个人他应得的部分的这种坚定而恒久的愿望”❶。由于正义是法律的宗旨，个人“应得的部分”就成为法律维护的对象。这时，法律就不仅仅是维护抽象的正义，而是在保护个人的实际利益。于是，罗马法学家明确地说，“法律的基本原则是：为人诚实，不损害别人，给予每个人应得的部分”❷。法律承认“个人应得的利益”，就是在确认权利的实际内容，这是形成权利观念的重要一步。另一个贡献是提出人人生而平等的观念。罗马法学家接受自然法的思想，认为根据自然法则，“一切人是生而自由的”，“而奴役是违反自然法的”❸。特里波尼亚努斯说：“从民法的观点看，奴隶是什么也算不得的。但是根据自然法来看便不是这个样子。从后者的观点看，一切人都是平等的。”❹虽然罗马人自己并没有废除奴隶制度，但是人生而自由平等的观念对后来的资产阶级启蒙学者和近代自然法思想的发展有极大的影响，成为反封建和建立资产阶级法治国家的强大思想武器。

从原则上说，罗马全体公民始终是一切法律和政治权力的最终来源（这是后来的共和主义思想的核心），尽管进入帝国时期之后皇帝的权力大大增强，而法学家乌尔比安甚至公开声称“皇帝的命令具有法律的效力”。明确提出保障公民权利是罗马法与古希腊法律制度相比最大的不同。这首先体现在罗马法对国家与个人在概念上作出了严格的区分。“罗马人对国家和个人进行

❶ 查士丁尼．法学总论［M］．张企泰，译．北京：商务印书馆，1989：13.
❷ 查士丁尼．法学总论［M］．张企泰，译．北京：商务印书馆，1989：13.
❸ 查士丁尼．法学总论［M］．张企泰，译．北京：商务印书馆，1989：12.
❹ 查士丁尼．法学总论［M］．张企泰，译．北京：商务印书馆，1989：12.

了严格的区分，它们各自有其特定的权利与义务。国家是社会性存在的一种必需的、自然的框架，但个人而非国家才是罗马法律思想的核心。与此相应，对个人权利的保护被认为是国家存在的主要目标。国家因此被视为一个法人，它在确定的界限内行使自己的权力；公民也同样被视为一个法人，他拥有受到法律保护的、不受别人以及国家非法侵害的权利。”[1]罗马法不只在概念上对国家与个人做了明确的区分，实际运行中也实现了对王权和公民权利的平衡，并且随着公民在罗马政治生活中影响力的逐步增强，他们受到罗马法保护的权利范围也实现了不断扩展。这种公民权利保护范围的扩展与古希腊保护公民对城邦政治活动的参与相比是明显不同的，这种权利保护制度的发展是罗马公民与贵族展开斗争的记录，反映了那段浸透着血泪和磨难的文明进化进程，因而对后来西方自由权利等观念的发展具有深远的意义。

需要强调的是，罗马法学家们在《十二铜表法》中就对侵权性犯罪行为作出了规定，并开始区分故意和过失，明确把对人身和财产的所有权的侵权行为作为犯罪的一个大类，这种做法既体现了对公民人身权利加强保护，又是对公民私有财产的确认和尊重，实际上也表明在当时已经对人身权和私有财产权做了区分。此外，罗马法开始区分契约性行为、侵权性行为和不当得利，并将其作为责任来源，同时还提出了合同的概念，这就基本形成了民法体系的基础。[2]也就是说，罗马在建立了一套比较发达的公法体系的同时，其私法也达到了非常完善的程度。罗马法在公与私之间进行的区分，对保护公民权利、明确国家与社会的界限都具有重要的意义。从 11 世纪晚期开始，在封建社会前期基本被废弃的罗马法又被学者们重新发现并得到重视。此后欧洲国家，主要是欧洲大陆各国又在其政治和司法实践中大量采用了罗马法的因素，从而不但直接促进了近代欧洲法律体系的产生，而且对早期资本主义经济的发展起到了不容忽视的保护作用。除此之外，罗马司法实践中发展出来的一系列旨在维护公民权利的基本原则对后世也产生了重要影响，并且沿

---

[1] 唐士其 . 西方政治思想史 [M]. 北京：北京大学出版社，2008：127.

[2] 乌维 · 维瑟尔 . 欧洲法律史：从古希腊到《里斯本条约》[M]. 刘国良，译 . 北京：中央编译出版社，2016：97.

用至今，如“不能以思想对人定罪”“不能强迫某人以违背其自身意志的方式为自己辩护”“不能由于某人的罪行对其他任何人进行惩罚”，等等。

从原理上说，罗马法与希腊诸邦的法律具有不同的基础。在希腊世界，宗教和道德被认为是法律的最后依据（在像柏拉图那样的学者那里这种根据是理性，但理性同时也被认为与道德具有完全的一致性），而对罗马人来说，法律是在某些特定职位上的个人所发布的合乎司法程序的命令。如果可以非常简单地认为希腊人采用了一种类似“实质正义”的观念，那么罗马人则采用了与之相对的“程序正义”的观念。因此相比之下，罗马人的法律观念是高度世俗化的。罗马公民被要求遵守法律，首先并不是因为法律体现了正义或者某些抽象的道德与宗教原则，而是因为它出自作为整个政治体意志代言人的最高统治者。当然，这并不意味着专断的、不受限制的个人意志有可能直接上升为法律，罗马（特别是共和国时期）的政治体制本身，保证了最高统治者的命令即法律在很大程度上能够反映公共利益。

（三）自然法的酝酿与西塞罗对罗马法治的贡献

“作为政治动物，作为城邦或自治的城市国家一分子的人已经同亚里士多德一道完结了；作为一个个人的人则是同亚历山大一道开始的。”❶ 与城邦政治的衰落同时发生的是人们个体意识的上升，这是后希腊学派——斯多葛学派所推崇的自然法兴起的社会文化背景。

梅因指出，“后期希腊各学派回到了希腊最伟大知识分子当时迷失的道路上，他们在‘自然’的概念中，在物质世界上加上了一个道德世界。他们把这个名词的范围加以扩展，使它不仅包括了有形的宇宙，并且包括了人类的思想、惯例和希望。……他们所理解的自然不仅仅是人类的社会道德现象，而且是那些被认为可以分解为某种一般的和简单的规律的现象”❷。斯多葛学派把“自然”概念置于其哲学体系的核心位置，认为“自然”体现为规律和

❶ 乔治·霍兰·萨拜因．政治学说史（上册）[M]．盛葵阳，等译．北京：商务印书馆，1986：178.

❷ 梅因．古代法[M]．沈景一，译．北京：商务印书馆，2009：31.

秩序，表现为一种支配性的原则，其在本质上具有理性的品格。理性则是整体宇宙的实质，而作为宇宙自然的一部分，人在本质上就是一种理性动物。理性是人与自然的共同准则，是永恒存在的，是法律和正义的基础。自然法是自然、人类普遍理性的高度统一的一种表现形式。斯多葛学派以人人平等的原则和自然法的普遍性为基础确立了世界主义的哲学观，其终极理想就是所有人都在神圣理性的指引下共同建立一个和谐共处的世界国家。梁治平认为斯多葛学派“自然法”思想的深沉张力就在于将“自然哲学和道德哲学在这里融汇于一；客观规律与主观理想从两个极端走到一起，彼此深入到对方深处；人类的价值判断在物质世界中间找到了一种不容置疑的权威性，外在的自然法则在人类灵魂深处发现了自己最真实的生命”[1]。人对自然规律的认识是在人的主观世界中产生理性的一个根源，自然法的要义却是像西塞罗所主张的那样——“把自然和理性等而视之，并把理性设想为宇宙的主宰力量”[2]。

按照自然法的宗旨和理念，传统的城邦权力和特权必须遵从于自然法的裁判。自然法既然是思想家们为整个世界确立的法的范本，那么原有的一切实定法也都将面临挑战。于是，在斯多葛学派那里，依据人的身份资格而组成的城邦群体已失去了那种永恒的道德价值，城邦主义的式微在所难免，取而代之的是一种根据内在性人人平等的大同世界；城邦法与正义的等式受到怀疑，正义也就从法律中游离出来。这种关于法的新观念打破了囿于城邦的那种法律模式，它从个人与社会、个人与国家的关系构成上重新修订了法的价值。至此，法律作为一种永恒的正义东西变成了一种被检省的对象，作为尺度的法律被加上了一种更高的尺度。这样，与实在法相对立的一种更高的法被悬于法律之上，成为法律追求的永恒目标。斯多葛学派关于自然法的一些主张，如解放奴隶、人人平等等有着巨大的进步意义。斯多葛学派通过罗马法对整个西方的法律哲学、法治发展产生了深远的影响。它为 18 世纪的欧

---

❶ 梁治平．自然法今昔：法律中的价值追求［J］．学习与探索，1988（2）：93.

❷ 博登海默．法理学：法律哲学与法律方法［M］．北京：中国政法大学出版社，1999：17.

洲大革命和近代的自然法学说准备了一种传统。它所奠基的道路恰好正是后来欧洲所要踏上的道路。

西塞罗生活在罗马从共和制向帝制过渡的关键时代，经常被引述为一位重要的自然法学家，法治的早期倡导者。西塞罗的关键贡献是他跟随柏拉图和亚里士多德但以更强有力的方式坚持法律必须为共同体服务并且必须符合自然法。

西塞罗认为自然法才是真正的法律。它是一种与自然相吻合的，稳定、恒久地适用于所有人的“正确的规则”，是“一种永恒、不变并将对一切民族和一切时代有效的法律”[1]。他相信，自然法是理性的法则。他认为，一切法律都是从永恒的普遍的神法——自然法则中产生出来的。法本源于正义，正义来源于自然。依西塞罗之见，这种理性的自然法高居实在法之上，也居于人类行为之上。“法律是根据与自然——万物中首要的和最古老的——一致而制定的有关事务正义和不正义的区别；在符合自然的标准下，构筑了这样一些人的法律，它对邪恶者施以惩罚，而保卫和保护善者。”[2]对西塞罗来讲，法律的至上地位取决于它们与自然法的吻合。根据理性的法则，法律应该造福于共同体，应该是正义的，应该维护其公民的幸福和安全。

西塞罗明确地把法律置于国家之上，认为法律是立国之本，没有法律的国家不是真正的国家。是自然法使实在法具有正义，“正义的来源就应当在法律中发现，因为法律是一种自然力……这种法律的产生远远早于任何曾存在的成文法和任何曾建立的国家”[3]。在西塞罗看来，神和自然赋予人理性，理性就是早于人类而存在的自然法。“人和神的第一共有就是理性，而且既然正确的理性就是，我们必须相信人也与神共同拥有法。”[4]“理性并非由于形成文字才第一次成为法律，而是理性一存在就成为法律，它是与神的心灵同时出

---

[1] 西塞罗．国家篇　法律篇［M］．沈叔平，苏力，译．北京：商务印书馆，1999：106.
[2] 西塞罗．国家篇　法律篇［M］．沈叔平，苏力，译．北京：商务印书馆，1999：191.
[3] 西塞罗．国家篇　法律篇［M］．沈叔平，苏力，译．北京：商务印书馆，1999：160-161.
[4] 西塞罗．国家篇　法律篇［M］．沈叔平，苏力，译．北京：商务印书馆，1999：162.

现的。”[1]总之，神圣的自然法赋予了法律最高权威，因而国家和个人都应当绝对遵从法律。这就是法律统治国家的根本依据。

西塞罗强调，国家官吏必须服从法律，人民服从管理，一切按照法律行事。如他所指出的，“官吏的职能是治理，并发布正义、有益且符合法律的指令。由于法律治理着官吏，因此官吏治理着人民，而且更确切地说，官吏是会说话的法律，而法律是沉默的官吏”[2]。“我们不仅必须告诉官吏他们的管理权限；我们还必须告知公民在什么程度上他们有义务服从管理。”[3]由于官吏行使法律赋予的权力，其权力又从属于法律，因而必须防止官吏被权力腐蚀，出现权力的腐败。“上层人干坏事对国家特别危险，因为他们不仅沉溺于邪恶的勾当，而且以他们的病毒传染了整个共和国；不仅他们腐败了，而且因为他们还腐蚀其他人，并以他们的坏榜样而不是他们的罪孽造成更大的危害。”[4]

西塞罗向往的国家具有普遍正义，人人具有平等的权利，没有人与人之间的压迫，而实现这些的有效保障就是法律。“制定宪法与拥立德高望重者为王的理由是相同的。因为人们始终在求索的就是在法律面前享有平等的权利。因为凡是权利，就应当人人共享，否则就不能算是权利。如果人们都能通过某个公正善良者之手达到自己的目的，他们就心满意足了；但是他们要是没有这样的好运，那就只好制定法律，在任何时候对任何人都一视同仁。”[5]西塞罗还深刻地把公民法律权利平等与国家的性质联系起来，“既然法律是团结市民联合体的纽带，既然有法律强化的正义对所有人都相同，那么当公民之中没有平等时，又能有什么正义使每一个公民被拢在一起？如果不能同意平分人们的财富，并且人们固有能力的平等又不可能的话，那么至少同一个国家的公民的法律权利应当等同。因为除了一个公正的联合体或者合伙之外，国家还能有什么呢？”[6]在这里，“市民联合体”“法律是团结市民联合体的纽

---

❶ 西塞罗．国家篇　法律篇［M］．沈叔平，苏力，译．北京：商务印书馆，1999：190.
❷ 西塞罗．国家篇　法律篇［M］．沈叔平，苏力，译．北京：商务印书馆，1999：226.
❸ 西塞罗．国家篇　法律篇［M］．沈叔平，苏力，译．北京：商务印书馆，1999：226.
❹ 西塞罗．国家篇　法律篇［M］．沈叔平，苏力，译．北京：商务印书馆，1999：243.
❺ 西塞罗．论老年　论友谊　论责任［M］．徐奕春，译．北京：商务印书馆，1998：184–185.
❻ 西塞罗．国家篇　法律篇［M］．沈叔平，苏力，译．北京：商务印书馆，1999：40.

带”和“公民平等的法律权利”等论点，已经初步展示了自由、平等的法治国家的要素。

西塞罗不倡导大众民主，而是偏向于混合政体，权力在王权、杰出公民和民众之间分配，民众分享权力的程度要小得多。最好的公民——最有教养、最智慧的人——应该分得更大的统治权力，因为他们是有能力明辨自然法要求的人，自然法理应统治社会。西塞罗认为君主制、贵族制和民主制都有缺陷。他指出君主制的问题是“一个人的绝对统治很容易并很快地蜕化成像其他国家那样的僭主政治”[1]。这势必剥夺人们的自由与权利，“由一位君主来统治一个民族就剥夺了许多东西，特别是自由”[2]。由于贵族制以出身和财产为依据而获得政治特权，他不赞成贵族制，“当财富、名望和权力在缺少关于如何生活和如何统治他人的智慧与知识时，就充满了不光彩和傲慢的自负，没有比这种把最富者作为优秀者更腐败的国家形式了”[3]。西塞罗也不赞成民主制，认为它是极端自由的形式，“自由本身会使拥有自由的人民在很大程度上落入被奴役的境地……无论是民族还是个人，过度的自由会变成一种极端的奴役”。鉴于上述，他提出了混合政体的方案。其理由是，“一个国家必须存在一种权利、义务与职能之间的平衡，因此行政官员拥有足够的权力，显赫的公民的顾问们有足够的影响力，以及人民有足够的自由，否则的话，这样的政府就不可能免除革命”[4]。他希望能建立一个兼顾各阶层的利益，兼有三种政体优长的混合政体。“对于一个国家来说，最好的政体是前面提到的三种政体形式——君主制、贵族制和民主制——均衡结合。”[5]他认为这种政体“提供了某种高度的平等”，并且“具有稳定性”。[6]西塞罗对国家政体制度的贡献还在于他设计了一种分权制衡的方案，把国家的立法、行政、司法和监督等几种权力，合理地分配给执政官、元老院和平民大会三个机关，在这三个

---

[1] 西塞罗 . 国家篇　法律篇［M］. 沈叔平，苏力，译 . 北京：商务印书馆，1999：37.
[2] 西塞罗 . 国家篇　法律篇［M］. 沈叔平，苏力，译 . 北京：商务印书馆，1999：77.
[3] 西塞罗 . 国家篇　法律篇［M］. 沈叔平，苏力，译 . 北京：商务印书馆，1999：41.
[4] 西塞罗 . 国家篇　法律篇［M］. 沈叔平，苏力，译 . 北京：商务印书馆，1999：85.
[5] 西塞罗 . 国家篇　法律篇［M］. 沈叔平，苏力，译 . 北京：商务印书馆，1999：76.
[6] 西塞罗 . 国家篇　法律篇［M］. 沈叔平，苏力，译 . 北京：商务印书馆，1999：54.

机关之间建立权力互相监督制约的关系。这来源于波里比阿的分权制衡理论，但西塞罗更强调的是依照法律确定国家各机构的职权和运行规则，依法实现权力制约。

（四）王权与法治的关系

不管是出于对自然法的尊崇，还是出于对个人权利保护的目的，法律至上的原则得到罗马的自由民和官吏的普遍遵守。但是，在涉及王权与法律的关系问题时情况就有所不同了。因为皇帝能决定立法，也能决定法律的存废。在罗马共和国的衰亡阶段，独裁统治使共和国的法律统治已经让位于强者的统治了。对此，西塞罗谴责不遵守法律的国王是暴君，是“能想象得到的最可恶、最可憎恨的动物”。“任何人，如果他否认一切法律约束，放弃他与他自己的公民以及整个人类的文明伙伴关系，他怎样能被适当地称为一个人呢？”[1] 他强调，进行统治的是法律而不是偶然坐上官员位置的个人。西塞罗将国王的统治与生活在“为自由共同体设定的法律”之下尖锐对立起来。西塞罗所揭示的王权与法治的冲突问题，恰恰展示了罗马帝国政治对法治的消极作用。这可以在《查士丁尼民法大全》中找到佐证。查士丁尼在公元527年即帝位。他最为人们所纪念的功绩是罗马法的法典化。在他的指导下，法学家们汇集并系统化了当时杂乱无章的法律和法律观点。在大约5年的时间跨度里，法学家们准备和颁布了：《法典》，它包含规则体；《学说汇纂》，这是法学家著述的汇编，其内容是对规则的分析；《法学阶梯》，是前两者的摘要，主要供法律学校使用。这三部书集合起来构成了《查士丁尼民法大全》（民法，与教会法相对），更普遍地以《查士丁尼法典》闻名于世。它主要由现存习惯、规则、判决和法学家评注构成，以连续的、综合的形式加以重组、协调和阐述。《查士丁尼民法大全》所包含的两个声明与法治尤其相关，“凡皇帝乐意的就具有法律效力”；“皇帝不受法律约束”。依据现行观点，毫无疑义，皇帝拥有法律创制的权力；的确，查士

---

[1] 布雷恩·Z.塔玛纳哈.法治论［M］.武汉：武汉大学出版社，2010：13-14.

丁尼发布了《查士丁尼民法大全》本身，这正是他行使这种权力的表现。毋庸置疑，皇帝凌驾于法律之上，因为他创造了法律。无须多言，这一理解正是法治理想的对立物。《查士丁尼民法大全》尽管在东罗马帝国有效，但在12世纪被重新发现和传播以前它在西方受到普遍忽视。它所阐明的高居法律之上的绝对君主观念却在《查士丁尼民法大全》之外存续下来，因《查士丁尼民法大全》的重新发现而得到加强，在整个中世纪及以后时间里产生了经久不衰的影响。

然而，《查士丁尼民法大全》中也存在着一个与绝对君主观念相悖的独立条款，即罗马皇帝狄奥多西在一封信中指出："如果君王自愿承受法律的拘束，这是与一个统治者的尊严相称的说法；因为甚至我们的权威都以法律的权威为依据。事实上，权力服从法律的支配，乃是政治管理上最重要的事情。"❶这实际上就形成了这样的一种情况：在理论上并就一般理解而论，皇帝的确高居法律之上；但法律仍然事关紧要，对国王的行为构成约束。如果法治要奏效，这种结合——创法权与受法律约束调和起来——必须以某种方式实现。现代法律体系存在着完全相同的紧张关系，即主权者既是法律的渊源也受法律约束。在每个成功的制度安排中都有一种盛行的伦理观念：优秀的君王、优秀的创法者遵守法律。❷法律绝对主义和君权的绝对主义在伦理的层面达成了一种实践性的平衡。

（五）罗马法治的影响

希腊人认为人是城邦的动物，也就是政治的动物，而罗马人则认为，人是社会的动物，但并不必然是政治的动物。由此，罗马人在公民和国家之间找到了一种希腊观念中尚不存在的空间，即属于个人的空间。如果说希腊人最先提供了一种观念的法，那么，罗马人则最先实践了一种制度。罗马人在哲学上是贫困的，他们务实的特性决定了在法的思想观念方面只能重复希腊人的思想。当西塞罗主张有一种真正的法律，这种法律既是正确的理性又与

❶ 托马斯·阿奎那．阿奎那政治著作选［M］．马清槐，译．北京：商务印书馆，1963：45.
❷ 布雷恩·Z. 塔玛纳哈．法治论［M］．武汉：武汉大学出版社，2010：17-18.

自然相应并永恒地适用于所有人时，这意味着罗马人无法从理论上把斯多葛主义的自然法学说再向前推进一步。

如果我们仅仅停留在这方面来评价罗马人，显然是不公正的，因为法治从来不只是一种学说，而且也是一种实践。罗马人不是有关法治理论的首倡者，他们却首先实践了一种制度，创造了一种形式化的法律体制。这种体制对于希腊人来讲是望尘莫及的。罗马法是罗马法学家的产物，罗马法学家是法官而不是哲学家，因而他们在创造罗马法时，不能不根据罗马的社会实际对希腊化时期的自然法学说实行改造。在罗马法和罗马法学中有三个概念值得注意：市民法、万民法和自然法。市民法是一个特定的实在法的概念，它特指罗马公民所适用的法规或习惯法。但是，万民法和自然法两个概念的界限非常模糊。万民法原本是罗马人的创造，但它又具有希腊人所言及的自然法要素。从法学意义上讲，万民法是指所有罗马帝国的居民都享有平等的公民法的一种“各民族共有的法律”，在哲学上它又是各民族的法律共通的应遵循的原则。在罗马早期，无论是作为政治家的西塞罗，还是作为法学家的盖尤斯都把这两个概念看作一回事。但在公元 3 世纪以后的法学家则是把二者区分开来；这是罗马法以及罗马法学区别于希腊法的一个明确标志，它标志着罗马法中的一个新要素出现，标志着一种不同于希腊的新法律体制的形成。

根据自然法，即使一种为人们普遍实践的法律仍可能是不公正的、不合理的。例如，按照自然法，所有的人包括奴隶生来都是自由平等的，但按照万民法，奴隶制的存在却是合法的。这样，即使对于万民法来讲，承认在其之外还存在一种更高的法律，则是重要的、有意义的。自然法的理想变成了法学家创造成文法的具体要求，一种普遍不易的正义被看成实在法努力的目标。希腊哲学中所主张的实体正义被罗马法学家变成了一种形式化的法律正义。在这种正义原则指导下，罗马法学家创造了一种形式化的法律制度。这种制度不是对个人与社会、个人与国家关系方面作出安排，而是解决个人与个人之间的利益关系。罗马法的这种特性就在于它的“私人性”和契约化。所谓“私人性”，是指法律与国家的政治生活无关，它只调节私人间的事务。契约化意味着法律的正当性是以承认各自的权利义务为前提，它把契约中的个人看作平等的原子，一种脱离了身份等级，冲淡了智力、财产方面的不平等的法律面前的平等，法律的功能注重的是私人利益的调节或分配。对个人来讲，法律是一种形式化的规则，是一套用来划分和确定各方权利、义务的调节机制。法律作为一种普遍遵守的权威被树立起来，法律正义也就被理解为市民商业利益的法律化。

罗马法以及罗马法学的意义不在于向它的继承者们提供了一种检省法律的武器，而在于它提供了一种形式化的法律制度。根据这种制度：法律本身就是一种形式化的正义标准，是不同社会群体共同遵守的行为准则，具有凌驾于社会之上的权威性；人与人之间不是一种人格化的身份关系，而是一种非人格化的契约关系；无论是帝王、官员还是一般大众作为公民个人在法律面前形式平等；统治阶级也要服从非人格化的法律秩序（不能滥用权力侵犯公民的私人生活）；法律不是秘密制定，而是根据一定程序制定的；由公认为合法权威（即统治阶级）强制实施的；法律是明确的，合乎逻辑的；因而，法律使个人关系和行为的各方面成为可计算的、可预测的、可控制的。罗马法提供了一种形式化的“私法”制度，也为这种制度的保持与发展培养了一个法学家集团。

希腊、罗马给欧洲法治的发展留下了丰厚的遗产。希腊城邦古老的自由制度特别是希腊人提出的自然法思想从哲学上表达了人类对“好法之治”的向往，表现了人类追求正义法的宏大理想。希腊人思辨的天性决定了他们是思想者的先驱，而不是根据这种思想建立一种合理的法律制度的建设者。一定程度上说罗马人是希腊思想实践者，但又不仅限于实践者角色。罗马人扬弃了正义的抽象思辨，而是在日常生活的法律领域中寻求正义的存在，这表现了罗马人的务实特性。有了这种特性，他们探讨了有关个人领域的全部法律问题，创造了一种发达而形式化的“私法”制度。后来的欧洲，经过了几个世纪的“无法状态”的苦苦挣扎，最先发现的并不是希腊人的有关政治自由的理想，而是罗马的“私法”制度。罗马法在中世纪的复兴，是欧洲大陆向法治方面发展迈出的第一步。它们企望首先在私人领域恢复昔日罗马人的法观念、法权威，把整个社会引向法之治的轨道。正是在这一点上，罗马法以及罗马法学体现了它的普遍意义和价值。希腊思想只有再等几个世纪之后，被近代的启蒙思想家们发现才变成了一种有力量的武器，并催助着一种新的法律制度的诞生。希腊人、罗马人所创造的法文化正是欧洲法治发展的思想和制度上的准备。

三、法治在中世纪教权与王权之间的平衡

法治传统以缓慢且非人为规划的方式在中世纪开始出现，没有单一的渊源或起点。三种有贡献作用的渊源将得到详尽阐述：国王与教皇间的最高权之争；日耳曼习惯法；《大宪章》，它是贵族以法律限制主权者之努力的结晶。

中世纪（约 476 年—1453 年），是欧洲历史上的一个时代（主要是西欧），自西罗马帝国灭亡（476 年）到东罗马帝国灭亡（1453 年）的这段时期。476 年，奴隶制的西罗马帝国在奴隶、隶农、下层自由民的联合斗争和日耳曼“蛮族”入侵的双重打击下灭亡了。从此，西欧进入了封建社会。从 5 世纪末到 17 世纪初大约 1100 年间，西欧封建社会可分为三个发展阶段：第一阶段，5—10 世纪，是封建制度形成时期；第二阶段，11—14 世纪，是封建制度繁荣时期；第三阶段，14—17 世纪初，是封建制度解体时期。一般把 5—14 世纪称为“中世纪”，把 14—16 世纪称为“文艺复兴时期”。西欧封建制度是在罗马帝国奴隶制的废墟上建立起来的。日耳曼“蛮族”的军事组织和罗马帝国内封建生产方式的萌芽相结合，促使西欧封建制度逐步形成和发展。日耳曼人征服罗马之后，建立了大大小小的“蛮族国家”，这些国家的新统治者适应被征服地区的生产力发展水平和已经出现的封建农奴制的萌芽即隶农制，采取了新的剥削方式，开始了漫长的封建化过程。一方面，日耳曼族的大小头目同一部分罗马的地主合流，形成居于统治地位的封建领主阶级；在封建主内部，日耳曼族的首领变成各个王国的国王，占有大量土地，他们把一部分土地恩赐给自己的亲信和作战有功的部下，使这些人成为王国的大大小小的领主和封建地主，构成了上下隶属的封建等级关系。另一方面，罗马的奴隶、隶农、下层自由民和日耳曼的下层自由民相继沦为依附农和农奴。这就形成了封建社会的若干个所谓的等级或社会阶层：贵族、教士和农奴。

西欧封建社会中土地和劳动力是唯一存有的资源，但这二者都没有活跃的市场；一种僵化的社会秩序应运而生，这种秩序以拥有土地或对土地享有权利的人或者经营土地的人为核心而形成。在一个有机的社会中，每个阶层被认为发挥着独特的重要作用。贵族和他的封臣（或者骑士）拥有重要的田产，它们被以不同方式分割开来、分派出去。封臣将土地分封给他的下属封臣，如此等等；通过这种领地分封的做法，多层的关系网络被创造出来，顶级贵族位于顶端，所有的人都通过一种逐级递减的义务等级联系起来，其中，该阶梯中较低地位的人们应向其直接上级缴纳服务（劳役和兵役）和贡品（产品或者地租），以换取土地使用权或控制权。有些土地（地产）由领主自己保有，由他们自己的农奴耕作；其他土地被分派给封臣，他们被要求在需要时提供重装武士等。尽管领主及其封臣对农奴享有广泛的权力，但他们对农奴也负有责任，主要包括保卫他们免遭外来的攻击、主持纠纷的解决、在干旱和灾祸发生时给他们提供帮助。牧师作为社会的精神领导者，并不是完全一样的。有些是受拉丁语教育的贵族后裔，他们经营地产或者附带大量地产和农奴的寺院，这些是通过向教会的馈赠和遗赠获得的。杰出的主教实际上是大财主，支配着他们所在城市和城镇的精神与世俗事务，他们的法院行使着广泛的管辖权。农奴们辛苦地耕作土地，没有离开的自由，受封建主义的束缚，除了随身物品一无所有。因为缺乏大型市场，所以，他们在纳贡义务和自身消费之外没有动力，也没有可用技术生产更多剩余产品，没有办法改善他们的生活状况。封建的社会秩序是等级式的、固定的。自由的城镇人口在这一时期的存在显得微不足道，他们是唯一处于这些社会分类之外的人。整个封建制度就是建立在封建领主对广大农奴的剥削和奴役的基础上。

这个时期的欧洲没有一个强有力的政权来统治。封建割据带来频繁的战争，造成科技和生产力发展停滞，人民生活在毫无希望的痛苦中，所以中世纪或者中世纪早期在欧美普遍被称作“黑暗时代”，传统上认为这是欧洲文明史上发展比较缓慢的时期。以国王为代表、由封建世俗和教会贵族组成的封建主，与具有表面上的自由民身份的农民和其他劳动者，构成了封建社会的主要阶级成分。其基本组织形式是闭塞的、自给自足的自然经济占主导地位的封建庄园。君主和国王也是封建领主，拥有自己的大量地产，从中获得财富。他们对于其直接管辖范围之外的版图没有实质掌控，对贵族只享有有限的权力：贵族是其下属，也是其对手。与同时期的中国一开始就成立的强大的中央集权、大一统的国家不同，西欧封建社会大大小小的王国中的国王从未实现过对自己属地和臣民统摄一切的政治和经济控制，倒是封建领主在自己的领地内享有政治、经济、司法、财政的全权，形成了多个小的独立王国。在这个等级森严的专制制度中，封建主对自己下属的封臣没有直接的支配权，世俗国王权力有限，鞭长莫及，不但没有全国的行政系统、税收制度、司法机关和统一的法律，而且没有隶属于国王的常备军。这些都导致了西欧封建社会长期分裂割据的局面。与此同时，东罗马帝国则把它的力量辐射到希腊、塞尔维亚、马其顿、保加利亚以及意大利局部和中东，但与西方逐渐隔离。拉丁语改换为希腊语。历史上以拜占庭而著称的东罗马帝国变得希腊化和东方化，在周围强敌环伺的情况下，东西帝国的统一也仅仅是查士丁尼的一个梦想而已。

与这种行政上的分裂局面形成对照的是罗马天主教会所起的特殊的思想整合作用。它是一个从教皇到教徒的井然有序的组织，不受国界的限制；世俗政权频繁更迭，发展经济的力量十分微弱；而教会的财产则相对稳定，可以长期安排生产，教会同时还扮演极其重要的思想伦理教化的作用。因此，“一般地讲，中世纪思想的每一部分都浸润着基督教的信仰”。教会包围着中世纪社会的每个人，皇帝和国王也不例外，只是不包括异教徒。在这一时期，只有教会才能填补动乱和愚昧的中世纪社会的真空，在一定程度上维系其统一和稳定。在中世纪的核心，只有罗马天主教会才有跨西欧的制度性存在之外表。这也使中世纪的一切思想，甚至是反正统的异端，都披上了宗教的外衣，无论人们是否情愿，都必须用宗教的典籍和语言来论述政治、法律和社会问题，同时也多少都卷入了错综复杂的教权与世俗王权的长期争端中去。封建法律和地方习惯法同罗马法之遗存、教会法混为一体，共生共存；地方领主或权倾一时的主教分别主宰着他们自己的庄园或教堂，他们是实际的秩序掌控者。与罗马时代不同，职业法学家团体荡然无存。在教会以外鲜有学术活动。

与封建王权控制力的薄弱相联系的便是这种教、政的长期冲突。起初的罗马教皇和神职人员是从属于世俗君主或领主的，但后来教会利用王权与封建主的矛盾而加强了自己的实力，力图建立对整个欧洲的统治。世俗王权则不甘心受制于人，常常用各种方式与教权相抗衡，甚至不惜使用武力。随着时间的推移，教皇与国王之间的关系变成了对抗关系。势单力薄的王权不得不与反教权的其他力量联盟，从 10 世纪开始，王权与资产阶级的前身市民阶级的戏剧性联盟使得后者在教政矛盾的夹缝中，或在王权鞭长莫及的城市中得以生存和发展，有时甚至借用王权扩大自己的政治影响。他们在羽翼丰满之后便最终敲响了封建社会的丧钟。

中世纪的法治先后受到几个传统的影响，如日耳曼人的法律传统、罗马法传统以及基督教传统。在历史的发展中，日耳曼人的习惯法在中世纪影响广泛，并且伴随他们的足迹传遍西欧大陆，不过，在中世纪后罗马法开始复兴，基督教的神学思想影响逐渐强化。

就日耳曼人而言，他们没有系统的法律，即使有一些法典，它们所规定和调整的内容也十分简单。不过日耳曼人的法律意识有很深的根基，它们为西欧的法治注入了崭新内容。“王在法下”这一日耳曼习惯法命题，一直以来广泛地被视为中世纪时期法治的独立渊源，对罗马的绝对主义君主观念提供了一种平衡器。在日耳曼人看来，法律属于集体的每一个合格的成员，为他们的共同利益服务。因此反过来说，集体的法律对于集体的每一个成员都有约束力。这种法律意识不仅是一般集体成员的认识，也是作为部落集体成员之一的氏族首领的信念。承认和信守这样的认识是他们作为领袖行使权力的合法性基础之一。君主和国家受限于法律、为了法律、作为法律的创造物而存在，以共同体利益为导向，君主是法律的守护者。后来日耳曼习惯法与基督教解释的渗透，通过“法律与道德的融合”，巩固了法律与正义的紧密联系。著名的日耳曼“抵抗权”就是法律高于君主这一信念的十足表现，这项权力是指任何违反法律的君主都要遭到人民的抛弃。“君主和他的人民都负有共同义务保护法律不受侵犯或不致败坏；在某些情形下，当君主明显没有履行其职责时，我们发现他的臣民自行其是，废黜他。”[1] 此外，当日耳曼人在西欧建立封建关系之后，封建法律意识也就随之而来。封建法律意识直接反映了封建的领主与封臣关系，而后者是一种契约式的互惠性的关系。根据这种关系，即使是国王也不过就是一个领主，他与下属即依附于他的大大小小的封臣和人民的关系是相互的权利与义务关系。这两种法律意识无疑都有利于制约国王的行为和权力。从根本上说，日耳曼人的法律意识反映了一定的社会现实，它们适合中世纪那种割据的、诸侯混战的无政府状态。通过属人的法律和联系上下关系的封建法律，小范围的和平得以维持。

12 世纪前后，随着查士丁尼编纂的《查士丁尼民法大全》的重新发现，罗马法的研究再次出现高潮，罗马法又开始在欧洲重振雄风。在研究罗马法的过程中，罗马法学家主张君主权威不容挑战，但承认君主权力的相对性，承认君主有服从法律的义务。13 世纪中期英国的布雷克顿在他的《论英格兰的法律与习惯》中就主张：国王有义务服从法律，因为国王处在上帝和法律之下；不是国王创制法律而是法律造就国王。至少“优秀的君王、优秀的创法者遵守法律”的观念被公认为君主的美德，这实际上也是对君权绝对主义的限制。对君主权力的限制不完全是纯粹理论方面的要求，它还是当时西欧社会现实的真实反映。一方面，西欧封建社会向往统一的政治秩序，诸侯割据是当时的普遍现象；另一方面，中世纪西欧还有教皇与国王之间的斗争。

在 1000 多年的中世纪，主要政治法律思想是打着神权政治的烙印、为统治秩序服务的意识形态。宗教学家力主法治，强调国王遵守法律的重要性。他们认为法律是神意的表达，所有尘世权威都应该服从法律，这种主张具有广泛的影响。正是在这个意义上，人们说中世纪西欧，宗教学家发展了利用法律限制统治者权力的学说。这主要是教会与国家或者说教皇与国王斗争的需要，而这种斗争构成中世纪政治问题的核心。在这场斗争中，一方面，宗教学家强调基督徒有“顺从在上有权柄的”义务；另一方面，他们还站在教

---

[1] 布雷恩·Z. 塔玛纳哈 . 法治论［M］. 武汉：武汉大学出版社，2010：29-31.

会的立场上主张限制世俗国王的权力。为此，他们除了强调神的旨意，还突出强调法律限制权力的作用。阿奎那承认，在逻辑上讲，让主权者受实在法约束是不可能的事："主权者被认为免于法律约束；因为，恰当地讲，任何人都不受他自己的强制，法律若是没有主权者的权威就没有强制力。因此，主权者被说成免于法律的约束，因为若是他违反法律，没有人能够给他判刑。"❶阿奎那接着主张主权者仍然能够依自己的意志让自己服从法律，而且他应该这样做，因为"一个人无论为他人制定何种法律，他自己应该遵守它"。他声称：虽然主权者免受法律的强制力，但依上帝的判断，他受法律的限制，受神法和自然法约束，它们的制裁由上帝施与。他甚至主张："一旦统治者因背叛教义而被开除教籍，他的臣民依据这一事实便可不受他的统治，并解除约束他们的效忠宣誓。"❷

在中世纪，从"丕平献土"到"查理曼加冕"再到"授职权之争"，所反映的都是教皇和国王之间的斗争与平衡。"尽管君主们对教皇的权威主张抱有正当的谨慎，但宣誓成为加冕典礼不可或缺的组成部分，因而强化了一种理解：君主服从于一个更高的权威，在法律限制范围内行事。在这些仪式上，君主公开使自己致力于支持教会法和世俗法（习惯法和制定法）。"❸君主们的宣誓和誓词再三确认他们受法律约束，不管是习惯法、实在法、自然法还是神法，不只是接受而且还认可以下命题：对法律的忠诚是评价君主行为的恰当标准。这一惯常程序有助于使一种自我施加的义务变成确定的普遍期待。披在法律与社会上的整套宗教外衣以另外一种方式为法治奠定了基础。神权政治的时代，国王受制于上帝和法律，法治在宗教意识形态的支持下实现了限制王权的目的。

关于中世纪法治起源的任何讨论如果不提到《大宪章》都不是完整的，它在西方法治的发展中影响至深。签署于1215年的《大宪章》象征着法治的第三种中世纪根源——它是贵族利用法律限制国王权力的尝试，是那些为了

❶ 布雷恩·Z.塔玛纳哈.法治论［M］.武汉：武汉大学出版社，2010：29–31.
❷ 托马斯·阿奎那.阿奎那政治著作选［M］.马清槐，译.北京：商务印书馆，1963：50.
❸ 布雷恩·Z.塔玛纳哈.法治论［M］.武汉：武汉大学出版社，2010：28.

保护自己免受国王的繁重税赋起而反叛的贵族们强迫国王约翰作出妥协的产物。《大宪章》的重要意义就在于它象征着法律保护公民不受国王侵犯。第39条是一项历史性的规定："凡自由人除经其同等者依法判决或遵照王国法律的规定外，不得被处以扣留、监禁、没收其财产、褫夺其法律保护权，或被处以放逐、伤害、搜查或逮捕。"这一语言证实贵族们不服从于国王以及因对国王俯首听命而臭名昭著的法官，确证判决必须以普通法律而不是以国王的意愿为基础。

数十年以后，受《大宪章》的影响，布雷克顿留下了关于法治的著名论断："他被称为王不是由于他当政而是由于他善治，因为只要他善治他就是国王，当他用残暴的控制手段压迫委托给他关照的人民时，他就是暴君。因此，让他用法律缓和他的权力，法律给权力套上缰绳；这样，他可以依据法律而生活，因为人类的法律规定他自己的法律拘束立法者，在其他地方还有一个堪称伟大统治者品质的说法，即国王承认自己受法律约束。没有比主权者遵守法律更恰当的做法，也没有人比依法进行统治的主权者更加伟大，他应该恰当地向法律交换法律赋予他的东西，因为法律使他为王。"❶除了使国王臣服于法律，《大宪章》还被认为促进了正当法律过程的观念的形成，"至少，在司法语境下必须给予最低程度的法律程序——保证公平审理特别是在中立的判决制作者面前受审的机会之程序"❷。最后，《大宪章》也被当成以法律术语对政府与人民之间基本关系的型构之渊源。应该强调，《大宪章》对法治传统的实际影响很多是在中世纪以后产生的。但是，它的确在这段时间代表法治。"君主在社会要求对《大宪章》的反复确认重申了一个理念，国王像他的臣民一样处于法律之下。"❸

中世纪教会和世俗权力之间的斗争与抗衡是这一时期政治发展的表现形式，习惯上所指称的黑暗中世纪其实也并非一个完全的黑暗时代，期间所确立的法律至上原则就是人类法治文明之光，当然，这一法治原则的形成是多

❶ 布雷恩·Z. 塔玛纳哈．法治论［M］. 武汉：武汉大学出版社，2010：33–34.
❷ 布雷恩·Z. 塔玛纳哈．法治论［M］. 武汉：武汉大学出版社，2010：34.
❸ 布雷恩·Z. 塔玛纳哈．法治论［M］. 武汉：武汉大学出版社，2010：35.

种因素共同作用的结果。西欧近代三大思想解放运动肯定了人的价值和尊严，焕发了理性与科学之光。但是，当自然法和宗教外衣褪去之后，实在法作为立法意志的产物，可以如愿地加以型塑。因为，“法律越是被认为是纯粹实在的、立法者的命令，那么，越是难以对立法者的行为施加限制，在君主政体下越是难以避免暴政”。“法治如何能够与主权的立法权威相协调？”[1] 这是一个从中世纪遗留下来的关于法治与政治发展关系问题的历史性考问：当政府是终极的法律渊源时，它如何（或的确如何）能够受到法律约束？这一问题的持久性和重要性时至今日仍然需要我们正视。

第二节　近现代西方法治与政治发展

近现代西方法治与政治发展的历史始于资产阶级革命，在反封建这一共同的历史背景下，西方各国因传统和机遇的差异而走上了同向而行，但方式各异的道路。英国、法国、德国以及美国法治与政治发展的实践具有一定的代表性。总体来看，近现代西方法治与政治发展的历史既体现出前进上升的基本趋势，也表现出因各自历史和具体国情差异而带来的鲜明特色。

一、近代以来的西方政治发展

以西欧为主体的西方近现代历史是在反封建的总体背景下，英国、法国、德国以及美国等国各自走向自己的政治发展道路的历史。其中，英国在中世纪实行的是二元体制的分权君主制。自 11 世纪开始英国出现了强有力的君主统治，但从盎格鲁·撒克逊时代起，相对于君权始终存在另一个权力中心，早期是大贵族会议，后来是议会，其对英国君权起着制约作用。这形成了英国议会体制的雏形和基础。这一时期的英国政治体制有两个特点：一是法律至上（惯例至上）；二是中央会议的权威高于君主个人权威。英国政治

[1] 布雷恩·Z. 塔玛纳哈 . 法治论［M］. 武汉：武汉大学出版社，2010：35-36.

制度发展的最大特点就是它的渐进性。近代以来英国政治制度经过几百年的演变，资产阶级议会制逐渐成熟和完善，最终演变为以责任内阁、议会立法、文官制度为特征的虚君政治。法国中世纪君主制度的演变大致经历了三个阶段：封建君主制、等级君主制和专制君主制，1000 多年中，法国王权从弱小发展到至高无上，也使法国成为当时欧洲文明的中心。1789 年，资产阶级革命摧枯拉朽般地摧毁了法国的封建制度，在资产阶级民主政治的理想光照法国时，法国政治却陷入长期动荡。从最早宣布普选制到集权主义政治的雅各宾专政、两个波拿巴帝国，期间还有波旁王朝复辟和第二共和国，直至第三共和国。从法国大革命起到法兰西第三共和国国民议会以微弱优势通过 1875 年宪法，法国经历了 86 年的风云变幻，才以法律的形式肯定共和制，确立了资产阶级的议会共和体制。德国中世纪表现为根深蒂固的诸侯封建割据，政治分裂是其封建社会最显著的历史特色。这个所谓的“德意志民族的神圣罗马帝国”曾经由众多的独立邦国和领地组成，软弱的皇权与诸侯割据是其主要制度特征。直到 1871 年俾斯麦统一德国后，建立德国式的君主立宪，但德意志帝国仍然实行联邦制。1919 年，魏玛宪法的诞生完成了德国由皇帝专权的君主立宪制到议会民主制的转变。

美国是一个近代国家，只有 200 多年的历史。美国的政治制度是一种比较典型的资产阶级民主共和体制（总统制）。美国人在建国时受到了欧洲启蒙运动的影响，吸收了启蒙运动中产生的资产阶级政治学说的成果，是外部先进思想和美国人的民主传统政治实践相结合的产物。然而，独立战争期间，在第二届大陆会议上通过的《邦联和永久联合条例》虽然将 13 个州按自愿原则建成了一个盟约国家，但是邦联体制的种种缺陷很快就暴露无遗，“它就像‘四肢指挥头脑的怪物’，趴在人们面前。华盛顿将它比喻为‘沙子扭成的绳子’”[1]。真正扭转这一局面的是 1787 年 5 月至 9 月的费城制宪会议。这次会议制定了世界近代史上第一部成文宪法——《美利坚合众国宪法》，并于 1789 年 3 月 4 日正式生效，美国新的联邦政府成立，华盛顿当选第一任总统。

[1] 董建萍 . 西方政治制度史简编 [M]. 北京：东方出版社，1995：125.

美国从此从一个松散的邦联变成统一的联邦制国家，这使人们更真切地感受到宪法的力量。美国宪法以修正案的方式存在和发展在迄今的200多年中持续发挥作用，由此而奠基的美国政治体制和法治模式也成了近现代以来民主政治的一种模板，时至今日仍然在国际上发挥着影响。“二战”后的日本就是以战败国的身份接受美国式的民主改选，而成为议会制的君主立宪国家的。美国的法治经验使法治在近现代政治发展中的作用进一步凸显。

概览西方各国的近现代政治发展，虽然各国之间具体路径和模式不同，但曾经共同的政治、经济和文化传统也造就了西方政治发展的一个共同的特征，那就是法治在各国的政治发展中越来越受到重视，发挥了越来越重要的作用。也正因如此，将西方法治作为一个整体进行考察，似乎也应该是可行的。法治在近现代西方的发展依赖于资产阶级革命的发生，而资产阶级革命又是以下述的几个条件为基础的：一是资产阶级的兴起。西欧封建社会后期，资产阶级在国王与教皇、国王与贵族斗争的夹缝中逐渐兴起。势单力薄的王权在反教权的斗争中需要与资产阶级的前身市民阶级建立联盟，而在王权向贵族收取财政捐助遇到贵族抵制时也需要争取被贵族长期压制的商人即资产阶级的支持。商人这些一贯被教会和贵族排挤的资产阶级的前身因此获得了王权的些许关照，有时甚至借用王权扩大自己的政治影响。[1]为商人的经济活动提供便利导致了一种全新的社会和一系列法律制度的产生，远离生而固定不变的封建社会秩序身份，转向个人奋斗与财富积累、市场导向与契约的强制执行。获得法治支持的资产阶级在其羽翼丰满之后便最终敲响了封建社会的丧钟。二是西欧近代三大思想解放运动的推动。文艺复兴、宗教改革、启蒙运动为资本主义制度的建立准备了思想条件。始于14世纪的文艺复兴以文学艺术的通俗形式大规模地宣传人性，抑制神性，主张个性自由、解放和人际平等，是新兴市民阶级反封建、反神学的思想文化运动，也在政治法律思想领域产生了马基雅弗利这样的重要代表性人物，他论证了法治对于国家生存的重要性，认为完善的法律是产生公民爱国美德的源泉。马丁·路德和加

[1] 布雷恩·Z. 塔玛纳哈. 法治论［M］. 武汉：武汉大学出版社，2010：36-40.

尔文推动了影响欧洲千年的教会宗教改革的浪潮，在广大教徒根深蒂固的精神和信仰领域掀起了洪波巨澜。启蒙运动是发生在17、18世纪欧洲的一场反封建、反教会的思想文化解放运动，孟德斯鸠、伏尔泰、卢梭和以“百科全书派”为代表的法国启蒙思想各种形式在哲学、政论、法学、历史、经济等广泛领域批判专制的黑暗，宣扬自由、平等和人权，为资产阶级革命提供了锐利的思想武器。三是自由主义的发展。在17世纪晚期和18世纪形成的自由主义有着相互竞争的若干版本，如罗尔斯的社会福利自由主义、诺齐克的“旅途自由主义”、哈耶克的保守自由主义、以赛亚·伯林的多元自由主义、艾米·古特曼的平等自由主义，等等。以政治理论和政府体制为主要关注点的自由主义“尽管如此的多样性与复杂性，但每一种版本的自由主义都为法治保留了重要的位置”[1]。这是因为自由主义强调个人自由，而个人自由从来都是以法治为保障的。

二、近代以来的西方法治演进及其特点

中世纪的黑暗无法遮蔽法治之光，相反“由于法治的概念既得到盛行的宗教意识形态的支持；又得到统治者流行的政治经济缺陷以及多元的权威和管辖权的支持；最后还得到在12、13世纪逐渐盛行于整个欧洲的高水平的法律意识和法律复杂性的支持”[2]，这使得中世纪提出的“法律至上”观念被当时越来越多的人所接受，从而对西方法治的演进产生极为深刻的影响。到17世纪，西欧的资产阶级已经在王权与教权、国王与贵族的斗争中得到了发展，并逐步开始从被压抑的状态下试图运用法治的方式维护自身的权利，直到他们发现必须以革命的方式推翻封建制度。同时，面对欧洲范围内掀起了规模宏大、轰轰烈烈的思想启蒙运动，先进的思想家们开始理性地看待社会历史，试图把当时还不够完善和系统的法治观念全面地推向近代法治主义。另外，尽管对自由主义与法治的关系存在不同的声音，如霍

---

❶ 布雷恩·Z.塔玛纳哈.法治论［M］.武汉：武汉大学出版社，2010：41.

❷ 哈罗德·J.伯尔曼.法律与革命——西方法律传统的形成［M］.北京：中国大百科全书出版社，1993：263.

布斯认为自由存在于法律沉默之时，然而事实上出于自由与法治之间彼此的需要，近代自由主义的发展还是为法治走向现代创造了条件。

近代法治肇始于以英国为首的资产阶级革命。启蒙思想家在资产阶级革命时期创立的近代法治理论，首先是针对封建专制统治提出来的。由于英国是最早开始资产阶级“光荣革命”的国家，可以说，近代西方法治的思想与实践均源于英国。17 世纪的英国，资本主义商品经济高度发展业已成为全社会的细胞，并在产业革命的推动下，开始形成近代经济体制。契约自由、平等竞争和人身安全已成为人们的价值准则。这种价值观念反映在治国思想上必然是法治主义。这在革命开始之前，必然表现为启蒙思想家们法治思想的全面孕育；而革命进行时期，必然表现为人们要求建立“法治国”的具体实践；而在革命以后，则必然表现为“依法行政”的法治主义的高扬。应该说，英国法治思想的奠基人哈林顿和洛克最早顺应时代潮流，提出和论证了法律一方面要保护和扩大个人的自由与权利，另一方面又要防止个人独裁、专制和限制政府权力这一法治原则。如哈林顿在其代表作《大洋国》中围绕着“怎样才能使一个共和国成为一个法律的王国，而不是人的王国”进行了详细的论述。他说：“每一个政府的基础或中心就是它的基本法律。”[1] 只有在法治的共和国中才存在法律统治下的自由。

洛克认为为了确保人们的天赋权利——自由、生命和财产权，在社会契约基础上建立的国家，在法律制度的运作上应该实行法治原则。他把自由与权力的有机结合作为法治的表征和目标，指出政治权力首先必须通过既定的、公开的、有效的法律行使。洛克在他的代表作《政府论》中，对法治原则的内容做了以下的概括：首先，人们参加政治社会的目的是为了生命、自由和财产权更有保障，为了实现这个目的，防止权力的滥用，国家权力应该分立，他把国家的政治权力分为立法权、执行权和联盟权，而着重强调立法权和执行权的分立。在洛克看来，如果立法权和执行权同时属于一个机关或一些人，就必然给这个机关或这些人造成方便的条件，使他们有可能攫取权力，“借以

[1] 詹姆士·哈林顿.大洋国［M］.北京：商务印书馆，1963：104.

使他们自己免于服从他们所制定的法律，并且在制定和执行法律时，使法律适合于他们自己的私人利益，因而他们就与社会的其余成员有不相同的利益，违反了社会和政府的目的”[1]。洛克把分权和制衡的原则看作实行法治的前提和基础。其次，一个真正的共和国应该是一个法制完备并认真执行法律的国家，否则是不可思议的，“因为，法律不是为了法律自身而被制定的，而是通过法律的执行成为社会的约束，使国家各部分各得其所、各尽其职能；当这完全停止的时候，政府也显然搁浅了……如果法律不能被执行，那就等于没有法律；而一个没有法律的政府，我以为是一种政治上的不可思议的事情，非人类的能力所能想象，而且是与人类社会格格不入的”[2]。再次，政府的法律具有严肃性，它必须以正式公布的法律来进行统治。洛克指出：“无论国家采取什么形式，统治者应该以正式公布的和被接受的法律，而不是以临时的命令和未定的决议来进行统治。”[3]最后，法律的公允性和对象的普遍性是实行法治的另一重要原则。洛克说：“法律一经制定，任何人也不能凭他自己的权威逃避法律的制裁；也不能以地位优越为借口，放任自己或下属胡作非为，而要求免受法律的制裁。”[4]与此同时，洛克把法律面前人人平等的原则看作实行法治的重要内容之一。洛克曾强调指出，立法机关“应该以正式公布的既定的法律来进行统治，这些法律不论贫富、不论权贵和庄稼人都一视同仁，并不因特殊情况而有出入”[5]。

无论是孟德斯鸠还是卢梭以及其他法国启蒙思想家，无不受到洛克政治法律思想的影响。在法治理论方面，孟德斯鸠和洛克一样认为，任何社会权利必须受到约束，强调法律在政治社会中的权威性。孟德斯鸠认为，自由权是公民的根本权利，要想保障公民的自由权就离不开良好的政体立法，即必须实行三权分立原则，对公民自由和安全权利最严重的破坏来自权力的滥用，

---

[1] 洛克 . 政府论（下册）[M]. 北京：商务印书馆，1982：89.
[2] 洛克 . 政府论（下册）[M]. 北京：商务印书馆，1982：138.
[3] 洛克 . 政府论（下册）[M]. 北京：商务印书馆，1982：85-86.
[4] 洛克 . 政府论（下册）[M]. 北京：商务印书馆，1982：59.
[5] 洛克 . 政府论（下册）[M]. 北京：商务印书馆，1982：88.

只有在权力不被滥用的地方，公民才有安全的自由。“但是一切有权力的人都容易滥用权力，这是万古不易的一条经验。有权力的人们使用权力一直到遇有界限的地方才休止。”❶因此，他特别强调，“要防止滥用权力，就必须以权力约束权力”❷。他的结论是，防止滥用权力的根本办法是分权，以权力制约权力，实现各权力的制约和平衡。他把国家权力分成立法、行政和司法三权，认为只有实行三权分立才有自由，任何权力集中都将导致滥用权力，从而消灭自由。孟德斯鸠把三权分立尤其是把司法独立原则看成实现法治的重要前提。从这一前提出发，孟德斯鸠的法治观的主要内容是：①强调法律至上，以法为断。他说，自由就是“做法律所许可的一切事情的权利；如果一个公民能够做法律所禁止的事情，他就不再有自由了，因为其他人也同样会有这个权利”❸。孟德斯鸠强调立法权归于人民享有，由议会行使。他说：“在一个自由的国家里，每个人都被认为具有自由的精神，都应该由自己来统治自己，所以立法权应该由人民集体享有。然而这在大国是不可能的，在小国也有许多不便，因此人民必须通过他们的代表来做一切他们自己所不能做的事情。”❹②既注意完善立法，更强调立法原则的重要性。孟德斯鸠把立法作为科学来研究，强调制定法律应当尽量减少立法者成见和感情的影响。他提出立法的根本原则是适中和宽和，并强调法律应该与本民族的实际相吻合。具体应该是立法与政体的原则相适应；立法应符合民族精神；立法应适合本民族的自然条件和社会条件。

卢梭虽然反对孟德斯鸠的分权理论，但他仍然强调法律的权威性，并认为实行法治原则是共和制度的标志。因此，他说：“凡是实行法治的国家——无论它的行政形式如何——我就称之为共和国；因为唯有在这里才是公共利益在统治着，公共事物才是作数的。”❺卢梭对法律的解释和其他自然法学派

---

❶ 孟德斯鸠．论法的精神（上册）[M]．北京：商务印书馆，1982：154.
❷ 孟德斯鸠．论法的精神（上册）[M]．北京：商务印书馆，1982：154.
❸ 孟德斯鸠．论法的精神（上册）[M]．北京：商务印书馆，1982：154.
❹ 孟德斯鸠．论法的精神（上册）[M]．北京：商务印书馆，1982：154.
❺ 卢梭．社会契约论[M]．北京：商务印书馆，1982：50.

思想家不同，认为法律是意志的创造，而非绝对是理性。他指出，法律是公共意志的运用和体现。卢梭把公意和众意加以区别，认为“众意与公意之间经常总有很大的差别；公意只着眼于公共的利益，而众意则着眼于私人的利益，众意只是个别意志的总和。但是，除掉这些个别意志间正负相抵消的部分而外，则剩下的总和仍然是公意”❶。在卢梭看来，只有体现公意的法律才能保障公民的自由权、平等权和民主及独立权。因此，他首先强调立法权的重要性，把它比作国家的心脏。其次，他认为“人们之有正义与自由应该完全归功于法律。以民权的形式在人与人之间确立自然的平等地位的，就是这个公共意志的有益的结构”❷。最后，他强调法律保护公民的自由和平等权，认为就公民的自由而言，是指唯有服从人们自己所规定的法律才是自由的，至于平等是自由存在的前提条件，因为没有它自由便不能存在。卢梭把实现公民的自由和平等归结为一切立法体系的两大主要目标。卢梭认为，法律具有普遍性，即意志的普遍性和对象的普遍性。他以公意的普遍性对抗执政者个人意志对立法的影响，以对象的普遍性反对主权者通过给予特定人物以特权的做法。卢梭指出：“我说法律的对象永远是普遍性的，我的意志是指法律只考虑臣民的共同体以及抽象的行为，而绝不考虑个别的人以及个别的行为。因此，法律很可以规定有各种特权，但是它却绝不能指名把特权赋予某一个人；法律可以把公民划分为若干等级，甚至于规定取得各等级的权利的种种资格，但是它却不能指名把某某人列入某个等级之中；它可以确立一种王朝政府和一种世袭的继承制，但是它却不能选定一个国王，也不能指定一家王室：总之，一切有关个别对象的职能都丝毫不属于立法权力。”❸卢梭法治原则的重要内容之一是法律面前人人平等，他说“社会公约在公民之间确立了这样的一种平等，以致他们大家全都遵守同样的条件并且全都应该享有同样的权利”❹。此外，卢梭还强调，只有实行法治才能保障人的自由、尊严和价

❶ 卢梭.社会契约论［M］.北京：商务印书馆，1982：39.
❷ 卢梭.论政治经济学［M］.北京：商务印书馆，1964：9.
❸ 卢梭.社会契约论［M］.北京：商务印书馆，1982：50.
❹ 卢梭.社会契约论［M］.北京：商务印书馆，1982：44.

值。譬如，他说：“一个人抛弃了自由便贬低了自己的存在。”❶他还说：“放弃自己的自由，就是放弃自己做人的资格，就是放弃人类的权利，甚至就是放弃自己的义务。”❷这是卢梭人权论的基础。

纵观洛克、孟德斯鸠及卢梭的法治观，我们不难看出，他们的法治理论具有以下的特点：①针对封建社会的人治理论反对封建等级、封建特权和封建专制主义；②他们提倡的自由观、平等观、民主观和独立观鲜明地反映了资产阶级的要求和它的阶级本质；③启蒙思想家把法治作为法律制度运行的原则，为资产阶级夺取政权以后，奠定了资产阶级的民主与法治的理论基础，美国1776年的《独立宣言》和1787年的《联邦宪法》，以及法国1789年的《人权宣言》、1791年宪法、1793年《雅各宾宪法》均把他们提出的法治原则的内容以法律形式确定为治国的根本原则；④他们的立法理论对18世纪末和整个19世纪西方各国的立法活动均产生了深远的影响并促进了西方自由资本主义的生产关系迅猛发展。

总之，启蒙思想家们以理性主义为指导，提出了建立资本主义社会的初步设想和它的社会、经济、政治和法律的基本原则。就法律制度而言，他们推崇法律的权威性，主张在新建立的资产阶级社会实行法治原则，反对封建社会的人治原则，提倡法律面前人人平等，反对封建特权，在他们看来，只有体现公民意志的法律才能有效地保障公民的生命权、自由权、财产权和追求幸福的权利。

三、当代西方资产阶级法治理论的主要流派述要

在经历了两次世界大战之后，当代资本主义国家各自对自身存在的问题进行了相应的检视和反思，资本主义进入了一个制度调整期。这种制度调整最初往往是来自民间的、自发的，在经过实践校验之后，才被国家以法律的形式确认下来，资本主义国家的市场信用体系、社会福利制度，以及全民普

---

❶ 卢梭．论人类不平等的起源和基础［M］．北京：商务印书馆，1962：137.
❷ 卢梭．社会契约论［M］．北京：商务印书馆，1982：16.

选制大都是这样形成的。这种制度调整模式的积极意义在于通过法治化的方式释放底层人民对原有资本主义制度的不满情绪，既在一定程度上缓解了劳资两大阶级之间尖锐的阶级对立，又推动政治制度的发展完善，同时也凸显了法治在社会运行发展过程中的重要作用。资产阶级革命时期的制胜利器——法治，在当代资本主义制度运行和调整中仍然居功至伟。1987 年 9 月 16 日，时任美国总统里根曾经在美国宪法诞生二百周年纪念典礼上有过一次讲话，他盛赞了美国宪法在缔造美国强大的政治体制过程中的重要作用，强调了美国以宪法为核心的法治体系的优越性，同时他又以调侃的语气批评了苏联宪法制度设置，表露出在两大阵营冷战对抗中即将战胜社会主义苏联的自豪。在西方世界看来，苏联解体代表着资本主义制度的一个重大胜利，似乎预示着资本主义又焕发了新的活力，以至于弗朗西斯·福山信心满满地抛出“历史的终结论”来表达对于当代资本主义发展的乐观预期。事实上，这不过是当代资本主义通过制度调整，在经历了重重危机之后涉险过关，进入了一个较为平稳的发展时期。正如厉以宁教授所说：“各国资本主义的制度调整进度也有快有慢，但各国社会基本上都能够接受制度调整的现实，使得资本主义制度依然存在，制度调整的结果也继续存在，并被一些国家的法律固定下来了。”[1] 从总体趋势来看，由于资本主义社会基本矛盾的长期存在，资本主义制度调整将会不可避免地持续下去，相应地法治也将因其在价值多元化背景下体现出的强大社会整合功能而越来越受到重视。

当代资本主义制度的发展演变表明，当前资本主义社会生产力发展程度尚未达到资本主义社会形态所能容纳的极限，因而，尽管其高光时刻的“历史终结论”已经走向终结，但是资本主义制度基本框架内的制度调整仍然还有明显的成效，其制度调整中的一些做法值得思考和借鉴。一是正视资本主义制度现存问题，注重在资本主义范畴内积极加强制度调整。资本主义国家以主动的姿态进行制度调整，积极吸纳来自民间的经过实践检验的制度改革方案，从而在缓解社会矛盾的同时推进了资本主义制度的发展。二是近现代

[1] 厉以宁 . 世界经济危机和资本主义制度调整［J］. 社会科学研究 . 2009（2）：49.

以来西方资本主义国家主导的科技革命推动了现代科学技术的发展，也成功地转移了人们对资本主义社会问题的关注。现代科学技术的发展使人们聚焦于如何获取更强大的改造自然的能力，借助原有的基础，西方资本主义国家在现代科技领域占据了一定先机，资本主义社会劳动生产率得到显著提高，这在一定程度上转移了人们对资本主义社会问题的关注。三是牢固确立法治理念，以法治的方式处理社会问题。西方国家始终强调以资本主义法治方式来处理和协调其社会发展运行中出现的问题。其中，以英美为代表的判例法国家，尤为注重在判例法法治运行模式下挖掘其法治历史资源，宣扬附属于资产阶级的法治文化，以达到夯实社会根基、凸显其法治作用的目的。

英国著名的宪法大师戴雪在其代表作《英宪精义》中，把英国法治思想系统地概括为“法律主治”，并形成一个完整的思想体系，这就是他关于英国法治的三要素论：第一，“英吉利人民受法律治理，惟独受法律治理”。这一要素的实质就是反对政府专断，要求政府只能按法律办理，而不能在没有法律根据的情况下处罚公民。第二，任何英国公民都必须受命于英国普通法，如果违反，均受普通法院管辖，这一要素的实质是法律面前人人平等。第三，对英国人来讲，宪法不是一切法律规范的渊源，而是个人权利与自由的结果。除第三条外，其他两条在西方世界有普遍意义，并在法国和美国得到了发展与完善，而成为自由资本主义时期西方国家的法治模式。

当代西方三大法学流派，即新自然法学派、社会学法学派和实证主义分析法学派，是在西方法学中占主导地位的学派。无论是这三大学派还是其他当代各种法律思潮都不同程度地继承和发展了近代启蒙思想家们关于法治的理论，几乎所有的学派都主张各国在立法、执法和司法过程中要体现法治原则，以确保公民的公允的各种合法权利和义务的实施。以下分别对上述三个法学流派法治思想的核心观点加以简要介绍。

（一）新自然法学派理论

新自然法学派理论的基本特征是在新的历史条件下继承和发展了古典自然法学派的法律理论，强调法律的道德性和正义性。譬如，美国著名法学家富勒曾在1964年出版了《法律的道德性》一书，该书的基本思想是，真正的法律制度必须符合一定的内在道德（程序自然法）和外在的道德（实体自然法）。富勒在批判了过去法律制度中违背道德原则的现象以后，着重探讨了法律或法律制度存在的必不可少的最低条件，他认为，法律的内在道德包含着义务和追求的道德，它既是法律制度的必备的条件，也是人们在创制法律时应尽一切力量追求的目标。这二者具有内在的统一性。富勒把法律的内在道德标准或称为合法性原则，归纳为八点：第一，法律的普遍性就是人类社会有章可循；第二，法律要颁布，即法律的公开性原则；第三，法律的非溯及力原则；第四，法律的明确性，这是合法性的基本要素之一；第五，法律的一致性，以避免法律本身或法律与法律之间有自相矛盾的现象；第六，法律要实施可行性原则，避免法律要求人们做他们不可能做到的事情；第七，法律要具有稳定性，法律不应朝令夕改、变化多端，这是构成法律内在道德的原则之一，是宪法性限制的起码条件；第八，官方行动与已颁布的法律之间的一致性原则。以上八点应看作富勒对立法的基本要求和实行法治的基本原则。

新自然法学的另一个代表，美国的罗尔斯教授在他的代表作《正义论》一书中，在论述了制度正义和个人正义之后，强调法治的重要性。他认为，公民的平等和自由必须受到法治的保护，否则，自由就成为一句空话。在罗尔斯看来，法律制度是具有强制力的公共规则。这些公共规则是为了调整个人的行为和提供社会合作的结构而向有理性的个人提出的。他认为，法治就是指法律得到经常与公正的执行。为了确保法治原则的贯彻执行，罗尔斯提出了四条正义准则：其一，法律的可行性；其二，类似案件类似处理；其三，法无明文规定不为罪；其四，自然正义观，即用以保持司法程序完整性的方针。在此不难看出，罗尔斯把实现正义准则同法治原则紧密地结合在一起，换言之，他就是把实行法治看作实施社会正义的前提条件。这也是其法律思想的重要特征之一。

（二）社会学法学派理论

兴起于19世纪末叶的社会学法学派从法是一种社会现象的客观命题出发，

特别强调法的社会作用和效果，立足社会学视角和方法来研究法律，考察法律与其他社会因素的相互作用，法律的社会目的和效果是其重要的关注点。社会学法学派的出现反映了西方法律基本理论的一种转向，即从19世纪的强调个人利益、自由转向20世纪更加注重社会利益，倡导“法律社会化”。

一般认为法国哲学家孔德是社会学法学派的奠基人，其哲学思想和社会学理论成为社会学法学派代表人物狄骥创立现代社会连带主义法学的理论基础。狄骥认为人们必须通过连带关系而相互合作，否则就无法生存，连带关系是人们为了生存必须遵守的社会法则，是人们行为规则的基础。狄骥给人们在权利方面始终生而平等自由的口号赋予了新的解释，他肯定了所有人均受实在法保护的平等权利的合理性，提出“事实上人不仅生而不平等而且随着文明的发展，将愈加不平等”的论断，认为这种不平等是社会分工和社会连带关系形成的基础。与启蒙时代的自然法理论不同的是，狄骥否认“自然权利”，他强调法律义务的客观性，并以此来驳斥“天赋人权”理论。他说：“我们所应肯定的，不是所有人生而自由且平等享有权利，我们所应肯定的，是人作为集体成员而生存，由此人应当承担维护和发展集体生活而应尽的义务。”[1]在他看来，人从一出生就是社会的人，所以个人的自然权利根本不可能存在，相反，作为社会集体的成员，人却自然地应当承担延续和维护集体发展的义务。

狄骥提出法律相对于经济、道德等社会规范有最高的位阶性，他因此而将其定义为客观法。他认为“客观法先于国家而存在”，“国家的职能在于实现客观法，因而，客观法高于国家及其制定的实在法”，而“事实上，实在法仅仅是客观法的陈述，是用来保证尊重客观法的手段的组织”。狄骥以实证主义的原则来审视法律问题，认为以往的法律充斥着个人主义和主观主义，主张从法律中剔除“主观权利”“权利主体”等他所认为的形而上学观念。他反对法是统治阶级意志的观点，而只强调“客观法”的合理性，最终把现代法律定义为客观的社会规范。

---

[1] 狄骥 . 宪法学教程［M］. 王文利，译 . 沈阳：辽海出版社、春风文艺出版社，1999：6.

狄骥否认国家是阶级对立的产物，在他看来，国家就是社会政治分化的产物，而政治权力是强者强加于他人（或者说弱者）的一种强制力量。他认为“无论在任何地方，如果我们证明某个共同体内存在一种强制的权力，我们就可以说也应该说已经有一个国家了”❶。这种庸俗进化论的观点泛化了国家的概念，混淆了国家的起源、职能和本质，其真实用意正如列宁曾说过的——“它掩盖了社会分裂为不可调和地敌对的阶级这个主要的基本的事实”❷。此外，狄骥因为不能说明国家主权的来源、本质和归属，因而选择用公务观念代替主权观念，即国家主权是一种臆想的权力，国家只有一种事实上的权力——受客观法制约的公共权力，其本质是一种服务性权力，不是国家制定法律，而是国家服从并执行法律。国家的合法性来自其按照“客观法”向社会提供的服务，国家也因此而成为一种服务性的福利机构。

社会学法学的另一个分支是以庞德为代表的美国社会法学。庞德的社会学法学思想因袭了美国法律制度的特点，并在罗斯福新政的影响下体现出了改良主义和自由主义的色彩，其社会学法学思想要义，在下面一段话中有较为集中的体现。“我愿意把法律看成是这样一种社会制度，即在通过政治组织社会安排人们行为而可以满足人们的需要或实现这些要求的情形下，它能以付出最小代价为条件，而是尽可能地满足社会需求——即产生于文明社会中的需求、需要和期望。就目前的目的而言，我很乐意能从法律历史中发现这样的记载，这就是通过社会控制而不断扩大对人类的需求、需要和欲望的承认和满足；对社会利益的保护日益广泛和有效；更彻底、更有效地杜绝浪费，并防止人们在享受生活利益时发生冲突——总而言之，一个日益有效的社会工程。”❸庞德由此阐发了自己的核心观点，即法律由法律秩序、权威性资料以及司法和行政过程三大类要素构成，这三部分共同构成了法律的功能——社会控制工程。首先，庞德认为法律的目的主要不在于最大限度地进行逻辑自洽，以实现法律的自我维护，而是应把人放在首要地位，最大限度地满足人

❶ 梅荣政.国家不是超阶级的权力——评狄骥的超阶级国家观［J］.法国研究，1994（2）：120.
❷ 列宁选集：第3卷［M］.北京：人民出版社，2012：116.
❸ 顾肃.西方政治法律思想史［M］.北京：中国人民大学出版社，2005：457.

的需求。为此，他主张应该更多地关注社会事实，而不是仅停留在各种法律制度的比较研究上，应该侧重考察法律规则的实际社会效果。其次，庞德认为法律不能只关切个人权利而忽视社会正义。应该摆脱自然法的形而上学观念，着力对美国法律进行理论和体制上的改革，如废除选举法官制度、为司法部门增设咨询和研究室等。此外，他还提出“有法司法”“无法司法”，以及自由裁量权的问题，强调维持司法因素与行政因素之间的有效平衡等思想。最后，庞德认为社会控制是法律概念核心要义。据此，他提出法律概念的三种含义：“一是指现在法学家所称的法律秩序，即有系统有秩序地运用政治组织社会的强力来调整社会关系和安排人的行为；二是指一批据以作出司法和行政决定的权威性资料、依据或指示；三是指司法和刑侦过程。”[1]庞德强调以社会控制的观点来理解法律的合理性，就在于可以把以上这三种含义统一起来，从而全面地认识法律概念。总之，庞德社会学法学立足社会本位，强调人的需求，注重动态地研判法的社会效益，对于西方法学理论和法治发展产生了一定的积极作用。

（三）实证主义分析法学派理论

实证主义分析法学派在当代西方有着非常重要的影响力，它与社会学法学一样深受法国哲学家孔德创立的实证主义影响，或者说广义的实证主义法学也包括社会学法学在内，而狭义的实证主义法学，通常指的就是19世纪英国法学家奥斯丁创立的分析法学派，其中凯尔森的纯粹法学和哈特的新分析法学是这一法学思想派别的典型代表。

“纯粹法学理论之所以被称作‘纯粹的’理论，乃是因为它仅仅描述法，试图把严格说来不是法的任何东西从这种描述的对象中排除出去，以免法律科学受到外来因素的影响。”[2]凯尔森的纯粹法学从实证主义出发，致力于排除道德、心理、经济、政治等其他非法律因素的干扰，强调法学研究内容和方

---

[1] 顾肃.西方政治法律思想史［M］.北京：中国人民大学出版社，2005：458.

[2] 张文显.二十世纪西方法哲学思潮研究［M］.北京：法律出版社，1996：88.

法的纯粹性，纯粹法学因此而得名。凯尔森认为作为一门科学纯粹法学的“绝对目的”和任务应该是只研究“实在法”，不应加入意识形态或主观价值判断，作为一门科学的纯粹法学应该与自然法学说和正义理论划清界限。凯尔森主张相对意义上的正义观念，反对正义理论和自然法学说，并作出了自己的论证。他强调自己并不反对法律是正义的要求，但作为一种道德和价值判断，正义存在着截然不同的众多概念内涵，如果人们信奉和追求这种歧义纷呈的正义观念势必会陷入迷茫，因而难免会陷入自然法空洞无物的假设之中。他认为应该把正义理解为“合法性”。他认为就法律的一般规则而言，只要不超出其所适合的一切场合，那它就是正义的。

凯尔森用“法律秩序”以及“是否符合宪法”来确定法律的合法性。这里的“法律秩序”是由许多层次的法律规范组成的规范等级体系。在这个封闭的，自足的秩序体系中，一个规范的效力取决于另一更高的规范，而处于“法律秩序”最高点的则是先验的逻辑假设——“基本规范”，“基本规范”是宪法产生的依据。凯尔森的国家学说，反对国家与法律的二元论，强调法律国家一元论，认为国家是法律秩序的人格化，强调作为法律共同体的国家，不能脱离法律秩序而独立存在，二者实质上是同一的。凯尔森认为，公民与法律秩序之间的关系是区分民主制国家与专制国家的依据。如果公民参与法律秩序的建立，则是民主国家；如果公民只能被动接受和支持法律秩序，而无法参与创造法律秩序，则是专制国家。另外，凯尔森反对传统的三权分立，他以司法只是行政的一部分指出立法、行政和司法的划分的主观随意性与不确切性。凯尔森执着于追求法的纯粹性，致力于排除法律规范以外因素对“实在法”研究的干扰，从而形成了纯粹法学理论的鲜明特征。他否定自然法，提出了相对主义正义论，强调法律规范体系与法律秩序，坚持国家与法律一元论，以及他对现代资产阶级自由民主制度的重视，对少数人权利保护的积极主张，等等，又体现出了纯粹法学理论对于政治发展实践问题的关切，尽管其理论上也有难以自洽之处，但对我们从法治的角度研究分析资本主义制度、批判三权分立仍然提供了有益借鉴。

实证主义分析法学的另一个重要分支是新分析法学派，创始人是英国著名法哲学家哈特。1961 年，《法律的概念》出版标志着该学派的诞生。哈特新分析法学以继承和发展奥斯丁分析法学为基础，将穆尔、维特根斯坦等人的语言分析哲学方法引入法学研究。哈特新分析法学的核心观点体现在以下几个方面：一是强调以主要规则与次要规则相结合的方式来分析法律概念。从批驳奥斯丁法律命令说入手，提出"法律是一种规则，而法律规则的一个特色是它可分为两类虽有联系但却不同的规则：主要规则和次要规则。主要规则设定义务，即要求人们从事或不从事某种行为，而不管他们愿意与否。次要规则授予权力。根据次要规则，人们可以引进新的主要规则，或修改、取消旧的主要规则，或决定主要规则的范围，或控制其实施"❶。哈特着重通过法律规则的分析来建立自己的法律概念，引导人们从主要规则与次要规则相结合的方式来理解和把握法律概念。二是从平衡关于法律规则的内在观点和外在观点的学说出发，来解释法律的本质和作用。哈特认为依照对法律规则的所持观点不同，可以区分出持"内在观点"和持"外在观点"的两部分人，平衡两部分人观点的冲突是法律规则合理性的依据。而事实上，"这两部分人之间的平衡关系将取决于许多不同因素。如果这一制度是公正的，并真正关注所有它所要求服从的人的巨大利益，它就可以取得和保持大部分人长期对它的忠诚，从而也将是稳定的。相反地，这一制度可能是狭隘的，排他性的，为了谋求统治集团利益的制度，它就可能日益成为压制性的、动荡的、具有产生动乱的潜在威胁的"❷。哈特以此来说明内在观点与外在观点的对立是产生法律规则合理性问题的根源，而平衡内在观点与外在观点的关系是法律规则的功能和作用之所在。这个问题实际上已经触及法律的本质问题——法律的阶级性——"即法律是代表一定统治阶级意志和利益的，因此，对立的阶级社会有对这种法律的不同观点"。三是在与富勒的论战中阐明法律与道德的关系。哈特与富勒关于法律与道德关系的长期论战是法治思想发展史上的公案。1961 年哈特出版了《法律的概念》，作为回应，1964 年富勒出版了《法律的

❶ 沈宗灵 . 论哈特的新分析法学 [J]. 法学研究，1981（6）：56-57.

❷ 沈宗灵 . 论哈特的新分析法学 [J]. 法学研究，1981（6）：58.

道德性》，二者在各自的著作中系统地阐述各自的观点，同时也引发了西方法学界围绕两人争论的大范围论战。哈特坚持法律与道德的区别，强调把实在法与正义法或理想法区分开来；富勒的基本观点则是坚持法律与道德密不可分。这一论战的核心议题是自然法学说与法律实证主义的争论，自然法学说认为法律应该符合代表某种正义道德的自然法，法律实证主义认为，自然法的形而上学性决定了其沉迷于法的正义性和理想性，而这些道德性、价值性的因素实际上应该与“实在法”无关。需要指出的是，哈特虽然认为应该把道德与法律区分开来，但与此前实证主义者强调严格区分道德与法律二者毫不相干的观点不同的是，他又认为“任何法律都会受到道德影响”，“法律和道德有联系，但并无‘必然的联系’”，为此，他还重新解释了法律实证主义的概念——“这里我们说的法律实证主义的意思是……法律反映或符合一定道德要求，尽管事实上往往如此，然而不是一个必然的真理”[1]，甚至提出了“最低限度的自然法”的理论。继哈特之后，新分析法学派的一位“新星”约瑟夫·拉兹从法律制度的存在、确认、结构和内容四个方面对法律制度做了整体性研究，并从法律个体化角度对法律制度的结构进行了富有新意的分析。

以上是西方主要法学流派的法治思想，除此之外，一些西方学者也阐述了自己关于法治的看法，其中哈耶克关于法治理论的阐述较为丰富。他的法治理论是他政治法律哲学理论的重要组成部分。在哈耶克看来，传统的法治理论在当今西方社会中表现出许多弊端，如行政权力不断扩张，多数原则为金元政治所收买，个人自由不断受到侵犯，等等。因此，他对西方民主政治进行了猛烈的抨击，并提出了自己的法治观。哈耶克认为，法治不是一条规则，而是一个政治理想。法治是指所有法律必须依从于某些原则，即关于法应是什么的原则。从专制政府或人治与法治对立的角度来看，法治是指政府在一切行动中都受到事前规定并宣布的规则的约束，以使人们能准确预测政府在某一情况下使用强制权力，并据此来安排个人事务。在哈耶克法治概念里包括以下因素：第一，法律是保护自由的。在法治社会里，法律是人们行

[1] 沈宗灵．论哈特的新分析法学［J］．法学研究，1981（6）：58.

为的准则，但法律应该遵循一定的原则，而不是任意制定的，真正的法律应该是保护个人私人领域不受政府权力侵犯的规则，它是人类长期经验的总结，可以最大限度地保护自由。第二，法律面前人人平等的原则。在法治社会里，个人与组织都要受到一般抽象行为规则（即法律）的制约。第三，政府的权力应严格限制在合法的范围之内，不能侵犯个人自由的领域。从这一概念中可以看出，哈耶克继承了西方法律传统中的法律至上主义，维护法律的权威性。但需要指出的是，哈耶克强调法律至上是以其进化论为哲学基础的，来阐明法律的本质，这是他与其他思想家的区别所在。哈耶克对法治原则进行了详细的阐述，其主要内容是：第一，法的普遍性与抽象性。普遍与抽象的规则是实质意义上的法律，它们不涉及特定的人。第二，法的确定性原则。真正的法律必须是明确的，以及人所共知的和确定的。第三，法的普遍有效性和平等原则。所有法规应平等地适用于所有的人，其中包括立法者和执法者。第四，权力分立原则。这是法治的重要内容。要求制定新的普遍规则与将适用于特殊情况的职能分别由若干机关行使。行政机关的强制行为必须受到规则的约束。第五，限制行政裁量权。法治原则意味着行政机关在公民的私人领域中不享有自由裁量权，为此，必须以规则和制度手段严格限制政府行政行为。第六，基本权利和公民自由。个人自由包括所有不被普遍规则明确禁止的行为。公共意见是反对压制自由的唯一保障。第七，程序保障。人身保护令、陪审团审判等程序保障措施是自由的主要基础，司法程序规则和原则的存在前提是，个人之间及个人与国家之间的每一个争执都可以适用普遍性法律来解决。

第四章　中国法治与政治发展关系的实践考察

中国有着源远流长的社会历史发展过程，其间法治与政治发展的实践历程以新中国成立为标志可分为两个发展阶段，一是新中国成立以前奴隶制时期和封建制时期法治与政治发展的实践，二是新中国成立以后法治与政治发展的实践过程。中国古代的法治首先是作为一种学说或思想流传于世的，在其获得君主认可后则迅速与政治相结合，表现出对政治发展强劲的推动作用。这种法治与政治发展的实践在外在表现上往往是以变法的形式出现的，如商鞅变法、王安石变法，以至于清末的戊戌变法等。然而从时间上来考量，中国古代法治与政治发展的实践缺乏持续性，这个特点是与法治理论是否获得统治阶级所认可的正统思想地位呈正相关的。新中国成立以后法治与政治发展的实践是一个法治价值被重新发现并在政治发展中越来越发挥重要作用的过程。其间宪法及其实践历程基本反映了新中国法治与政治发展的现实状态，本书也因此将其确定为逻辑主线。中国共产党的领导、人民当家作主的目标、社会主义的方向既是新时期中国法治与政治发展相互推进、共同发展的动力，又是二者之间协调运行的宝贵经验。

第一节　中国法治与政治发展关系的历史考察

中国传统法治与政治发展的关系是我们探讨新中国法治与政治发展问题无法逾越的历史阶段。古代中国的法治与政治发展实践从奴隶社会的“刑起于兵”到“礼法并用”，再到封建专制之下的“一家之法”，直至“天下之法”的思想启蒙和救亡图存的法治主义，时断时续的法制历史发展体现了古老中国鲜明的特色，也蕴含了法治与政治发展演进的一些基本规律，其中有新中国法治与政治发展的历史基因，也有必须引以为鉴的历史教训。

一、法家的法治理论与封建专制的兴衰

法家是中国历史上研究法及其与国家治理关系的学派，提出了建法立制、富国强兵、以法治国的思想，是提倡以法制为核心思想的重要学派。其思想源头可上溯于春秋时的管仲、子产。战国时李悝、商鞅、慎到、申不害等人予以大力发展，遂成为一个学派。战国末韩非对他们的学说加以总结、综合，集法家之大成。法家把法律视为一种有利于社会统治的强制性工具，是先秦诸子中对法律最为重视的一派。他们提出了至今仍然影响深远的以法治国的主张和观念，形成了比较系列的法治理论和方法，为后来建立的中央集权的秦朝提供了有效的理论依据。后来的汉朝继承了秦朝的集权体制以及法律体制，形成了我国古代封建社会的法治与政治治理的基本模式。

法家的基本主张是“缘法而治”“定分止争”“不别亲疏，不殊贵贱，一断于法”“君臣上下贵贱皆从法”“法不阿贵，绳不挠曲”“刑过不避大臣，赏善不遗匹夫”。这些深刻的思想主张对于当时的中央集权调控社会秩序，稳定封建统治发挥了积极作用。其中，管仲的法治思想非常深刻，堪称法治思想的源头。[1]管仲认为法为一切政治制度的总和，具有“兴功惧暴”“决疑而明是非”“定分止争”的作用，是规范人的行为、保障社会秩序的准则。他强调治国必须建立稳定的制度，不能任由君主私意裁断。在其看来法治就是建立稳定的制度，君主按照制度施行赏罚。建立法治，一是要重视立法，二是要注重法的实施。从立法看，管仲认为虽然君主制定法律，但君主立法不听从一己之私心，而必须以“人性天则”为依据。关于如何准备实行法治，管仲强调三点：“事先之准备”“施行之态度”“推动之力量”。但是究其实质，萧

[1] 萧公权．中国政治思想史［M］．北京：新星出版社，2010：132-133.

公权先生认为，“先秦‘法治’思想以君为主体而以法为工具”，“故严格言之，管子之‘以法治国’，乃‘人治’思想之一种”[1]。确如其言，法家的“法治”不是现代意义上的法治。法家的“法治”本质是人治和专制，皇帝言出法随，言出法废，皇帝就是法，就是王法。法家的“法治”是以君主专制独裁为主的中央集权，法律的权柄完全操控在君主手中，是君主实行专制统治的工具与手段；法家的“法治”是以惩罚为核心，其目的是维护皇权和统治人民。

法家的“法治”虽然也强调以法来管束削弱贵族势力，但根本目的在于将权力集中在君王手中，法律保障君主的专制权力。商鞅说过：“夫利天下之民者，莫大于治，而治莫康于立君，立君之道莫广于胜法。”[2]意即天下大治是给予民众最大的好处，要达到天下大治，确立君主的权威最为重要，而确立君主的权威最有效的办法，就是发挥法律的作用，严刑去奸。《管子·重令》也说过类似的话：“令重则君尊，君尊则国安；令轻则君卑，君卑则国危。故安国在乎尊君，尊君在乎行令。”认为重视法律、巩固君主权威和国家安定三者的关系密不可分。韩非更进一步指出君主要依靠法律“独制四海之内”，特别是以法律来控制臣下，君主专制而臣下不得专制。法律之上的仍是君主、皇帝的权力，所谓“出口即法，下笔乃律”，君王可以超越法律之上，凌驾于法律之外，这样的法实质是权大于法的王法，是实行专制统治的工具，而非人民权利的保障。由此一来，法家的“法治”主要是封建帝王以法（刑）治民、防民的统治术，实质是封建专制的“一家之法”。

“一家之法”的政治实践突出体现在商鞅变法以强秦的政治实践中。作为法家的重要代表人物商鞅被秦孝公任用，主持变法，以封建制度取代奴隶制度，强力推行经济改革和政治改革，建立中央集权的封建专制制度。商鞅在这场深刻的社会变革中提出了“不法古，不修今”“礼法以时而定，制令各顺其宜”，主张“以法相治”“垂法而治”“缘法而治”，将法作为治理国家的客观准则，以法来“定名分”；强调法是治国的关键，“法任而国治”；强调严格

[1] 萧公权．中国政治思想史［M］．北京：新星出版社，2010：137.

[2] 萧公权．中国政治思想史［M］．北京：新星出版社，2010：159.

执法，“所谓壹刑者，刑无等级，自卿相、将军以至大夫、庶人，有不从王令、犯国禁、乱上制者，罪死不赦”。[1]他认为治国最好的办法就是行法治。“法令者，民之命也，为治之本也”（《定分》），“夫利天下之民者，莫大于治，而治莫康于立君，立君之道莫广于胜法”（《开塞》），对老百姓最有利的法理方法，就是通过立君行法来治理国家。“法者，国之权衡也”（《修权》），法是国家衡量是非的标准。法治的基本表现就是国家按法律处理一切事务，有了严格的以法治理的规则，就从人治变为法治，也就是“治不听君，民不从官”（《说民》），官吏依法办事，不必听命于君主，老百姓遵法办事，不必听从于官吏意志。“明君错法而民无邪，举事而材自练，赏行而兵强。此三者，治之本也。”（《错法》）推行法治，民众就没有犯罪的邪恶行为；发动战争，就会造就干练的人才；实行赏罚，军队就会强大。这三个方面是君主治理国家的根本。“故明主慎法制。言不中法者，不听也；行不中法者，不高也；事不中法者，不为也。言中法，则辩之；行中法，则高之；事中法，则为之”，“明主之治天下也，缘法而治”（《君臣》），明主“不可以须臾忘于法”，“法任而国治矣”（《慎法》）。明君如能以法治国，必将“天下大治”（《定分》），否则，就是“国失法则危”（《佚文》）。商鞅的法治思想旨在用法律推动、督促秦人去开创富国强兵的基业，为了实现这个目标，商鞅“明法重刑，奖励告奸”，“禁奸止过，莫若重刑”，反对赦宥，推行连坐，其法治改革在深度、广度尤其是力度上都具有开创性，这似乎一定意义上形成了秦国法律严苛的传统，但就其效果看，确实为秦国的政治发展奠定了强有力的法治基础。

商鞅变法使秦国国力日益强大。秦王嬴政在灭六国，完成统一大业的过程中认识到了法家思想的强大功用，于是，他由重视法走向迷信法，表现出无限扩大法的作用的倾向，从而把法家崇尚严刑峻法、重刑主义的主张推向了极致。残酷的镇压、剥削和专制，激起了民众的强烈反抗，强大的秦朝仅14年就灭亡了。这一深刻的教训成为历代封建王朝都不再把法家思想作为主

---

[1] 萧公权．中国政治思想史［M］．北京：新星出版社，2010：159-160.

流思想的一个重要原因。于是自秦灭亡以来，法家思想被搁置，很难见到集中、系统的法治思想，这使得中国古代法治思想的发展长期陷入停滞。

二、明清启蒙思想家的法治理想及其对封建专制的批判

自汉代起儒学思想取得正统学派地位后，法家的法治理论受秦暴政的影响，在两千年的历史中遭到冷落。时至明末清初，思想界出现了新的气象，在传统民本思想基础上产生了具有中国近代启蒙意义的法治思想。以黄宗羲为代表的启蒙思想家对法家的法治虽然仍持批判态度，但对“法”也寄予了厚望，他们的理想就是要变“一家之法”为“天下之法”。然而，主张“天下之法”的这些启蒙思想家大多是游离于政治之外的知识分子，所以“天下之法”实际上只能是他们的以法济世的理想，并没有真正付诸政治实践。

启蒙思想家“天下之法”的法治理论大致有以下内容。

第一，变“一家之法”为“天下之法”。民本是黄宗羲的基本政治立场。黄宗羲从君主的起源上论证了君与民的关系应是“以天下为主，君为客”，即民为天下之主，君为民而设。在其看来，君主的产生是源于公共的利益的需要。面对天下之人，君主不仅没有任何的特殊权力可言，相反，君主的职责就是服务于天下之人。黄宗羲认为，古时（三代以上）的君主才是真正的为民而设的君主，他们比民众辛苦千百倍。人之情“好逸恶劳”，君主却不得不率先抑制自己的本性，勤政为民。故而君主虽受民拥戴，但无人自愿为之。黄宗羲认为由于君与民的关系是“天下为主，君为客”的关系，所以，上古之时看不到后世那种为争君位而骨肉相残、天下逐鹿之事。为人羡慕不已的禅让制实际上正是“天下为主，君为客”关系的体现。自秦之后，这种正常的君民关系被倒置，天下人的天下一变而为君主的天下，成为“一家一姓”的天下。君主将天下之利尽占为己有，而将天下之害推之于人。因此，君主享有莫大的权力与莫大的利益。在权力与利益的诱使下，君主之位无时无刻不被人摆簸。“屠毒天下之肝脑，离散天下之子女”的战争因此而绵延不绝。世人所推崇的“英雄”及神圣不可侵犯的君主不过是一些将天下置于水火之中的民贼。

“天下者，非一姓之私”是启蒙思想家最基本的政治主张。黄宗羲进一步分析了天下人的天下落入君主手中的原因，提出了“一家之法”的概念。黄宗羲认为“三代以下”的法，尽为一家之法。一家之法的核心是将帝王一家一姓的利益置于天下人的利益之上，使视天下人为草芥的君主专制制度合法化。一家之法将天下之利归于君，以君主之大私为天下之大公，本为天下之主的天下之人在一家之法的束缚下成为君主的“奴隶”。一家之法以君主的是非为是非，随君主喜怒的变化而变化。一家之法实际上是天下人的桎梏。这种剥夺天下人利益的法，在黄宗羲眼中是“非法之法”。

黄宗羲对君主制和维护君主制的法律进行了尖锐的批判：首先，君主制是造成天下苦乐不均的根源。君主制下，日夜劳作的百姓饥不得食，寒不得衣，劳不得息。终日无所事事的达官贵人却享尽荣华富贵，为所欲为。一家之法使苦乐不均合法化，故为“非法之法”。其次，君主专制是造成天下战乱不息的根源。因为一家之法将天下人的天下藏于君主的“筐篋”之中，其利所在，天下人所共知。为了争夺“筐篋”，战争不可遏止。君主为保君位，更是不惜将天下人置于战争的苦难之中。一家之法是天下生灵涂炭的原因，故为“非法之法”。最后，一家之法将皇帝变成了孤家寡人，皇位无时无刻不被人摆簸，宫廷政变、宦官专权、骨肉相争无法避免。皇室宗族“远者数世，近者及身，其血肉崩溃在其子孙矣”[1]。一家之法最终连帝王的家族与帝王自身都无法保全，故为“非法之法”。鉴于此，黄宗羲认为，要端正君民的关系，首要之务是要铲除“非法之法”，建立起体现天下人利益的“天下之法”。

第二，变“有治人，无治法”的人治为“有治法而后有治人”的法治。黄宗羲反对儒家人治论者认为的“有治人，无治法”，对“贤人治国”也持怀疑态度。对根深蒂固的人治观念，黄宗羲明确地说“论者谓有治人无治法，吾以谓有治法而后有治人”。黄宗羲认为以往的法是一家之法，在一家之法的桎梏下，人才难以出现。即使有能治之人，也“终不胜其牵挽嫌疑之顾盼。

[1] 萧公权．中国政治思想史［M］．北京：新星出版社，2010：394.

有所设施，亦就其分之所得，安于苟简，而不能有度外之功名”[1]。所以只要不废除一家之法，就不会有“治人”出现。在一家之法流行之时，坏法者固然足以害天下，而立法创制者未尝不害天下。黄宗羲认为人才的标准首先是能为天下人服务，这在一家之法的统治下是无法做到的。因而只有天下之法盛行之时，才能出现真正的为天下人谋利的人才。有了天下之法，才有了人才的用武之地。不仅如此，即使一时没有人才，天下之人也可以在天下之法的保护下免受涂炭。因此，天下之法不仅有利于人才发挥才能，还能助中庸之主治理好国家，并遏制恶人为奸。由此可以看出，“有治法而后有治人”的法治思想与历史上法家的法治论有着根本的区别。将法置于人之上，不仅阐述了法律的重要作用，而且否定了帝王凌驾于法律之上的权力，君与民由此而被共同纳入“法治”的范畴。法律面前人人平等的观念在此已经萌芽。

第三，限制君权，加强宰相、大臣与地方的权力。在启蒙思想家的法治蓝图中，君民关系的平等打破了传统政治的格局，因而君臣、中央与地方的关系都不可避免地发生了变化。在启蒙思想家看来，臣与君“名异而实同”。君为民而设，臣亦为民而设。臣“出而仕也，为天下非为君也；为万民非为一姓也”。黄宗羲认为新的君臣关系应是师友的关系。臣不以君主的是非为是非，而以天下的兴亡为己任。在法治社会中，因为君臣关系平等，君权被大大削弱。黄宗羲设计的君相关系是法治社会中君盟关系的典型。君主之下的宰相已不是一人之下、万人之上的一身二任的奴仆和权贵，而是与君权制衡的政府首脑。宰相权力的加强，大大削弱了专制制度下的君主强权政治，而某些资产阶级共和国中的总统与首相的关系就类似于此。就中央与地方的关系而言，启蒙思想家一致主张因地制宜，地方应有一定的自治权，突破了“大一统”的传统模式。王夫之也表示应采取地域不同，习俗不同，则法不同的“分权”而治的模式，以此来体现法为万民之意。黄宗羲还认为应在较为边远的地方设立方镇，方镇的属官由方镇自行聘任，上报中央备案。中央不干预方镇的经济军事，田赋商税任其自行征收，兵甲任其自行组建，甚至政教张

---

[1] 萧公权．中国政治思想史［M］．北京：新星出版社，2010：396.

弛都可自行调控。方镇对中央的义务是“每年一贡，三年一朝”。黄宗羲强调法治社会中的方镇，是因一方之地，为一方之民而设。其目的在于保一方安宁，因而它可以克服“强弱吞并”的专制之弊，有效地体现民意。法治社会中的方镇，不仅可以解除中央政府对边远地区“鞭长莫及”之忧，而且可以方便地方官府专心致力于一地的发展与建设，避免恃强凌弱，争夺皇权的战争。以相权、臣权限制君权，以地方分治削弱中央集权，其最终目的在于充分体现民意。

行“天下之法”是启蒙思想家“法治”蓝图的核心所在。所谓“天下之法”，即将天下之利归还天下之人的“法”。这种法以保护天下人的利益为己任，人们从法律中得到的不再仅仅是秩序的约束，而且更有利益的收获。启蒙思想家的“法治”蓝图是批判传统的产物，同时又是继承传统的产物，由于没有受到外来思想的干扰，是从传统中更新出来的新思想，所以更贴近中国的现实，当然也显示出某些方面的幼稚——以“诗书宽大之气”化育传统专制之法的“繁密严酷”，寄希望于以人们良好的素质保障法律的实施，畅想君权削弱、教化流行、制度简化，“法愈疏而乱愈不作”的理想法治境界。遗憾的是由于种种原因启蒙思想家的法治思想未能产生如战国法家那样的深远影响，仅仅限于学说，未能形成实际运动。

三、近代中国的法治主义与救亡图存

在近代中国的内忧外患中，法治是被新法家[1]发现并用来治乱的工具，救时之主义。1895 年，“公车上书”之时，康有为等人就提出，“使前此而能变法，则可以无今日之祸；使今日而能变法，犹可以免将来之祸”，提出了拒签和约、迁都抗战、变法图强的主张，而在三个主张中又尤其重视变法，主张“立行宪法，大开国会，以庶政与国民共之，行三权鼎立之制，则中国之

[1] 新法家是近代出现的一个学术派别，在晚清的特定时势与学术背景之下，出现了严复、梁启超、章太炎、沈家本等“新法家”，他们反对传统上对法家的不合理批评与抨击，大力为法家平反正名，称赞法家的历史功绩，用“法治”或“法治主义”来认知和解读法家思想，并在此基础上提出“新法治主义”。

治强，可计日待也”[1]。梁启超也说：“先生以为欲新中国，必以立宪法、改官制、定权限为第一要义。”[2]1898 年 6 月 11 日，光绪帝终于接受维新派建议，于是就有了“戊戌变法”。维新变法的百日之内，国人获得了一定程度的言论、出版、结社、集会的自由，康梁大力鼓吹的“维新”“变法”产生了实际的社会影响。但维新变法仍然是在维护封建帝制的前提下，谋求现行政治体制的局部性改变，无法犁动封建专制的千年冻土，因而其失败有必然性。然而，维新运动的民主政治启蒙作用又是毋庸置疑的，它深刻地告诉人们“祖宗之法”亦可变，从而为近代中国法治思想的发展奠定了初步基础。

梁启超等人是引入西方法治概念的第一批中国思想家。他在《中国法理学发达史论》(1904）一文中多次使用了“今世之法治国”的措辞，并认为“我国自三代以来，纯以礼治为尚。及春秋战国之间，社会之变迁极剧烈，然后法治思想乃始萌芽。法治主义者，应于时势之需要，而与旧主义宣战者也”[3]。这里的“旧主义”包括“放任主义”“人治主义”“礼治主义”和“势治主义”，“而四者皆不足以救时弊，于是法治主义应运而生”。“逮于今日，万国比邻，物竞逾剧，非于内部有整齐严肃之治，万不能壹其力以对外。法治主义，为今日救时惟一之主义。”[4]

1909 年，十六省谘议局代表成立国会请愿同志会，“共谋立宪救亡”，梁启超每三日必有一封亲笔信，指导“救亡运动”的进行，实质上成为这个救亡团体的思想领袖。正是在这种救亡精神的鼓动下，梁启超写成《管子传》，文中同样恪守救亡的本位，认为“法治主义”来源于管子，并以此为基础，对“法治主义”进行了进一步的阐释。他说：“今世立宪之国家，学者称为法治国。法治国者，谓以法为治之国也。”“法治者，治之极轨也，而通五洲万国数千年间。其最初发明此法治主义，以成一家言者谁乎？则我国之管子

[1] 汤志钧. 康有为政论集（上册）[M]. 北京：中华书局，1981：337.

[2] 梁启超. 饮冰室合集（卷六）[M]. 北京：中华书局，1989：86.

[3] 梁启超. 中国法理学发达史论 [M]//范忠信. 梁启超法学文集. 北京：中国政法大学出版社，2000：70.

[4] 梁启超. 中国法理学发达史论 [M]//范忠信. 梁启超法学文集. 北京：中国政法大学出版社，2000：71.

也！”梁启超推管子为法治的发明人和实践者，认为：“管子以法家名，其一切设施，无一非以法治精神贯注之。”❶在此，梁启超深化了他在《中国法理学发达史论》中已经提出的观点：法家学派的主张与实践，就是欧美近代盛行的法治主义。此时的梁启超依然着眼于“法治主义”对于救亡的实际效用。他认为欧美人之所以称雄于世，主要是因为有了“五大要术”，即“国家思想”“法治精神”“地方制度”“经济竞争”“帝国主义”，就其中的“法治精神”来说，欧美人有，中国人也有，而且是早于欧美人的，这就是管子所阐释并实践的法家学说，即“法治主义”。❷

1904年，日俄战争的结果使清政府进一步意识到政治法律制度改革的重要性。1905年，载泽等五大臣赴美国、英国、日本等西方国家考察政治体制和法律制度，五大臣归国后上疏朝廷，力陈立宪以固皇位、弭内乱、御外患。基于这种情况，清政府先后于1908年、1911年制定了《钦定宪法大纲》和《十九信条》，寄希望以些许的民主姿态来挽回颓势。风雨飘摇的晚清王朝寄希望于立宪自救，在试图确保皇帝特权的同时，也列举了臣民的权利，以法律的形式提出权利义务概念，专制之树上开出了民主之花。这两个宪法性文本拉开了颠覆中国封建法统的序幕，开启了近代中国迈向民主的艰难一步，尤其是《十九信条》明确提出了“皇帝之权，以宪法所规定者为限”，“皇室经费之制定及增减，由国会决议”，“皇室大典不得与宪法相抵触”❸。中国帝制千年，皇权第一次受制于宪法！曾经傲视寰宇的大清帝国也不得不将宪法视为救命的稻草，这是法治对于专制的胜利，至少在观念上让国人产生了“宪法”还能够制约皇帝这样的兴奋抑或质疑，关于宪法及其基本原则的思考也开始在中国发端，法治的作用由此而得以极大彰显。

1911年，孙中山先生领导的辛亥革命，推翻了中国的封建帝制，建立了具有资产阶级性质的中华民国政府，也建立了与该社会转型和政权性质相适应的资产阶级法制。1911年12月3日颁布了《中华民国临时政府组织大纲》，

❶ 梁启超．管子传［M］//梁启超全集．北京：北京出版社，1999：1865.

❷ 梁启超．管子传［M］//梁启超全集．北京：北京出版社，1999：1859.

❸ 陈荷夫．中国宪法类编［M］．北京：中国社会科学出版社，1980：359-360.

1912年3月11日颁行了《中华民国临时约法》，根据资产阶级三权分立模式第一次在中国历史上确立了中华民国的民主政治体制。该临时约法规定，“中华民国之主权，本于国民之全体”[1]，承认人民享有广泛的权利和自由。

《中华民国临时约法》的颁行，标志着中国资产阶级法制的正式确立。同一时期，南京临时政府颁行了一系列单行诉讼法规、刑事法规、民事法令等。这些法令的颁布，初步确立了资产阶级的宪法、行政法、民事法、刑事法及司法体制，在有着两千多年封建历史的中国第一次树立了“帝制非法”“共和合法”的理念，在中国近代法治史上书写最值得纪念的一页，开创了中国法治化的历史先河。

辛亥革命使中国的国体和政体形式也发生了根本性的转换。在此后的三十余年中，尽管经过历届国民政府的努力，制定了比较完备的法律体系，形成了从宪法到刑法、民法、诉讼法、商法等部门齐全、内容完备的六法全书，在政治体制上，也形成了富有特色的五院制，在法的价值和精神上则标榜孙中山的“三民主义”“五权宪法”，但由于复杂的历史原因，法治并未成为现实。法律沦为统治的工具，政治上的专制独裁依然如故。正如毛泽东所言：“宪法，中国已有过了，曹锟不是颁布过宪法吗？但是民主自由在何处呢？大总统，那就更多，第一个是孙中山，他是好的，但被袁世凯取消了。第二个是袁世凯，第三个是黎元洪，第四个是冯国璋，第五个是徐世昌，可谓多矣，但是他们和专制皇帝有什么分别呢？他们的宪法也好，总统也好，都是假东西。”[2]基于历史的局限，资产阶级根本就无法完成建设法治国家的目标。

第二节　新中国法治与政治发展的互动历程探析

对于新中国而言，解读法治与政治发展关系的一个关键视角就是新中国

---

[1] 陈荷夫.中国宪法类编［M］.北京：中国社会科学出版社，1980：359.

[2] 毛泽东选集：第2卷［M］.北京：人民出版社，1991：735-736.

成立以来中国宪法的发展及其实践。原因有两个方面：一方面，按照马克思主义法学理论的基本观点，宪法是一个国家的根本大法，是特定社会政治经济和思想文化条件综合作用的产物，集中反映各种政治力量的实际对比关系，确认革命胜利成果和现实的民主政治，规定国家的根本任务和根本制度，即社会制度、国家制度的原则和国家政权的组织以及公民的基本权利义务等内容。宪法既是政治力量对比的现实反映，又是政治发展现状的历史总结、现状描述和未来展望。同时，宪法也是法治的核心。另一方面，客观地考察新中国政治发展与法治的发展历程，我们可以发现新中国政治发展的每一个历史性转变确实是以宪法的发展变化为引领的，宪法实施状态是法治进步和政治发展状况的晴雨表。1949 年 9 月《中国人民政治协商会议共同纲领》通过并起到临时宪法作用，此后，全国人大分别于 1954 年 9 月、1975 年 1 月、1978 年 3 月、1982 年 12 月颁布了四部《中华人民共和国宪法》，在这一过程中，中国宪法及其内在精神的发展变化既反映了新中国法治发展成果，也清晰地映射了法治与政治发展的同频共振。

一、人民民主专政的确立与新中国法治的初创

在新民主主义革命的过程中，以毛泽东为代表的中国共产党人就开始了建构国家政治形态的思考，而国体和政体是首要问题。中共二大提出了党的最高纲领和最低纲领，指出“统一中国本部为真正民主共和国”，“建立中华联邦共和国”。中共五大提出要建立“工农小资产阶级的革命民权同盟”，“建立新的自由的中国”。1927 年 10 月 23 日，《中国共产党、中国共产主义青年团反对军阀战争宣言》中明确提出“统一中国，造成新中国——工农兵劳动贫民代表会议（苏维埃）的中国”。1927 年 11 月，湘赣边界第一个红色政权——茶陵县工农兵政府正式成立，这是毛泽东缔造的第一个红色政权，代表了土地革命早期共产党人关于中国红色政权的实践探索。1931 年 11 月 7 日，在瑞金举行的中华苏维埃第一次全国代表大会，通过了《中华苏维埃共和国宪法大纲》，宣告中华苏维埃共和国临时中央政府成立。《中华苏维埃共和国宪法大纲》明确规定了“中华苏维埃共和国”的性质：“中

国苏维埃政权所建立的是工人和农民的民主专政的国家。”这里的“中华苏维埃共和国”性质就是工农民主共和国，即“苏维埃工农共和国”。

抗日战争爆发后，中国共产党在瓦窑堡会议上确立了建立抗日民族统一战线的策略方针，考虑到小资产阶级和民族资产阶级也有参加抗日斗争的可能性，为了吸收更广大的同盟者以早日打败侵略者，毛泽东在《论反对日本帝国主义的策略》一文中明确提出用“人民共和国”替代“工农共和国”。西安事变之后，为了申明中国共产党关于建立抗日民族统一战线和准备重新建立国共合作的政策，中国共产党又提出建立“一个真正的民主共和国”——“中华民主共和国”，并对与之相适应的“权力机关”设置提出了清晰的构想。❶1937年毛泽东在《中国共产党在抗日时期的任务》中界定了“民主共和国”的性质，展望了“民主共和国”的前途——“民主共和国的性质和前途的问题，许多同志已提出来了。我们的答复是：其阶级性是各革命阶级的联盟，其前途可能是走向社会主义。我们的民主共和国，是在执行民族抗战任务的过程中建立起来的，是在无产阶级领导之下建立起来的，是在国际新环境之下（苏联社会主义的胜利，世界革命新时期的前夜）建立起来的。因此，按照社会经济条件，它虽仍是资产阶级民主主义性质的国家，但是按照具体的政治条件，它应该是一个工农小资产阶级和资产阶级联盟的国家，而不同于一般的资产阶级共和国。因此，它的前途虽仍然有走上资本主义方向的可能，但是同时又有转变到社会主义方向的可能，中国无产阶级政党应该力争这后一个前途”❷。

1940年1月，在《新民主主义论》中，毛泽东开宗明义地提出“我们要建立一个新中国”——“这就是说，我们不但要把一个政治上受压迫、经济上受剥削的中国，变为一个政治上自由和经济上繁荣的中国，而且要把一个被旧文化统治因而愚昧落后的中国，变为一个被新文化统治因而文明先进的中国”❸。他对新民主主义共和国的国体和政体做了明确的阐述：“国体——各

❶ 毛泽东选集：第1卷［M］. 北京：人民出版社，1991：250.

❷ 毛泽东选集：第1卷［M］. 北京：人民出版社，1991：263-264.

❸ 毛泽东选集：第2卷［M］. 北京：人民出版社，1991：663.

革命阶级联合专政。政体——民主集中制。这就是新民主主义的政治，这就是新民主主义的共和国”。除此之外，他还对“新中国”所应有的新民主主义文化做了比较详尽的阐述。[1]

随着抗日战争走向日趋明朗，新中国建国的历史任务紧迫地提上了日程，建立一个什么样的国家关系到能否巩固抗战成果，关系到国家和民族的命运。为此，中国共产党集中了全党的智慧，于1945年4月召开中共七大，毛泽东在大会上作了《论联合政府》的政治报告，阐明了“我们主张的新民主主义的政治，就是推翻外来的民族压迫，废止国内的封建主义的和法西斯主义的压迫，并且主张在推翻和废止这些之后不是建立一个旧民主主义的政治制度，而是建立一个联合一切民主阶级的统一战线的政治制度”[2]。具体来说，国体——“建立一个以全国绝大多数人民为基础而在工人阶级领导之下的统一战线的民主联盟的国家制度”；而“新民主主义的政权组织，应该采取民主集中制，由各级人民代表大会决定大政方针，选举政府”[3]。《论联合政府》描绘了一个充满自由、民主、独立的新民主主义国家的概貌，然而，它的实现仍然需要中国共产党和人民通过全方位的斗争，乃至战争来获得。1945年7月，面对民主人士黄炎培“历史周期率”的质疑，毛泽东脱口道出人民民主的真谛：“我们已经找到新路，我们能跳出这周期率。这条新路，就是民主。只有让人民来监督政府，政府才不敢松懈。只有人人起来负责，才不会人亡政息。”[4]在1949年新年献词《将革命进行到底》中，毛泽东提出“坚决彻底干净全部地消灭一切反动势力，不动摇地坚持打倒帝国主义，打倒封建主义，打倒官僚资本主义，在全国范围内推翻国民党的反动统治，在全国范围内建立无产阶级领导的以工农联盟为主体的人民民主专政的共和国”。1949年6月，《论人民民主专政》发表，毛泽东系统地阐述了人民民主专政理论，对即将建立的新中国进行了总体勾勒：“对人民内部的民主方面和对反动派的

---

[1] 毛泽东选集：第2卷［M］. 北京：人民出版社，1991：677.

[2] 毛泽东选集：第3卷［M］. 北京：人民出版社，1991：1056.

[3] 毛泽东选集：第3卷［M］. 北京：人民出版社，1991：1057.

[4] 黄炎培. 延安归来［C］// 八十年来. 北京：文史资料出版社，1982：148-149.

专政方面，互相结合起来，就是人民民主专政。”[1]“人民民主专政的基础是工人阶级、农民阶级和城市小资产阶级的联盟，而主要是工人和农民的联盟。”[2]“总结我们的经验，集中到一点，就是工人阶级（经过共产党）领导的以工农联盟为基础的人民民主专政。这个专政必须和国际革命力量团结一致。这就是我们的公式，这就是我们的主要经验，这就是我们的主要纲领。”[3]文中关于人民民主专政理论的系统阐述是对马克思列宁主义国家学说的创造性发展，标志着在经历了大革命、土地革命、抗日战争、解放战争的血与火的考验之后，以毛泽东为首的中国共产党人擘画的新中国政治发展蓝图已经日臻成熟。

对于为什么从“工农共和国”向“人民共和国”转变，再从“人民共和国”转向“真正民主共和国”，直至“人民民主专政”的提出，毛泽东以多篇政论文章做了清晰而详尽的说明。在这些论述中我们看到这种转变的原因：一是客观的革命形势发展的需要。当大革命失败后，以蒋介石为代表的大资产阶级背信弃义之时，民族资产阶级也成了大资产阶级的附庸，所以我们要建立“工农共和国”；而抗日战争的爆发，使民族矛盾上升为主要矛盾，民族资产阶级面临也有了革命的需求，所以我们党提出了建立“人民共和国”的口号，同时为了吸收大资产阶级参加抗战，建立抗日民族统一战线，我们改“人民共和国”为“民主共和国”。正是客观的革命形势发展，推动新民主主义建国方案历经酝酿而逐渐趋于清晰明朗。二是新民主主义革命的历练使中国共产党人在理论和实践上都开始走向成熟。中国共产党是以马克思主义为指导思想的政党，中国共产党运用马克思主义理论指导中国革命，经历了学习、领悟，再到结合中国革命的实际恰切、自如地运用，即实现马克思主义中国化的过程。正是在马克思主义中国化的过程中，中国共产党人对中国革命性质的理解，对革命前途的思考，对于将要建立的新民主主义国家政治、经济，以及文化制度的构想，都在实践检验中趋于

---

[1] 毛泽东选集：第 4 卷［M］. 北京：人民出版社，1991：1475.
[2] 毛泽东选集：第 4 卷［M］. 北京：人民出版社，1991：1478.
[3] 毛泽东选集：第 4 卷［M］. 北京：人民出版社，1991：1480.

成熟，从“工农共和国”到“联合政府”，再到“人民民主专政”的提出，是中国共产党人在理论和实践上走向成熟的标志。需要指出的是，关于建立一个什么样国家的持续思考，以及表述上的反复斟酌调整都没有改变中国共产党追求人民民主的初衷，人民民主始终是中国共产党与中国革命的核心诉求，也是新的国家制度建构的最终目标。

如果说中共七大和七届二中全会是在党的层面为人民民主专政政权建设做好了组织准备，那么中国人民政治协商会议筹备会和第一届中国人民政治协商会议，就是在整个社会层面做了一次全面动员，而具有临时宪法性质的《中国人民政治协商会议共同纲领》则是在法的层面为人民民主专政政权的正式确立奠定了合法性基础。《中国人民政治协商会议共同纲领》正式确定人民民主专政为新中国的国体和政体。《中国人民政治协商会议共同纲领》第一条规定：“中华人民共和国为新民主主义即人民民主主义的国家，实行工人阶级领导的、以工农联盟为基础的、团结各民主阶级和国内各民族的人民民主专政。”❶《中国人民政治协商会议共同纲领》第十二条规定：“中华人民共和国的国家政权属于人民。人民行使国家政权的机关为各级人民代表大会和各级人民政府。各级人民代表大会由人民用普选方法产生之。各级人民代表大会选举各级人民政府。”❷《中国人民政治协商会议共同纲领》对人民民主专政和人民代表大会制度的庄严宣告，是对28年来中国新民主主义革命历史的全面肯定，是在充分尊重民意的基础上为新中国的诞生确立法理基础，这是中国政治发展历史上的光辉一页，是新中国政治发展的一块坚实的里程碑。

通过以上所述，我们可以认识到政治发展需要以法治为其提供宪制基础和法理依据，与此同时，政治发展及其预期也将深刻地影响法治走向。在确立人民民主专政的过程中，新中国法治之路也以制定相关法律为标志开始起步，法治与政治发展相辅相成所体现出来的同步性在从革命到建国的历史主

❶ 建党以来重要文献选编（1921—1949）：第26册［M］. 北京：人民出版社，2011：759.

❷ 建党以来重要文献选编（1921—1949）：第26册［M］. 北京：人民出版社，2011：760.

题转换中逐步呈现。正如习近平强调的，“我们党自成立之日起就高度重视法治建设。新民主主义革命时期，我们党制定了《中华苏维埃共和国宪法大纲》和大量法律法令，创造了‘马锡五审判方式’，为建立新型法律制度积累了实践经验”[1]。《中华苏维埃共和国宪法大纲》《陕甘宁边区施政纲领》《陕甘宁边区宪法原则》，以及起临时宪法作用的《中国人民政治协商会议共同纲领》，等等，作为新民主主义革命经验和规律的总结，集中代表了中华人民共和国成立前共产党人法治探索的成果，推动了中国政治的跨越性发展。1949 年 2 月中共中央发布的《关于废除国民党的六法全书与确定解放区的司法原则的指示》，以及 1949 年 9 月发布的《中国人民政治协商会议共同纲领》中“废除国民党反动政府一切压迫人民的法律、法令和司法制度，制定保护人民的法律、法令，建立人民司法制度”方针成为新中国法制初创的一个基本原则。1950 年 7 月召开的第一届全国司法工作会议提出要确立“消除人民意志中从旧社会遗留下来的一切落后的和污浊的影响，代之以新民主主义的法治观念和道德观念”[2]。在废除以“六法全书”为代表的国民党旧法统的基础上，新中国开始着力创设体现人民民主专政要求的新的法律制度。1950 年 5 月 1 日公布施行《中华人民共和国婚姻法》，1950 年 6 月 28 日通过《中华人民共和国土地改革法》，1951 年 2 月 20 日通过《中华人民共和国惩治反革命条例》，1952 年 4 月 21 日公布《中华人民共和国惩治贪污条例》，1953 年 3 月 1 日《中华人民共和国全国人民代表大会及地方各级人民代表大会选举法》公布施行。总的来说，新中国成立初期，国家立法工作开展活跃、成效显著，这对于建立一种全新的社会主义法律制度与社会秩序有着积极的开拓意义，新中国法治的初创从人民民主法律制度建设开始起步。

二、五四宪法与中国政治体制的建构

“无产阶级革命过程中建立起来的民主制度是产生无产阶级宪法的前提条

[1] 习近平.坚持走中国特色社会主义法治道路 更好推进中国特色社会主义法治体系建设［J］.求是，2022（4）：1.

[2] 法治与人治问题讨论集［M］.北京：中国社会科学出版社，2003：184.

件，而无产阶级宪法则是无产阶级民主制度的确认和保障。”[1]“中国的历史决定了中国共产党所要建立的新的政治形态，不仅仅是民主的政治，而且是法治的政治。”[2]1954 年 9 月 20 日，第一届全国人民代表大会第一次会议通过了《中华人民共和国宪法》（简称“五四宪法”），作为新中国的第一部宪法，它以国家根本法的形式对新生的人民共和国政权性质和社会主义制度予以了宪法意义上的正式确认，也为整个社会主义法律制度体系的建构奠定了宪法基础。五四宪法确立了人民民主的政治目标和制度体系，构建了适合中国国情的民主政治制度框架，肯定了中国共产党国家领导权的政治合法性基础，也开启了依法治国的步伐，奠定了中国民主政治模式的基础。人民代表大会制度、中国共产党领导的多党合作和政治协商制度、民族区域自治制度以及基层群众自治制度，这些当代中国政治发展的基本要素都源自五四宪法。随着五四宪法的正式颁布，新中国开始了法治建设的新征程。

（一）五四宪法与人民民主专政

在新民主主义革命胜利之后，新中国的国体如何选择，这是中共必须解决的问题。早在新民主主义革命时期，毛泽东和中国共产党就对此进行过不断的探索与实践。从工农共和国到人民共和国、民主共和国，再到新民主主义共和国的理论与实践，这是中国共产党探索适合中国国情、满足人民民主要求的国体的历史轨迹。这种探索的结果是，“总结我们的经验，集中到一点，就是工人阶级（经过共产党）领导的以工农联盟为基础的人民民主专政”[3]。这是党和人民作出的符合历史规律的必然选择，以人民民主专政作为国体，是中国新民主主义革命经验的深刻总结。“对人民内部的民主方面和对反动派的专政方面，互相结合起来，就是人民民主专政。”[4]人民民主专政经五四宪法确认，为新中国民主政治建设的发展奠定了坚实的基础。

---

[1] 许崇德，何华辉 . 宪法与民主制度［M］. 武汉：湖北人民出版社，1982：5.
[2] 林尚立 . 当代中国政治形态研究［M］.2 版 . 天津：天津人民出版社，2017：195.
[3] 毛泽东选集：第 4 卷［M］. 北京：人民出版社，1991：1480.
[4] 毛泽东选集：第 4 卷［M］. 北京：人民出版社，1991：1475.

五四宪法第一条规定："中华人民共和国是工人阶级领导的、以工农联盟为基础的人民民主国家。"宪法在国家性质的宪法规范上，以马克思主义无产阶级专政理论为基础，从中国特定的社会状况与阶级结构出发，通过"人民民主国家"这个概念来反映中国特色的人民民主专政制度。按照马克思主义的观点，任何国家都是阶级专政，国家本身就是统治阶级用来镇压其阶级敌人反抗的机器，就是阶级专政的工具，不专政的国家世界上是不存在的。[1]宪法条文中没用"专政"二字，是因为人民民主本身就包含着对人民的敌人的专政，因而人民民主国家的国体就是人民民主专政。"人民民主国家"与"人民民主专政国家"在实质上并无区别。此外，人民民主国家是当时对社会主义阵营国家的统一称谓，这也在习惯上形成了五四宪法关于国家性质的表达。人民民主专政是马克思主义无产阶级专政理论在中国的特殊表现。人民民主专政实质上就是无产阶级专政，它是对人民的民主和对敌人的专政的结合，是中国国家建设的根本原则。

从《中国人民政治协商会议共同纲领》规定的"人民民主专政国家"性质到五四宪法规定的"人民民主国家"性质的转变，在很大程度上是伴随着阶级结构的变化而出现的。在《中国人民政治协商会议共同纲领》时期，人民民主专政的任务是：在无产阶级领导下，以工农联盟为基础，团结各民主阶级和国内各民族人民，反对帝国主义、封建主义和官僚资本主义，为中国的独立、民主、和平、统一和富强而奋斗。此时，"民族资产阶级借以存在的私人资本主义经济不但有合法地位，而且在特定的条件下，国家还扶助其发展，民族资产阶级属于人民的范畴，还不是专政的对象，是民主的主体"[2]。而五四宪法规定的政权任务是进行社会主义革命和社会主义建设。鉴于过渡时期民族资产阶级在国民经济活动中还有重要作用，所以"国家对资本主义工商业采取利用、限制和改造的政策……逐步以全民所有制代替资本家所有制"，逐步消灭民族资产阶级赖以存在的资本主义工商业，逐步改造民族资产

[1] 吴德峰．中华人民共和国宪法讲话［M］．北京：人民出版社，1954：47.
[2] 何华辉．对我国政权性质宪法规范的历史考察［J］．江汉论坛，1982（6）：19-20.

阶级，“使他们在劳动中改造成为自食其力的公民”[1]。于是，在宪法突出强调过渡时期总路线的背景下，民族资产阶级处于特殊的地位，即使处在被消灭的过程中，但仍然是享受民主的主体，不是专政的对象，它们在国家中的地位主要通过统一战线中的“各民主阶级”得到反映。鉴于以上原因，“宪法不再明写民族资产阶级在国家政权中的地位了”。这种特殊的历史发展状况决定了工人阶级与民族资产阶级之间既存在斗争，也存在联盟的特点，也决定了国家必须通过利用、限制、改造的政策，最后用社会主义所有制代替资本家的所有制，实现社会主义改造的任务。可见，人民民主国家的提法适应当时阶级状况和社会性质的需要，充分体现了我们国家的性质，反映了中国国家制度和政治制度的实质。

人民民主国家的实质在于：人民的国家是保护人民的，在人民内部实行民主制度，给予言论、集会、结社等自由权和选举权；但对于人民的敌人则实行专政，实行独裁，压迫这些人，不许他们乱说乱动。人民民主专政体现了中国政权的根本性质，反映了中国国家制度和政治制度的实质。工人阶级领导是人民民主国家的本质和根本标志。而工农联盟是人民民主国家的基础，没有巩固的工农联盟就不会有人民民主国家的发展。关于人民民主专政的国体规定经五四宪法奠基，在实践中一直为我们所坚持，虽然文字表达上经历了从“人民民主国家”到“无产阶级专政的社会主义国家”，再到“人民民主专政的社会主义国家”的形式演变，但其领导阶级和阶级基础始终没有改变，其实质仍然是人民民主和对人民的敌人实行专政的有机结合与辩证统一。

（二）五四宪法与人民代表大会制度

五四宪法第二条规定了我国的政体：“中华人民共和国的一切权力属于人民。人民行使权力的机关是全国人民代表大会和地方各级人民代表大会。”五四宪法关于政体的规定是在宪法上对人民民主专政国体的恰当回应，明确宣示了我国政权的人民性和民主性。

[1] 陈荷夫 . 中国宪法类编 [M]. 北京：中国社会科学出版社，1980：216-219.

人民代表大会制度是根植于中国人民当家作主的实际需要，在中国革命实践中创造和发展起来，并为人民所确认的民主制度，也是中国共产党把马克思主义关于无产阶级政权建设的一般原理运用于中国革命的具体实践之中，创立的具有中国特色的政权组织形式。中国共产党在新民主主义革命过程的不同时期采用了不同的政权组织形式。第一次国内革命战争时期，中国共产党领导人民进行革命斗争中出现的各地农村农民协会、1925 年省港“罢工工人代表大会”、1927 年上海工人武装起义胜利后召开的“市民代表大会”和由它产生的上海特别市临时市政府，为人民代表大会制的萌芽。1928 年中共六大确认了工农兵代表大会制度，是广大的劳动群众参加管理国家事务的最好的形式，也是实行工农民主政权的最好形式。土地革命时期的工农兵代表会议和苏维埃代表大会、抗日战争时期的民主参议会、解放战争时期的人民代表会议，反映了人民代表大会制度在中国产生、发展和演变的历史。这些在不同时期的代议制民主形式，都为新中国成立以后人民代表大会制度的正式形成积累了宝贵的历史经验。毛泽东在《新民主主义论》中做了总结，认为中国现在可以采取全国人民代表大会、省人民代表大会、县人民代表大会、区人民代表大会的系统，并由各级代表大会选举政府。1949 年 10 月，《中国人民政治协商会议共同纲领》以临时宪法的形式确认了人民代表大会制度是中国的根本政治制度。由于当时召开普选的人民代表大会的条件还不具备，《中国人民政治协商会议共同纲领》规定在普选的全国人民代表大会召开之前，由中国人民政治协商会议全体会议代行全国人民代表大会的职权。

《中国人民政治协商会议共同纲领》实施几年后，中国的社会生活发生了深刻变化，人民的政治觉悟和组织程度空前提高，召开全国人民代表大会的条件已经基本具备。1954 年 9 月，在全国普选的基础上第一次全国人民代表大会届时召开，人民代表大会制度正式确立并开始实际运行。五四宪法的颁布实际上意味着人民代表大会制度在宪法体制上的正式确立，即人民代表大会制度成为国家的根本政治制度。全国人民代表大会和地方各级人民代表大会都已经召开，人民代表大会制度已经成为现实的政治制度。

根据五四宪法的规定，人民代表大会制度主要内容包括：国家的一切权力属于人民；人民在普选的基础上选派代表，组成全国和地方各级人民代表大会作为国家权力机关，人民代表大会对人民负责；其他国家机关由人民代表大会产生，受它监督，向它负责。人民代表大会制度实行民主集中制原则，由全国人民代表大会集中统一行使国家权力，它不仅制定法律、议决国家大政，而且组织和监督各有关机关贯彻执行，并通过各级人大代表推动广大人民群众贯彻执行，在发扬民主的基础上提高了国家权力运行的效率。民主集中制是人民代表大会制度不同于西方的代议制的一个重要标志。五四宪法明确规定："全国人民代表大会、地方各级人民代表大会和其他国家机关，一律实行民主集中制。"正是在五四宪法体制下，"民主集中制被普遍化为国家政治生活的一般准则，被用作为处理人民内部矛盾中个人与组织关系的准则，被作为强调加强纪律的一种手段"。在人民代表大会制度的运行中，民主集中制原则具体表现为三个方面：①各级人民代表大会都由人民民主选举产生，对人民负责，并受选民或选举单位监督；②国家行政机关、审判机关、检察机关都由国家权力机关产生，对权力机关负责，并受它监督；③中央和地方的国家机构职权的划分，遵循在中央统一领导下，充分发挥地方的主动性、积极性的原则。民主集中制同时包含着少数服从多数、下级服从上级、地方服从中央的原则。五四宪法颁布后，在民主集中制原则指导下，有关国家的大政方针和法律，由国家权力机关，即全国人民代表大会和地方各级人民代表大会充分讨论，集中代表人民的意志和利益，采用民主的程序作出决定。在此基础上，通过行政、司法等机关各司其职、各尽其责，在各自职权范围内加以落实和执行。"在民主基础上的集中，在集中指导下的民主。只有这个制度，才既能表现广泛的民主，使各级人民代表大会有高度的权力；又能集中处理国事，使各级政府能集中地处理被各级人民代表大会所委托的一切事务，并保障人民的一切必要的民主活动"[1]，从而避免了三权分立体制下的议行脱节和某些不必要的相互牵制与消耗，提高了国家和社会事务管理效率。

第一届全国人民代表大会和五四宪法颁布之后，人民代表大会制度在国

[1] 毛泽东选集：第3卷［M］.北京：人民出版社，1991：1057.

家政治生活中正式开始发挥作用。在人民代表大会制度建立的头三年内，全国人民代表大会积极按照五四宪法的规定，行使自己的职权，在国家建设和发展社会主义民主法制方面发挥了重要作用。这一时期的全国人民代表大会及其常务委员会积极行使了立法权，制定和批准法律、法令40多个。在上述工作过程中，人民代表大会工作机构和工作制度得到了逐步建立和健全。为加强自身建设，全国人民代表大会及其常务委员会对有关人大代表名额、人民代表大会任期有关法律的解释等作出了不少决定。全国人大常委会办事机构逐步建立和加强。全国人民代表大会及其常务委员会依法按期开会，积极按五四宪法的规定履行职权，初步发挥了国家权力机关的作用。

人民代表大会制度是经五四宪法确立的，适合中国国情的政权组织形式。这一制度的核心是人民当家作主，它体现了社会主义民主的本质特征和内容，是建设社会主义民主政治的必由之路。人民代表大会制度既便于人民参加国家管理，又便于在充分发扬人民民主的基础上集中统一地行使国家权力；既能保证中央的集中统一领导，又能保证地方积极性和主动性的发挥，是中国人民实现当家作主权利的有效途径和根本制度，充分体现了人民主权原则。普选基础上的人民代表大会制度，为国家政治体制的程序化与民主化奠定了基础。正如刘少奇所说，在新中国的民主政治建设中，“全国广大人民群众已经深切地体验到，人民代表大会是管理自己国家的最好的政治组织形式”❶。后来的实践也证明：“人民代表大会制度在充分体现人民意志、反映人民意愿、保障人民权益、推进民主法制、促进社会主义建设等方面发挥了重要作用。”❷

（三）五四宪法与多党合作和政治协商制度

中国共产党领导的多党合作和政治协商制度是把马克思主义政党理论和统战学说同我国实际相结合的产物，是当代中国的一项基本政治制度。五四

❶ 刘少奇选集：下卷［M］.北京：人民出版社，1985：141.

❷ 中央宣传部理论局.六个“为什么”——对几个重大问题的回答［M］.北京：学习出版社，2009：48.

宪法指出，“我国人民在建立中华人民共和国的伟大斗争中已经结成以中国共产党为领导的各民主阶级、各民主党派、各人民团体的广泛的人民民主统一战线”，从而以宪法的形式确立了中国共产党与各民主党派的关系和中国特色的政党制度，也充分肯定了中国人民政治协商会议这一人民民主统一战线的组织形式。

中国共产党领导的多党合作制度是在新民主主义革命的过程中，在中国共产党与各民主党派长期合作的基础上逐渐形成和发展起来的。由于新民主主义革命任务的特殊性和艰巨性，中国共产党和各民主党派在革命过程中结成了广泛的革命统一战线，成为中国革命胜利的“三大法宝”之一，奠定了我国多党合作的历史基础。中国共产党在领导新民主主义革命走向胜利的伟大斗争中，确立了在中国各种革命力量中的领导核心地位。1949 年 9 月，中国人民政治协商会议的召开，标志着中国共产党领导的多党合作和政治协商制度的正式确立。会议通过的《中国人民政治协商会议共同纲领》明确规定：“中华人民共和国为新民主主义即人民民主主义的国家，实行工人阶级领导的、以工农联盟为基础的、团结各民主阶级和国内各民族的人民民主专政。”“中国人民民主专政是中国工人阶级、农民阶级、小资产阶级、民族资产阶级及其他爱国民主分子的人民民主统一战线的政权”，“中国人民政治协商会议为人民民主统一战线的组织形式”，以建国大纲的形式确认了中国共产党领导的多党合作制度。从 1949 年年底到 1950 年，各民主党派相继召开了全国会议，明确宣布以《中国人民政治协商会议共同纲领》作为各自的政治纲领和奋斗目标，接受中国共产党的领导，从而形成了中国民主同盟、中国民主建国会、九三学社等八个民主党派在中国共产党领导下实行多党合作的政治格局。

在第一届全国人民代表大会召开之前，中国人民政治协商会议具有双重身份，担负不同任务，行使不同职权。一方面，作为人民代表大会的替代和过渡形式，代行全国人民代表大会的职权；另一方面，作为人民民主统一战线组织，作为中国共产党领导的多党合作和政治协商制度的重要机构，它还担负着参政议政、政治协商的职责。

第一届全国人民代表大会的召开和人民代表大会制度的实行，使人民政协的职能发生了很大的变化。人民政协的地位和作用问题，成为党内外民主人士十分关切的问题，也是中国共产党需要立即解决的问题。事实上，为做好人民代表大会制度实行时对民主人士的工作安排，使各党派、各阶级、各民族的代表人物都在各自的地位上充分发挥作用，早在1953年7月，中共中央统战部就制定了《关于人民代表大会制实行后统一战线组织问题的意见》和《关于实行人民代表大会制时安排民主人士的意见》。意见明确指出，“在人民代表大会制实行后，中国人民政治协商会议不再代行全国人民代表大会的职权；在此以后它应作为独立的统一战线组织而继续存在，并须在一切必要的地方设立地方组织”[1]。“在今后一个相当长的时期内，党的统一战线工作不是可以减弱，而是必须加强的。”[2]从此，中国人民政治协商会议作为统一战线组织将继续存在，并在国家政治生活和巩固发展人民民主统一战线方面继续发挥重要作用。1954年1月，中共中央统战部又制定了《关于县、市以上地方各级人民代表大会制实行时安排民主人士和人民代表大会制实行后人民民主统一战线组织问题的补充意见》，提出了安排民主人士参与政府工作的基本原则，“在人民代表大会制实行时，县级以上各级地方人民政府中仍应注意吸收必要的民主人士参加。这样作，对于党在过渡时期总路线的实现，不仅没有妨碍，而且是有利的”[3]，并遵照这一原则，为民主人士参加地方政府做了较为详尽的规定。

鉴于上述情况，五四宪法在序言中做了以下规定，“我国人民在建立中华人民共和国的伟大斗争中已经结成以中国共产党为领导的各民主阶级、各民主党派、各人民团体的广泛的人民民主统一战线。今后在动员和团结全国人民完成国家过渡时期总任务和反对内外敌人的斗争中，我国的人民民主统一战线将继续发挥它的作用”[4]，从而以宪法的形式明确了中国共产党与各民主

---

[1] 建国以来重要文献选编：第4册［M］. 北京：中央文献出版社，1993：436.
[2] 建国以来重要文献选编：第4册［M］. 北京：中央文献出版社，1993：434.
[3] 建国以来重要文献选编：第4册［M］. 北京：中央文献出版社，1993：141.
[4] 陈荷夫. 中国宪法类编［M］. 北京：中国社会科学出版社，1980：216.

党派的关系，确立了中国特色的多党合作和政治协商的政党制度，也充分肯定了多党合作和政治协商制度在未来的政治生活中的重要作用。

根据五四宪法的基本原则和党的两个联盟的精神，在我国已全面开展社会主义改造的情况下，工人阶级在工农联盟的基础上，仍需要保持同民族资产阶级在经济上和政治上的历史联盟关系，在工人阶级领导的国家政权中，仍需要吸收一定数量的民主人士参加对国家事务的管理。这些基本精神，在全国人民代表大会通过的国家机构的组成中得到基本体现。在第一届全国人民代表大会常务委员会的 79 位常务委员中，共产党员 40 人，党外人士 39 人；在 13 位全国人民代表大会常务委员会副委员长中，共产党员 5 人，党外人士 8 人；在新组建的国务院 35 个部、委的部长中，共产党员 22 人，党外人士 13 人。这表明，第一届全国人民代表大会召开后的中华人民共和国中央人民政府，仍是中国共产党领导的多党合作的统一战线性质的政府。这不是取决于任何党派或个人的主观意志，而是由中国特定的历史条件以及社会主义建设和改造的现实要求所决定的。

五四宪法颁布后，1954 年 12 月 25 日，中国人民政治协商会议第二届全国委员会第一次会议一致通过了《中国人民政治协商会议章程》，就人民政协的性质、任务、组织总则等一系列重要问题做了明确的规定。关于政协的性质和任务，《中国人民政治协商会议章程》在总纲中指出，“中国人民政治协商会议全体会议代行全国人民代表大会职权的任务已经结束。但是中国人民政治协商会议，作为团结全国各民族、各民主阶级、各民主党派、各人民团体、国外华侨和其他爱国民主人士的人民民主统一战线的组织，仍然需要存在”❶。今后中国人民政治协商会议的性质是“团结全国各民族、各民主阶级、各民主党派、各人民团体、国外华侨和其他爱国民主人士的人民民主统一战线的组织”❷。它的性质，一方面不同于国家机关，另一方面也不同于一般的人民团体。它是党派性的人民民主统一战线的组织。它的基本任务是

❶ 建国以来重要文献选编：第 5 册［M］. 北京：中央文献出版社，1993：705.

❷ 建国以来重要文献选编：第 5 册［M］. 北京：中央文献出版社，1993：705.

"在中国共产党领导下，将继续通过各民主党派、各人民团体的团结，更广泛地团结全国各族人民，共同努力，克服困难，为建设一个伟大的社会主义国家而奋斗"[❶]。参照五四宪法关于人民民主统一战线的理性定位，中国人民政治协商会议通过《中国人民政治协商会议章程》的规定，圆满地实现了在新中国政治生活中的角色转变。

中国共产党领导的多党合作制度是具有中国特色的政党制度，它既不同于西方资产阶级的两党制或多党制，也不同于苏联等社会主义国家的一党制，而是中国共产党把马克思主义政党理论与中国革命的具体实践相结合所创立的具有中国特色的政党制度。在国家的政治生活中，中国共产党是执政党，处于领导地位；各民主党派是参政党，接受中国共产党的领导，参政议政。各民主党派通过在国家机关中拥有相当比例的代表和人民政治协商会议的形式，参与国家大政方针的制定并对中国共产党执政进行监督。

中国共产党领导的多党合作和政治协商制度是把马克思主义政党理论和统战学说同我国实际相结合的产物，是当代中国的一项基本政治制度。在国家的政治生活中，形成了共产党领导，多党派合作，共产党执政，多党派参政的民主政治模式。五四宪法以宪法的形式确立了中国共产党与各民主党派的关系和中国特色的政党制度，充分肯定了中国人民政治协商会议这一人民民主统一战线的组织形式。这一制度在社会基础、组织构成上具有极强的广泛性和代表性，能够把各种社会力量纳入现有政治体制，广开言路、广求良策，实现了最广泛的有序政治参与。五四宪法确定的多党合作和政治协商制度对人民民主的发展起到了重要的推动作用。

（四）五四宪法与民族区域自治制度

20世纪初至新中国成立前，中国社会关于中国的国家结构应该实行单一制还是联邦制，一直是人们争论的一个焦点问题。最初的争论大多是"将单

---

❶ 建国以来重要文献选编：第5册［M］. 北京：中央文献出版社，1993：705.

一制或联邦制作为政治斗争的手段”[1]来追求的。清末改良派梁启超和革命派孙中山等人都曾主张在中国建立联邦制。1920 年以湖南为代表发起的联省自治，也是主张联邦制。

中国共产党诞生后，在领导中国革命的过程中，把马克思主义国家学说和民族问题理论与中国实际相结合，对中国的国家结构问题进行了积极的探索。1928 年中共六大通过的《中国共产党十大政纲》提出了“统一中国，承认民族自决权”。1931 年制定的《中华苏维埃共和国宪法大纲》也出现过“承认中国境内少数民族的民族自决权”“中国苏维埃联邦”等条款。1945 年中共七大把建立新民主主义联邦共和国作为奋斗目标写进了党章。

新中国成立前夕，通过对中国民族的历史状况、分布情况、人口构成和民族心理等进行分析，中国共产党决定不能照搬苏联在民族问题上的联邦制，而应实行单一制国家结构下的少数民族区域自治制度。其根据在于，其一，从中华民族的历史来看，自秦代建立统一中央集权制以来，我国一直是一个单一制的统一的多民族国家，偶有分裂的局面，但统一是主流。其二，从民族构成与分布来看，在 56 个民族中，汉族占全国人口的 91.02%，是主体民族，其他 55 个少数民族的人口总和虽然只占全国人口的 8.98%，但分布的地区十分辽阔，各民族在居住状况上呈现出“大杂居、小聚居”的特点。[2]各民族之间虽有过冲突，但国内各民族从没有分离过。我国各民族自古以来就共同生息在祖国土地上，共同缔造了祖国灿烂的历史文化。团结统一是我国历史发展的主旋律。

在中国反帝反封建的革命过程中，各民族人民共同团结，英勇奋斗，才取得了新民主主义革命的伟大胜利。因此，新中国不适于联邦制的国家结构。只有建立统一的单一制国家，才能实现各民族的共同发展和繁荣，才有利于国家的统一、稳定和发展。为此，《中国人民政治协商会议共同纲领》指出“中华人民共和国境内各民族一律平等”，“各少数民族聚居的地区，应实行民族的区域自治”。1952 年颁布的《中华人民共和国民族区域自治实施纲要》，

---

[1] 童之伟 . 国家结构形式论［M］. 武汉：武汉大学出版社，1997：9.

[2] 董和平 . 宪法学［M］. 北京：法律出版社，2004：212.

依据《中国人民政治协商会议共同纲领》做了具体的规定，对民族区域自治制度的确立和推行起了巨大的作用。

五四宪法第一次以根本法的形式确认了民族区域自治制度。五四宪法第三条规定："中华人民共和国是统一的多民族的国家。""各民族一律平等……禁止破坏各民族团结的行为。""各民族都有使用和发展自己的语言文字的自由，都有保持或者改革自己的风俗习惯的自由。""各少数民族聚居的地方实行区域自治。各民族自治地方都是中华人民共和国不可分离的部分。"五四宪法规定表明，中华人民共和国是多民族国家，而且是统一的单一制国家。采取单一制的国家形式，是符合马克思主义国家理论原则，同时符合中国的具体国情的。

五四宪法关于民族问题的规定，反映了中国民族关系的实际，使宪法在民族关系发展中发挥了"统一的协调功能"。从制宪的过程看，如何通过宪法调整民族关系，制定适合中国实际的民族政策是制宪者始终给予关注的重要问题。经过对苏联等社会主义国家宪法有关民族关系的宪法规范的比较与考察，制宪者们在五四宪法中确立了具有中国特色的民族区域自治制度。

根据五四宪法的规定，这一制度的核心内容是：一是实行民族平等。加强民族之间的团结，实现民族平等，使民族平等成为处理民族关系的基本出发点。二是实行民族区域自治。民族区域自治制度是在单一制国家结构内，在中国共产党的统一领导下，以少数民族聚居的地区为基础，建立民族自治的地方政权，设立民族自治机关，行使自治权（包括财政权、依照国家军事制度组织地方的公安部队、制定自治条例和单行条例等几项权利），以使自治区内的人民实现当家作主、管理本民族事务的权利，按照本民族的意愿处理本民族的内部事务。三是五四宪法同时规定帮助少数民族发展政治、经济和文化的建设事业，为消灭少数民族的落后现象与实现各民族事实上的平等权利建立必要的条件。

五四宪法以根本大法的形式确立了在单一制的国家结构下，实行民族区域自治制度处理民族关系问题的模式，这是中国政治制度的一大特色，对中国政治体制的发展与完善产生了重要影响。民族区域自治制度充分保障了各少数民族人民当家作主的权利，维护了祖国各族人民之间的团结，对各民族的发展、繁荣及祖国的安定统一起到了积极作用。正如周恩来在1957年青岛民族工作座谈会上所说，我国的民族区域自治制度，是“民族自治”和“区域自治”的正确结合，是“经济因素”和“政治因素”的正确结合。五四宪法所确立的民族区域自治制度是各民族共同性和特殊性的统一，是民族政策原则性和灵活性的统一，是中国人民的一个创造。

人民民主专政、民主集中制的人民代表大会制度、多党合作和政治协商、民族区域自治，这些富有生命力的民主政治制度是中国共产党和人民在中国革命和建设实践中经验的总结，是我国人民缘于中国实际的理性选择，其中富含人民对安定有序政治生活的希望和憧憬，也饱含着人民群众杰出的智慧和创造。五四宪法以根本大法的形式肯定了新中国成立初期人们关于国家民主政治体制的创造性成果，在新中国政治制度的发展历程中，建构了中国民主政治的根基和总体框架，这既是新中国对近代百年民主政治追求的一个制度性总结，又是中国社会主义民主政治发展的坚实基础。五四宪法及其实践见证了中国确立民主政治制度的历史，它曾经的存在就是我们民族的财富，铭记着我们这个东方古国探索民主法治之路过程中的光荣与梦想、智慧与情感、成功与缺憾。

三、八二宪法与中国政治体制改革

1978年12月，中共召开十一届三中全会，重新确立了党的实事求是的思想路线，提出了改革开放的方针，提出了健全社会主义民主和加强社会主义法制的任务。为此，邓小平指出，“为了保障人民民主，必须加强法制。必须使民主制度化、法律化，使这种制度和法律不因领导人的改变而改变，不因领导人的看法和注意力的改变而改变”[1]，明确提出要发扬社会主义民主，健全社会主义法制，把“有法可依、有法必依、执法必严、违法必究”确立为社会主义法制的基本要求。邓小平强调：“政治体制改革包括民主和法制。我们的民主同法制是相关联的。”[2] 1986年9月3日，邓小平会见日本公明党委员

---

❶ 邓小平文选：第2卷［M］. 北京：人民出版社，1994：146.

❷ 邓小平文选：第3卷［M］. 北京：人民出版社，1993：244.

长竹入义胜，回答竹入义胜的提问时，他说："进行政治体制改革的目的，总的来讲是要消除官僚主义，发展社会主义民主，调动人民和基层单位的积极性。要通过改革，处理好法治和人治的关系，处理好党和政府的关系。"❶这是《邓小平文选》中仅有的一次采用"法治"表述，但十分重要，他不是孤立地就"法治"来论"法治"，而是把"法治"作为决定"政治体制改革"目的能否实现的重要因素，与发展社会主义民主、调动人民积极性直接关联起来，反复强调"下决心克服一切阻力抓法制建设和精神文明建设""一手抓建设，一手抓法制""法制教育要从娃娃开始""还是要靠法制，搞法制靠得住些"，等等，结合其整个思想体系看，他反对人治和主张法治的思想是一以贯之的。邓小平从政治体制改革的战略高度来思考法治问题，运用法治方法促进社会主义市场经济的健康发展，这些理论探索和实践成就标志着中国在开启改革开放之门的同时，民主与法治建设也踏上了新的征程。

在改革开放的新时期，在邓小平关于政治体制改革思想的指引下，1982 年 12 月 4 日，第五届全国人民代表大会第五次会议正式通过了《中华人民共和国宪法》(简称"八二宪法")。这是一部具有中国特色的社会主义宪法，张友渔说："它是一部以四项基本原则为指导思想，从实际出发，根据新时期的新情况，解决新时期的新问题，具有中国特色的、适应新时期社会主义现代化建设需要的宪法。"这实际上是肯定了八二宪法相对于五四宪法的发展和超越。

八二宪法是当代中国民主政治建设的一个重要里程碑，它既是以五四宪法为基础，同时也实现了对五四宪法的发展，尤其是在新时期经历了五次修改后，八二宪法(或称现行宪法)实现了从制度到理念层面的超越和完善。我们应该看到，现行宪法相对于五四宪法有很多新的发展，有的是极其重大的发展。例如，参照"二战"以来国际上大多数国家的宪法结构惯例，八二宪法将"公民的基本权利和义务"一章置于"国家机构"一章之前，这是国家尊重公民权利自由的法治理念的充分体现。❷再如，国家总任务由五四宪法规

❶ 邓小平文选：第 3 卷［M］. 北京：人民出版社，1993：177.

❷ 韩大元 . 新中国宪法发展 60 年［M］. 广州：广东人民出版社，2009：208.

定的“一化三改”发展为现在的实现四个现代化，把我国建设成为富强、民主、文明的社会主义国家的根本任务。又如，八二宪法第一次写入了社会主义精神文明建设。更为重要的是，现行宪法在中国社会主义民主政治制度的推进上也作出了许多创新和与时俱进的发展。

（一）八二宪法以四项基本原则为基础，确立了改革开放的基本国策

八二宪法在序言中明确提出：“中国各族人民将继续在中国共产党领导下，在马克思列宁主义、毛泽东思想、邓小平理论和‘三个代表’重要思想指引下，坚持人民民主专政，坚持社会主义道路，坚持改革开放，不断完善社会主义的各项制度，发展社会主义市场经济，发展社会主义民主，健全社会主义法制，自力更生，艰苦奋斗，逐步实现工业、农业、国防和科学技术的现代化，推动物质文明、政治文明和精神文明协调发展，把我国建设成为富强、民主、文明的社会主义国家。”[1]四项基本原则在宪法中的明确提出，以及邓小平理论和“三个代表”重要思想的增补使八二宪法在指导思想方面真正实现了与时俱进。这是在五四宪法的基础上，对宪法指导思想作出的更加明晰、准确的表达，明确了全国各族人民团结前进的共同政治基础，为社会主义现代化建设顺利进行提供了宪法保证。

四项基本原则是中国人民在长期的革命和建设实践中总结出来的、符合中国社会发展的规律和要求的宝贵历史经验，是中国人民为了国家的前途和命运而作出的理性选择。八二宪法不仅将其确立为国家活动的基本指导思想和基本原则，而且在整部宪法中全面贯穿了四项基本原则。例如，在国家性质上对我国社会主义性质的明确规定——“中华人民共和国是工人阶级领导的、以工农联盟为基础的人民民主专政的社会主义国家”，并进一步强调“社会主义制度是中华人民共和国的根本制度。禁止任何组织或

[1] 周叶中，江国华.在曲折中前进——中国社会主义立宪评论［M］.武汉：武汉大学出版社，2010：603.

者个人破坏社会主义制度”。此外，中国共产党的领导明确写进宪法，宪法的各项规定都体现了党的路线、方针、政策，宪法中关于政治制度、经济制度、司法制度、公民权利体系等也都贯彻和坚持马列主义、毛泽东思想的基本精神。

邓小平理论和“三个代表”重要思想是在改革开放背景下，对我国社会主义建设理论和实践规律新的概括和总结，是对四项基本原则的补充和发展，以此作为宪法指导思想，才有了“依法治国”“人权保障”，以及“保护合法私有财产”等一系列宪法理念的改变。

1978 年 12 月，中共十一届三中全会作出了实行改革开放的决策，开辟了改革开放和集中力量进行社会主义现代化建设的历史新时期。八二宪法自身就是改革开放的产物，不仅如此，它还以根本大法的形式确认了中国改革开放的基本国策，宪法中贯彻了改革开放精神。对此，彭真曾在《关于中华人民共和国宪法修改草案的报告》中强调：“当前我国正在进行经济体制的改革，并取得了很大的成绩，今后还要全面、深入地进行下去。草案有关规定为这种改革确定了原则。”“当前我国正在进行国家机构的改革，宪法修改草案关于国家机构的规定反映了这方面改革的方针和成果，并将推动这方面的改革继续前进。”“在独立自主的原则下对外开放，是我国已经实行并将坚持实行的政策。……这在宪法修改草案中作了规定。”这是对八二宪法中的改革开放基本国策的原则精神所作的重要说明，肯定了改革开放政策的正确性，也表明改革开放已经实质性地在国家政治、经济和社会生活中发挥了越来越重要的作用。1993 年以前，八二宪法一直是通过序言强调在坚持四项基本原则的基础上“不断完善社会主义的各项制度”，以此对改革开放这一原则精神进行总体确认和肯定，为改革开放提供总的指导思想。1992 年，中共十四大完整提出了社会主义初级阶段的基本路线：“领导和团结全国各族人民，以经济建设为中心，坚持四项基本原则，坚持改革开放，自力更生，艰苦创业，为把我国建设成为富强、民主、文明的社会主义现代化国家而奋斗。”[1] 在中共

[1] 江泽民文选：第 2 卷 [M]. 北京：人民出版社，2006：252.

十四大精神的指导下，“坚持改革开放”作为社会主义初级阶段的基本路线的重要组成部分，写进了1993年宪法修正案，从而得以明确地体现在八二宪法之中。

在坚持社会主义方向的原则下，八二宪法的正文中确立了改革开放的具体原则和方针，这是对十一届三中全会以来经济体制改革和政治体制改革的成果和经验的总结。在经济方面，宪法规定了以公有制为主体、多种所有制经济共同发展的基本经济制度，坚持按劳分配为主体、多种分配方式并存的分配制度；规定完善经济管理体制和企业经营管理制度，坚持改革开放；在遵守中华人民共和国的法律的前提下，允许外国的企业和其他经济组织或者个人依照中华人民共和国法律的规定在中国投资，同中国的企业或者其他经济组织进行各种形式的经济合作。在政治体制方面，八二宪法规定了完善人民代表大会制度的若干措施，在国家机关中坚持实行机构改革和精简人员，强调落实工作责任制，注重提高工作效率，实行党政分开，改变权力过分集中的弊端，逐步下放权力，等等。

八二宪法确立的改革开放的基本国策，保障了我国的改革开放和社会主义现代化建设，为我们深化改革、扩大开放、促进发展提供了坚实的法律保障。

（二）八二宪法发展和完善了社会主义民主政治制度

八二宪法对五四宪法精神的复归和超越，更为鲜明地体现在社会主义民主政治制度方面，明确提出把社会主义民主建设作为国家的一个根本目标和根本任务。宪法序言指出，今后国家的根本任务之一就是“发展社会主义民主”，“把我国建设成为高度民主、高度文明的社会主义国家”。宪法通过总纲直接用根本大法的形式，将人民当家作主这一民主的本质确认下来，强调“中华人民共和国的一切权力属于人民”，强调“人民依照法律规定，通过各种途径和形式，管理国家事务，管理经济和文化事业，管理社会事务”。在制度层面，八二宪法对社会主义民主政治的发展具体体现如下。

1. 加强人民代表大会制度建设

八二宪法总结我国政权建设的经验，结合新时期总任务的需要，在加强人民代表大会制度建设方面作出了许多新的重要的规定。

首先，扩大和加强了全国人大常委会的职权。其主要方面有：①赋予立法权。五四宪法规定了全国人大常委会只能制定法令，不能制定法律，八二宪法明确规定：全国人大常委会有“制定和修改除应当由全国人民代表大会制定的法律以外的其他法律”，“在全国人民代表大会闭会期间，对全国人民代表大会制定的法律进行部分补充和修改”。②赋予审查和批准国家计划、国家预算的部分调整方案权。八二宪法明确规定，全国人大常委会“在全国人民代表大会闭会期间，审查和批准国民经济和社会发展计划、国家预算在执行过程中所必须作的部分调整方案”。③扩大了人事任免权。与五四宪法相比，八二宪法关于全国人大常委会的人事任免权有明显的扩大。自五四宪法以来，在全国人大闭会期间，全国人大常委会虽然有权决定部长、委员会主任、秘书长的人选，但当时明确规定只限于对个别人选的决定，而八二宪法不再有这个“个别人选”的限制，这是明显的职权扩大。④赋予宪法实施监督权。五四宪法中监督宪法实施的职权专属全国人大，八二宪法作出明确规定，全国人大常委会有“解释宪法，监督宪法的实施”的职权。

其次，加强了全国人民代表大会及其常务委员会的组织机构。在五四宪法规定的基础上，增设了“财政经济委员会、教育科学文化卫生委员会、外事委员会、华侨委员会”等其他需要设立的专门委员会。专门委员会受全国人民代表大会及其常务委员会的领导。其职责是在全国人民代表大会及其常务委员会的领导下，研究、审议和拟订有关决议。此外，全国人民代表大会及其常务委员会认为必要时，可以组织关于特定问题的调查委员会，并根据调查委员会的报告，作出相应的决议。

最后，在县级以上地方各级人民代表大会设立常务委员会，扩大地方国家权力机关的职权。地方各级人大及其常委会除了行使五四宪法中已经规定的所有职权，突出了地方人大及其常委会的地方性法规制定权。规定省、自治区、直辖市以及省、自治区人民政府所在地的市和经国务院批准的较大的市的人民代表大会及其常务委员会，在不同宪法、法律、行政法规相抵触的前提下，可以制定和颁布地方性法规。这是对地方国家权力机关职权的扩大，它有利于各地因时制宜、因地制宜，充分发挥地方的主动性和积极性，加快社会主义现代化的建设。

此外，八二宪法还明确规定："全国人民代表大会常务委员会的组成人员不得担任国家行政机关、审判机关和检察机关的职务。"组成人员的专职化，保证了全国人大常务委员会独立地行使宪法赋予的各项职权。

2. 政党制度和政治协商制度的发展

中国的政党制度和政治协商制度是中国民主政治制度的重要组成部分，它是由中国革命和建设过程中的统一战线政策发展演变而来的。从革命战争年代毛泽东高度重视的"三大法宝"之一，到新中国成立之后被写入宪法，统一战线经历了多种形态，国民革命统一战线、工农民主统一战线、抗日民族统一战线、人民民主统一战线、爱国统一战线，虽然称谓略有不同，但统一战线始终在中国共产党的领导下，在中国革命和建设过程中发挥着重要的作用。

1954 年第一届全国人民代表大会，将统一战线写入宪法。五四宪法规定："我国人民在建立中华人民共和国的伟大斗争中已经结成以中国共产党为领导的各民主阶级、各民主党派、各人民团体的广泛的人民民主统一战线。今后在动员和团结全国人民完成国家过渡时期总任务和反对内外敌人的斗争中，我国的人民民主统一战线将继续发挥它的作用。"它以根本大法的形式，肯定了中国各民主党派的历史作用，也规划了人民民主统一战线的未来发展，即政协不再代行人大职权，而是作为人民民主统一战线的组织机构，继续发挥其团结、统战的作用。中国人民政治协商会议第二届中央委员会第一次会议后政协完成了职能的转变，社会主义条件下中国多党合作和政治协商的基本格局由此确立，并经受住了"文化大革命"的严峻考验。

1978 年实行改革开放以来，根据形势和任务的变化，民主党派的性质也发生历史性变化，统一战线内部爱国主义和社会主义的一致性进一步增强，团结合作有了更加坚实的基础。1982年，中共十二大明确提出了中国共产党同民主党派“长期共存、互相监督、肝胆相照、荣辱与共”的方针。以此为基础，八二宪法通过序言对中国人民政治协商会议的性质、作用做了明确肯定，指出“在长期的革命和建设过程中，已经结成由中国共产党领导的，有各民主党派和各人民团体参加的，包括全体社会主义劳动者、拥护社会主义的爱国者和拥护祖国统一的爱国者的广泛的爱国统一战线，这个统一战线将继续巩固和发展。中国人民政治协商会议是有广泛代表性的统一战线组织，过去发挥了重要的历史作用，今后在国家政治生活、社会生活和对外友好活动中，在进行社会主义现代化建设、维护国家的统一和团结的斗争中，将进一步发挥它的重要作用”[1]。此后，多党合作和政治协商的理论和政策进一步丰富和完善，坚持和完善多党合作制度成为中国特色社会主义理论和实践的重要组成部分。1989年12月，中共中央在与各民主党派充分协商的基础上制定和颁布了《中共中央关于坚持和完善中国共产党领导的多党合作和政治协商制度的意见》，共同拟定了民主党派成员参政和履行监督职责的方案，多党合作和政治协商走上了制度化轨道。1993年召开的第八届全国人民代表大会第一次会议，将“中国共产党领导的多党合作和政治协商制度将长期存在和发展”载入宪法，中国共产党领导的多党合作和政治协商制度有了明确的宪法依据，进一步促进了多党合作制度的规范化、制度化发展，推动了中国特色社会主义民主政治的发展。

八二宪法对多党合作和政治协商制度的记述和规定，揭示了中国特色政党制度形成和发展的过程，表明了其在中国民主政治进程中的重要作用，也标志着中国社会主义民主政治进程自身的发展。

3. 民族区域自治制度的发展

我国是一个多民族的社会主义国家，民族区域自治是具有中国特色的政

---

[1] 周叶中，江国华.在曲折中前进——中国社会主义立宪评论［M］.武汉：武汉大学出版社，2010：603.

治制度，对于巩固平等、团结、互助的社会主义民族关系意义重大。八二宪法在五四宪法原有内容的基础上，又对民族区域自治制度做了进一步的丰富和发展，连同1984年颁布的《中华人民共和国民族区域自治法》，使民族区域自治制度得到进一步完善。

从民族自治地方自治机关的情况看，和五四宪法相比，八二宪法有以下突破："自治区、自治州、自治县的人民代表大会常务委员会中应当有实行区域自治的民族的公民担任主任或者副主任。""自治区主席、自治州州长、自治县县长由实行区域自治的民族的公民担任。"这有利于培养自治地区的少数民族干部，发挥其积极性，在充分尊重自治地区少数民族习惯的基础上，管理好本民族的事务。

从民族自治地方自治机关的职权看，同五四宪法相比，八二宪法有以下发展：八二宪法规定民族自治地方自治机关在拥有地方国家机关职权、依法行使自治权的同时，还可以"根据本地方实际情况贯彻执行国家的法律、政策"，即赋予了民族自治地方自治机关对不适合民族自治地区的法律、政策，有条件地变通执行或者停止执行。

八二宪法扩大了民族区域自治地方的自治机关管理地方财政的自治权，规定"凡是依照国家财政体制属于民族自治地方的财政收入，都应当由民族自治地方的自治机关自主地安排使用"。这一规定对帮助少数民族加速经济、文化的发展，改变其经济落后的面貌，缩小各民族之间在经济、文化上的差距意义重大。

八二宪法规定民族自治地方的自治机关在国家计划的指导下，自主地安排和管理地方性的经济建设事业。根据本地方的特点和需要，制定经济建设的方针、政策和计划，自主地安排和管理地方性的经济建设事业。在坚持社会主义原则的前提下，根据法律规定和本地经济发展的特点，合理调整生产关系和经济结构。

八二宪法规定"民族自治地方的自治机关依照国家的军事制度和当地的实际需要，经国务院批准，可以组织本地方维护社会治安的公安部队"。这既是对五四宪法相关规定的恢复，同时又在适用条件上加以规范和发展，从而有利于在维护地方社会治安的基础上，防止民族分裂分子制造事端，破坏安定团结的局面，抵御外来的侵略和颠覆活动。

另外，八二宪法在文化和教育事业的发展方面赋予了民族自治地方更大的自主权。

八二宪法对民族区域自治制度的加强，是基于五四宪法的规定，对已建立的平等、团结、互助的社会主义民族关系的确认和强化，为各族人民友好和睦相处、共同建设社会主义现代化国家奠定了坚实的基础。

（三）八二宪法突出强调了人民权利的重要性

宪法的基本精神就是规范和限制国家权力，通过对国家权力基于法律的设定，通过形成权力制约机制，使国家的权力得以依法运行，以保障公民的基本权利自由的实现，这是人民民主的重要体现，社会主义民主政治的要义。五四宪法规定了公民享有广泛而真实的权利和自由，并规定国家应该积极创造条件保障公民基本权利得以实现。八二宪法延续和发展五四宪法的权利制度模式，恢复了贯穿于五四宪法之中的宪法精神，并增加了许多新的内容。

1. 八二宪法首次界定了“公民”的概念

“凡具有中华人民共和国国籍的人都是中华人民共和国公民”，明确了享受权利和承担义务的主体。长期以来，在我国宪法形成和发展过程中存在一些相近的表达主体范畴的概念，如“人民”“公民”“国民”“选民”等，在《中国人民政治协商会议共同纲领》和五四宪法的起草过程中，对这些概念的含义做过一些讨论和说明，多年来一些专家学者也在著作、教材等出版物中对此做过解释。但是在八二宪法之前，一直未见法律以明文规定其确切概念[1]，普通群众对此一般不甚清楚，甚至还会存在误解。八二宪法关于公民概念的准确界定则为宪法规定的权利义务制度提供了明确的前提。

2. 重新界定了宪法平等原则

八二宪法规定，“中华人民共和国公民在法律面前一律平等”。这一规定

[1] 许崇德．中华人民共和国宪法史［M］．福州：福建人民出版社，2005：491.

表明公民是在适用法律上平等，而不是立法上的平等，因为立法要体现阶级立场，被统治阶级的立法要求是不能被宪法所采纳的，立法是人民当家作主权利的体现，要体现现实生活中革命群众的意志，而不是从少数被统治阶级的利益出发。重新规定在八二宪法中的平等权表明，所有公民都平等地享有宪法和法律规定的权利，平等地履行宪法和法律规定的义务；国家行政机关、司法机关在适用法律时，对所有公民的合法权益都应平等地予以保护，对所有公民的违法或犯罪行为，一律依法追究责任，任何组织和个人都不得有超越宪法和法律的特权。此外，公民法律面前的程序平等，并不排斥国家提供一定的条件帮助个别弱势个体实现实质平等，如国家救济和物质帮助权的规定就体现了这一点。

3. 在具体的权利自由方面增加了广泛的内容

八二宪法明确提出“国家尊重和保障人权”，这是相对于五四宪法，八二宪法在宪法理念上的重大进步，也是对五四宪法人民民主原则的重大发展。尊重和保障人权是社会主义制度的本质要求，我们国家历来重视人权。以往的做法一直是把人权的基本内容以公民基本权利和自由的形式蕴含性地规定在宪法里，现在则把“尊重和保障人权”独立成文，明文写入宪法，与公民的基本权利相呼应，以彰显国家对人权的保护。

新增保护公民财产的规定，即“公民的合法的私有财产不受侵犯”和“国家依照法律规定保护公民的私有财产权和继承权”，这一规定对激发公民的创造力，促进社会生产力的发展有积极意义。

对于公民的宗教信仰自由，在五四宪法规定的基础上增加了三款，“任何国家机关、社会团体和个人不得强制公民信仰宗教或者不信仰宗教，不得歧视信仰宗教的公民和不信仰宗教的公民。国家保护正常的宗教活动。任何人不得利用宗教进行破坏社会秩序、损害公民身体健康、妨碍国家教育制度的活动。宗教团体和宗教事务不受外国势力的支配”。这体现了对公民宗教自由的充分保障和对宗教正常发展的合理规范。

在人身自由权方面，八二宪法首先增设了“公民的人格尊严不受侵犯”，“通信自由和通信秘密受法律的保护”；其次增写了四处禁止性规定，“禁止非法拘禁和以其他方法非法剥夺或者限制公民的人身自由，禁止非法搜查公民的身体”，“禁止用任何方法对公民进行侮辱、诽谤和诬告陷害”，“禁止非法搜查或者非法侵入公民的住宅”。这是鉴于“文革”的惨痛教训，以宪法明文的方式切实保护公民的身体、人格、住宅以及通信等不受侵犯。

八二宪法还规定了，公民对于任何国家机关和国家工作人员有提出批评和建议的权利，对于任何国家机关和国家工作人员的违法失职行为有提出申诉、控告或检举的权利，等等，这样的做法相对五四宪法来说规定得更加具体，体现了对五四宪法精神的继承和发展。这对于国家机关及其工作人员端正工作态度，提高工作质量和效率具有非常重要的意义。

对特定人的保护方面，八二宪法在五四宪法的基础上，对残废军人，烈士家属，军人家属，盲、聋、哑和其他残疾人以及老人等的权益做了保护性规定；规定了培养青少年和儿童的全面发展、保护归侨和侨眷的正当权益等内容。

八二宪法规定“公民有劳动的权利和义务”。同时，按照实事求是的原则，八二宪法增写了一款：“国家通过各种途径，创造劳动就业条件，加强劳动保护，改善劳动条件，并在发展生产的基础上，提高劳动报酬和福利待遇。”这一款既具有原则性，又具有纲领性。社会主义国家应当保障公民的劳动权，这是原则性。但是，根据我国当前的经济发展的实际情况，又无力保证每一个人都有工作做。所以规定“国家通过各种途径，创造劳动就业条件”，同时又规定“在发展生产的基础上，提高劳动报酬和福利待遇”。这是适当的，也是积极的。

此外，增加了对公民权利和自由的限制性规定。八二宪法对于公民基本权利的规定无疑是非常广泛的，但宪法权利、自由当然不是绝对的、无限制的。八二宪法作出了对公民行使权利、自由的若干限制性规定。第三十三条规定：“任何公民享有宪法和法律规定的权利，同时必须履行宪法和法律规定的义务。”强调了在社会主义制度下，公民权利和义务的统一性，同时也是对公民享受权利的一种限制。公民权利的享有必须依法或者必须符合一定条件。例如，第四十一条规定“有依照法律规定取得赔偿的权利”，第三十六条规定“国家保护正常的宗教活动”，这里的“依法”“正常”就是享有权利的前提性限制。第五十一条规定：“中华人民共和国公民在行使自由和权利的时候，不得损害国家的、社会的、集体的利益和其他公民的合法的自由和权利。”以上的限制性条款也是对五四宪法所开创的公民权利制度必要的充实和完善。一定意义上讲对公民权利的享有和行使的限制性规定，恰恰是为了创造一种公平有序、稳定安宁的法治环境，从而保证每一个公民都能正常地行使自己的权利和自由。

（四）八二宪法充实和完善了国家机构

1. 恢复国家主席的设置

五四宪法在国家机构部分设置了“中华人民共和国主席”一节，并规定了国家主席的相应职权。历史证明，这是一种很好的制度，对于避免国家权力配置体制中的“党政不分、以党代政”的现象，有着重大意义。八二宪法恢复设置了国家主席。八二宪法第七十九条规定：“中华人民共和国主席、副主席由全国人民代表大会选举。有选举权和被选举权的年满四十五周岁的中华人民共和国公民可以被选为中华人民共和国主席、副主席。”

八二宪法设置的国家主席制度相对于五四宪法来说既是一种恢复，又是在新形势下的一种发展。从年龄条件看，五四宪法规定“年满三十五岁的中华人民共和国公民可以被选为中华人民共和国主席”。八二宪法则规定“年满四十五周岁的中华人民共和国公民可以被选为中华人民共和国主席、副主席”。调整的出发点是国家主席“处于对内对外代表国家的地位，所以要经验丰富，年高德劭，年龄大一点好，对内对外都可以有威信”。从职权变化看，八二宪法根据新中国成立以来人民民主政权建设的经验教训，做了很大调整。取消了原来国家主席在必要的时候召开最高国务会议，并担任最高国务会议主席的规定，以避免国家主席干涉国家行政事务。取消了原来国家主席统率全国武装力量，担任国防委员会主席的硬性规定。这样，既有利于维护国家主席的地位和尊严，又可以有效地防止权力过于集中，避免了可能重新出现的个人专断。八二宪法还规定国家主席任期不得超过两届，这就在实际上废除了五四宪法中不曾明确规定的领导职务终身制。此外，八二宪法增加了国家主席、副主席都缺位时的代理规定。八二宪法恢复设立国家主席和副主席，对健全国家体制是必要的，也是比较符合我国各族人民的习惯和愿望的。

2. 增设中央军事委员会

八二宪法在国家机构部分增设了“中央军事委员会”一节，共九十三、九十四两个条文，分别规定了中央军事委员会的性质、职能、组成结构和领导体制。中华人民共和国中央军事委员会领导全国武装力量，它由主席，副主席若干人，委员若干人组成；中央军事委员会实行主席负责制；中央军事委员会每届任期同全国人民代表大会每届任期相同。中央军事委员会主席对全国人民代表大会和全国人民代表大会常务委员会负责。五四宪法规定由国家主席统率全国武装力量，七五宪法和七八宪法不设国家主席，规定由中共中央主席统率武装力量。八二宪法所设置的国家主席已不再统率武装力量，而由中共中央主席统率武装力量又会造成党政不分。因此，就有必要设置一个专门统率武装力量的国家机关，中央军事委员会也就应运而生了。

宪法在国家机构中设置中央军事委员会，明确了人民武装力量在国家体制中的地位，使军队国家化[1]，“使党对军队的政治领导和国家对军队的行政领导有机地结合在一起”。

3. 扩充了国务院组成结构，加强了领导体制

与五四宪法相比，八二宪法对国务院的规定有以下不同：①增设国务委员。国务委员的职位相当于副总理级，是国务院常务会议的成员；在对外事务中，他们作为国务院领导成员，可代表政府进行各项外事工作，并经总理委托代表总理进行重要活动。②增设审计机关，对国家的财政财务活动实行审计监督。③明确规定实行首长负责制，即国务院实行总理负责制，各部委实行部长、委员会主任负责制。这是国务院领导体制的一项重大突破与发展。地方政府也实行首长负责制，这种中央与地方都实行首长负责制的统一性，有利

---

[1] 周叶中，江国华. 在曲折中前进——中国社会主义立宪评论［M］. 武汉：武汉大学出版社，2010：566.

于克服互相推诿和无人负责等弊端，有利于提高行政工作效率。

除上述以外，八二宪法还设计了国家结构上的特例，八二宪法第三十一条规定："国家在必要时得设立特别行政区。在特别行政区内实行的制度按照具体情况由全国人民代表大会以法律规定。"这一规定为解决港澳台问题，为一国两制的具体规定和实践做了宪法上的准备。

随着社会的发展和改革开放进程的逐步深入，中国共产党的十三大、十四大、十五大、十六大都分别对经济改革和社会发展作出了重大决策，根据形势的需要，全国人大分别于 1988 年、1993 年、1999 年、2004 年对八二宪法进行了局部修改，形成了八二宪法的四个修正案。这些修正案可以体现出八二宪法在修订过程中实现了宪法理念的变迁：第一，在经济制度方面，确立了社会主义市场经济，为社会主义民主政治建设创造了经济基础。第二，在人权保障方面，逐渐与国际接轨，将人权保障、私有财产权的保障和社会保障制度写入了宪法。人权保障观念的加强使八二宪法更符合民主政治的发展规律。第三，更为重要的是依法治国方略写入宪法，强化了法治理念，也就淡化了法律工具主义观念。

四、法治入宪与新时期依法治国的全面展开

20 世纪与 21 世纪之交，以江泽民同志为核心的党的第三代中央领导集体高度重视法治在中国特色社会主义建设中的重要作用。1996 年，江泽民在讲话中指出："加强社会主义法制建设，依法治国，是邓小平同志建设有中国特色社会主义理论的重要组成部分，是我们党和政府管理国家和社会事务的重要方针。"[1] 这表明"依法治国"在理论和实践层面都引起了人们的高度重视。1997 年 9 月，中共十五大召开，江泽民在分析和反思新中国成立以来法制建设的经验和教训的基础上，明确提出"依法治国，建设社会主义法治国家"的跨世纪目标。1999 年 3 月，九届全国人大二次会议通过的宪法修正案规定，"中华人民共和国实行依法治国，建设社会主义法治国家"，从而以国家根本

[1] 江泽民文选：第 1 卷［M］. 北京：人民出版社，2006：511.

法的形式确立依法治国为党领导人民治理国家的基本方略。依法治国写入宪法则标志着法治建设与政治发展的互动进入一个新阶段。

（一）依法治国基本方略的正式提出

依法治国是党的十一届三中全会以来发展社会主义民主、健全社会主义法制综合成效自然集聚的必然结果，也是依法办事、依法管理理论与实践的进一步升华。这一方略的提出是几代中国共产党人在吸取新中国成立以来法制建设的经验教训的基础上形成的，是在对法治与人治、法治与法制深刻认识基础上，对法治与政治关系的理性把握。依法治国把社会主义中国的政治发展建立在法治的基础上，在法治的前提下推进和改革政治体制，建设社会主义民主政治。

从 1996 年至 1999 年 3 月，是依法治国方略的正式提出阶段。这一阶段的“依法治国”是治国方式的根本转变，不仅在党的政治报告中确定下来，而且已载入宪法。

1996 年 2 月，中共中央举办中央领导同志社会主义法制建设讲座，中国社会科学院法学研究所研究员王家福讲授了《关于依法治国，建设社会主义法制国家的理论和实践问题》。讲座结束时，江泽民同志发表讲话，深刻阐述了“依法治国”的内涵，指出“加强社会主义法制建设，依法治国，是邓小平同志建设有中国特色社会主义理论的重要组成部分，是我们党和政府管理国家和社会事务的重要方针。实行和坚持依法治国，就是使国家各项工作逐步走上法制化的轨道，实现国家政治生活、经济生活、社会生活的法制化、规范化；就是广大人民群众在党的领导下，依照宪法和法律的规定，通过各种途径和形式，管理国家事务，管理经济和文化事业，管理社会事务；就是逐步实现社会主义民主的制度化、法律化”[1]。依法治国是社会进步、社会文明的一个重要标志，是我们建设社会主义现代化国家的必然要求。实行和坚持依法治国，对于推动经济持续快速健康发展和社会全面进步，保障国家的

---

[1] 江泽民文选：第 1 卷［M］. 北京：人民出版社，2006：511.

长治久安，具有十分重要的意义。这表明我们党适应经济社会发展的客观要求，对依法治国的认识又有了提高，达到了一种全新的高度。“这是中国第三代党中央的核心人物关于未来治国方略和政治走向的一次公开宣示。”[1]应该说，这次法律知识讲座对于依法治国基本方略的提出，是一种催化剂，起到了积极的推动作用。也可以说，这是一个很好的契机，学者们的建言在一定程度上转化成了党的决策。

1996 年 3 月，八届全国人大四次会议通过的《国民经济和社会发展“九五”计划和 2010 年远景目标纲要》明确规定：“依法治国，建设社会主义法制国家。加强立法、司法、执法、普法工作。坚持改革、发展与法制建设紧密结合，继续制定实施与经济社会发展相适应的法律法规。加强和改善司法、行政执法和执法监督。坚决纠正有法不依、执法不严、违法不究、滥用职权等现象，建立对执法违法的追究制度和赔偿制度。以廉政建设、整顿纪律、严肃执法为重点，加强司法、执法队伍建设，全面提高政治和业务素质。继续深入开展法制宣传教育，提高全民族的法律意识和法制观念，特别是提高广大干部依法行政、依法管理的水平和能力。各级政府和国家公务员都要依法管理经济和社会事务。”[2]李鹏同志在关于该目标纲要的报告中说：“加强法制建设，依法治国，建设社会主义法制国家，是实现国家长治久安的重要保证。”[3]这就在国家的文件中提出了依法治国的基本方面和主要内容，为依法治国方略的正式提出做了很好的铺垫。

此外，全国人大其他领导人也在八届全国人大四次会议上多次强调依法治国的重要性。田纪云同志作的全国人大常委会工作报告中，明确提出要“坚持和实行依法治国的方针，认真履行宪法赋予的职责，进一步健全人民代表大会制度，做好立法、监督和其他各项工作，积极推进建设社会主义法制国

❶ 任建新 . 社会主义法制建设基本知识 [M]. 北京：法律出版社，1996：231.

❷ 中华人民共和国第八届全国人民代表大会第四次会议文件汇编 [M]. 北京：人民出版社，1996：103.

❸ 中华人民共和国第八届全国人民代表大会第四次会议文件汇编 [M]. 北京：人民出版社，1996：30.

家的进程，保障改革开放和现代化建设的顺利进行”[1]。乔石同志在这次全国人大会议闭幕会上的讲话中，再次强调“依法治国，完全符合邓小平建设有中国特色社会主义的理论，是全国人民的共同愿望，是我国社会发展的客观要求，是国家稳定发展、长治久安的根本保障”，“依法治国，建设社会主义法制国家”是“指导今后我国现代化建设的一条十分重要的方针”[2]。

1997 年 9 月，党的十五大胜利召开。江泽民同志在报告中明确阐述了社会主义初级阶段的基本路线和纲领，提出“建设有中国特色社会主义的政治，就是在中国共产党领导下，在人民当家作主的基础上，依法治国，发展社会主义民主政治”。同时，还进一步全面地阐述了政治体制改革和民主法制建设的有关问题。一是明确了目标，就是“在坚持四项基本原则的前提下，继续推进政治体制改革，进一步扩大社会主义民主，健全社会主义法制，依法治国，建设社会主义法治国家”。这是在党的报告中第一次完整地提出要“依法治国，建设社会主义法治国家”。将以往的“建设社会主义法制国家”改为“建设社会主义法治国家”，虽然只是把“制”改成了“治”，但是一字之差，却反映了我们党对于执政规律认识的深化、对于执政理念把握的提升。二是进一步明确了“依法治国”的含义，即“依法治国，就是广大人民群众在党的领导下，依照宪法和法律规定，通过各种途径和形式管理国家事务，管理经济文化事业，管理社会事务，保证国家各项工作都依法进行，逐步实现社会主义民主的制度化、法律化，使这种制度和法律不因领导人的改变而改变，不因领导人看法和注意力的改变而改变”。三是正式把依法治国确定为“党领导人民治理国家的基本方略”，强调“依法治国把坚持党的领导、发扬人民民主和严格依法办事统一起来，从制度和法律上保证党的基本路线和基本方针的贯彻实施，保证党始终发挥总揽全局、协调各方的领导核心作用”。在我们党的历史上，把“依法治国”作为“党领导人民治理国家的基本方略”明确提出来，是第一次；把这一基本方略写进党的政治报告中，也是第一次。四

---

❶ 中华人民共和国第八届全国人民代表大会第四次会议文件汇编［M］.北京：人民出版社，1996：302.

❷ 乔石谈民主与法制（下）［M］.北京：人民出版社、中国长安出版社，2012：478，480.

是明确提出“到二〇一〇年形成有中国特色社会主义法律体系”[1]。坚持和实行依法治国，建设社会主义法治国家，其前提就是有法可依，因此，必须加强立法工作，提高立法质量，形成统一、和谐的法律体系。总之，党的十五大报告的这些论述，标志着依法治国基本方略完全形成。

1999 年 3 月，九届全国人大二次会议通过的宪法修正案，在宪法第五条增加一款，作为第一款，规定：“中华人民共和国实行依法治国，建设社会主义法治国家。”田纪云同志在《关于中华人民共和国宪法修正案（草案）的说明》中指出：“将‘依法治国，建设社会主义法治国家’写进宪法，对于坚持依法治国的基本方略，不断健全社会主义法制，发展社会主义民主政治，促进经济体制改革和经济建设，具有重要的意义。”[2] 至此，“依法治国”这一治国基本方略，正式载入宪法，完成了从党的主张向国家意志的转变。依法治国基本方略宪法地位的确立，进一步成为一切组织和个人都必须遵循的根本准则。

如上所述，在改革开放之前，党和国家是不可能提出依法治国方略的，而在改革开放之后，依法治国方略也是逐步提出来的，并非一步到位，轻而易举。实际上，之所以在实行改革开放以后才逐渐提出依法治国基本方略，除了上文中大量涉及的党和国家在指导思想上高度重视民主法制建设，注重依法办事和依法管（治）理，主张实行法治，反对人治等重要原因，还有以下原因：第一，经济体制改革日益深入，计划经济向市场经济过渡，社会主义市场经济的确立，为实行法治提供了强有力的经济动力和物质基础。第二，政治体制改革的进行，社会主义民主政治的发展，人民群众广泛有序参与政治，为实行法治奠定了坚实的政治基础和前提。第三，社会主义文化的普及、发展，全民民主法制意识的增强，全民思想文化素质的提高，为实行法治营造了必要的、良好的文化氛围和文化环境。当然，实行和坚持依法治国基本方略，这本身也是进一步发展社会主义市场经济的需要，是扩大社会主义民

[1] 江泽民文选：第 2 卷［M］. 北京：人民出版社，2006：17，28-29，30.

[2] 中华人民共和国第九届全国人民代表大会第二次会议文件汇编［M］. 北京：人民出版社，1999：89.

主的需要，是社会文明进步的重要标志，是国家长治久安的重要保障。

（二）依法治国基本方略的发展完善

进入21世纪，我们党和国家对依法治国的认识在不断深化，实践也在不断推进，最大的特点就是强调要让依法治国基本方略得到贯彻落实。也可以说，在新时期，从理论观念到现实实践，都贯穿了一条主线，就是贯彻实施依法治国基本方略，并将这一基本方略全面落实到党和国家的各项工作之中。

1. 党的十六大提出“依法治国基本方略得到全面落实”

2002年11月，党的十六大明确提出了全面建设小康社会的奋斗目标，提出“社会主义民主更加完善，社会主义法制更加完备，依法治国基本方略得到全面落实”；指出“发展社会主义民主政治，建设社会主义政治文明，是全面建设小康社会的重要目标”；强调“发展社会主义民主政治，最根本的是要把坚持党的领导、人民当家作主和依法治国有机统一起来。党的领导是人民当家作主和依法治国的根本保证，人民当家作主是社会主义民主政治的本质要求，依法治国是党领导人民治理国家的基本方略”[1]。这不仅明确了三者有机统一的原则，还阐述了三者的关系。2004年3月，国务院印发《全面推进依法行政实施纲要》，确立了建设法治政府的目标，明确规定了今后十年全面推进依法行政的指导思想和具体目标、基本原则和要求、主要任务和措施。2004年9月，胡锦涛同志在首都各界纪念全国人民代表大会成立50周年大会上讲话时强调：“必须坚持依法治国的基本方略，不断推进建设社会主义法治国家的进程。”“依法治国，前提是有法可依，基础是提高全社会的法律意识和法制观念，关键是依法执政、依法行政、依法办事、公正司法。依法治国首先要依宪治国，依法执政首先要依宪执政。”[2] 这里，不仅把依法治国与执政联系起来，还首次明确提出“依宪治国”和“依宪执政”，凸显了宪法的崇高地位。2004年9月，党的十六届四中全会着重研究了加强党的执政能力建

---

[1] 江泽民文选：第3卷［M］. 北京：人民出版社，2006：543，553.

[2] 十六大以来重要文献选编（中）［M］. 北京：中央文献出版社，2006：224–225.

设的若干重大问题，通过了《中共中央关于加强党的执政能力建设的决定》，首次正式提出“必须坚持科学执政、民主执政、依法执政，不断完善党的领导方式和执政方式”❶。

2. 党的十七大提出“全面落实依法治国基本方略，加快建设社会主义法治国家”

2007 年 10 月，党的十七大提出“依法治国基本方略深入落实，全社会法制观念进一步增强，法治政府建设取得新成效”，强调要坚持中国特色社会主义政治发展道路，坚持党的领导、人民当家作主、依法治国有机统一，提高科学执政、民主执政、依法执政水平，保证党领导人民有效治理国家，依法治国是社会主义民主政治的基本要求。党的十七大明确要求“全面落实依法治国基本方略，加快建设社会主义法治国家”；坚持科学立法、民主立法，完善中国特色社会主义法律体系；加强宪法和法律实施，维护社会主义法制的统一、尊严、权威。❷2008 年 5 月印发的《国务院关于加强市县政府依法行政的决定》，明确完善市县政府行政决策机制、建立健全规范性文件监督管理制度、严格行政执法、强化对行政行为的监督、增强社会自治功能等，目的就是全面落实依法治国基本方略，加快建设法治政府。

2011 年 1 月 24 日，全国人大常委会召开形成中国特色社会主义法律体系座谈会，宣布到 2010 年中国特色社会主义法律体系已经如期形成。至此，国家经济建设、政治建设、文化建设、社会建设以及生态文明建设的各个方面实现有法可依。这是我国社会主义民主法制建设史上的重要里程碑，是中国特色社会主义制度逐步走向成熟的标志。2011 年 7 月 1 日，胡锦涛同志在庆祝中国共产党成立 90 周年大会上讲话时指出：“要全面落实依法治国基本方略，在全社会大力弘扬社会主义法治精神，不断推进科学立法、严格执法、公正司法、全民守法进程，实现国家各项工作法治化。”❸

❶ 十六大以来重要文献选编（中）［M］. 北京：中央文献出版社，2006：274.
❷ 十七大以来重要文献选编（上）［M］. 北京：中央文献出版社，2009：15，22，24.
❸ 十七大以来重要文献选编（下）［M］. 北京：中央文献出版社，2013：447.

3. 党的十八大提出“全面推进依法治国”

2012 年 11 月，党的十八大提出“全面推进依法治国”，确保到 2020 年实现全面建成小康社会宏伟目标时，“依法治国基本方略全面落实，法治政府基本建成，司法公信力不断提高，人权得到切实尊重和保障”。党的十八大强调“法治是治国理政的基本方式”，更加注重改进党的领导方式和执政方式，保证党领导人民有效治理国家；更加注重发挥法治在国家治理和社会管理中的重要作用。[1] 在党的报告中首次把法治确立为治国理政的基本方式，首次要求更加注重发挥法治在国家治理中的重要作用。

2013 年 11 月，党的十八届三中全会决定“全面深化改革的总目标是完善和发展中国特色社会主义制度，推进国家治理体系和治理能力现代化”，提出“推进法治中国建设”的新目标。为此，“必须坚持依法治国、依法执政、依法行政共同推进，坚持法治国家、法治政府、法治社会一体建设”[2]，维护宪法法律权威，进一步健全宪法实施监督机制和程序，把全面贯彻实施宪法提高到一个新水平[3]。我们可以把“法治中国”看作“法治国家”的“升级版”，是中国法治建设的又一次飞跃。这标志着中国法治理论和法治实践进入一个新的发展阶段。

2014 年 10 月，党的十八届四中全会专门研究推进“依法治国”，第一次提出了“坚持走中国特色社会主义法治道路，建设中国特色社会主义法治体系”这一重大论断，明确了全面推进依法治国的重大意义和指导思想，指出“依法治国，是坚持和发展中国特色社会主义的本质要求和重要保障，是实现国家治理体系和治理能力现代化的必然要求，事关我们党执政兴国，事关人民幸福安康，事关党和国家长治久安”；提出“全面推进依法治国，总目标是建设中国特色社会主义法治体系，建设社会主义法治国家”，实现这个总目标，必须坚持五条原则，即坚持中国共产党的领导、坚持人民主体地位、坚

---

❶ 十八大以来重要文献选编（上）［M］. 北京：中央文献出版社，2014：14，20-21.

❷ 中国共产党第十八届中央委员会第三次全体会议文件汇编［M］. 北京：人民出版社，2013：50.

❸ 十八大以来重要文献选编（上）［M］. 北京：中央文献出版社，2014：512，529.

持法律面前人人平等、坚持依法治国和以德治国相结合、坚持从中国实际出发，还明确提出了“科学立法、严格执法、公正司法、全民守法”，确定了依法治国四个方面的基本格局。此外，党的十八届四中全会明确部署了全面推进依法治国的六个重大任务：“完善以宪法为核心的中国特色社会主义法律体系，加强宪法实施；深入推进依法行政，加快建设法治政府；保证公正司法，提高司法公信力；增强全民法治观念，推进法治社会建设；加强法治工作队伍建设；加强和改进党对全面推进依法治国的领导。”[1] 这是对党的十八届三中全会决定中关于“推进法治中国建设”目标任务的深化和细化，是顺应推进国家治理体系和治理能力现代化的需要，在中国法治史上将起到里程碑的作用。

五、新时代宪法引领与国家治理现代化

在全面深化改革的新的历史时期，党的十八届三中全会提出了国家治理现代化的历史命题，这是国家全面发展的全新举措，也是政治发展的全新布局。国家治理现代化体现为国家、社会与市场三方面力量纳入法治机制，促使国家权力合法、公平、公正、公开运作，社会组织自主、自治和自律，市场结构成本低廉、绩效高企运转。在国家治理现代化的过程中，政治发展以和缓的方式统筹、规划、协调着国家治理的全局，引导和推动着国家治理在法治的轨道上全面展开。

宪法是法治的灵魂，作为国家的根本法，统领着国家治理。在贯彻落实党的十八届四中全会全面推进依法治国精神，促进国家治理体系和治理能力现代化的进程中，现行宪法凝聚了中国国家治理的价值共识，奠定了国家治理体系的制度基础，通过赋权规范着国家治理能力，引领着国家治理体系和国家治理能力现代化的价值导向、目标定位。2018 年 3 月，新时代第一次修改宪法，对宪法做了很多重要的修改完善。例如，宪法将习近平新时代中国特色社会主义思想确立为国家的指导思想，实现了指导思想上的与时俱进；

---

[1] 中共中央关于全面推进依法治国若干重大问题的决定［M］.北京：人民出版社，2014：1–7.

在宪法正文第一条增补“中国共产党领导是中国特色社会主义最本质的特征”，体现了中国共产党领导的根本性、全面性和时代性，强化和拓展了中国共产党领导；完善了国家主席任职任期方面的规定；调整完善了中国特色社会主义事业总体布局和进程；调整完善了和平外交政策，提出推动构建人类命运共同体，等等。与时俱进的宪法修改，是赋予中国特色社会主义建设的最新成果以宪法效力，是凝练国家发展成就、经验的必然举措，是党心民心之所向、事业发展之所需，是维护宪法权威、增进宪法权威的必然要求。

国家治理究其实质“就是党领导人民依照法律规定，通过各种途径和形式，管理国家事务，管理经济和文化事业，管理社会事务”[1]。中国的国家治理是在中国共产党领导下，有全体人民参加的，涵盖了国家政治、经济、文化，以及其他社会生活领域在内的，关系到国计民生、内政外交等全方位的中国特色社会主义建设的制度安排和协调运行。而依法治国在党的十八届四中全会决议中体现为以宪法为核心展开的法治国家建设。“坚持依法治国首先要坚持依宪治国，坚持依法执政首先要坚持依宪执政”[2]，“完善以宪法为核心的中国特色社会主义法律体系，加强宪法实施”[3]，等等，这些论断表明了宪法在治国理政中的优先性，体现了党和国家对宪法的高度重视、对宪法之于国家治理现代化的重要意义的清醒把握。“推进国家治理体系和治理能力现代化，就要充分发挥法治的引领和推动作用，保障国家各项事业、各项工作在法治轨道上运行。”[4]国家治理体系和治理能力现代化是一个以国家治理体系和治理能力为基本要素，以现代化为发展取向的整体性概念。现行宪法作为中国法治的核心要素是“党和人民意志的集中体现，是通过科学民主程序形

---

[1] 秋石．为了国家长治久安——怎样理解全面深化改革的总目标［J］.求是，2014（1）：8.

[2] 中国共产党第十八届中央委员会第四次全体会议文件汇编［M］.北京：人民出版社，2014：27.

[3] 中国共产党第十八届中央委员会第四次全体会议文件汇编［M］.北京：人民出版社，2014：26.

[4] 徐燕．张德江：发挥法治引领推动作用，把改革蓝图变成现实［J］.中国人大，2014（6）：24.

成的根本法”[1]，贯穿于国家治理现代化全过程，是其整体性的内在保障机制。现行宪法以实事求是的思想路线确立了中国特色社会主义建设的基本原则，为三十年来逐步深化改革开放确立了价值标准，推动了人民民主、党的领导、依法治国三位一体治理格局的形成，奠定了国家治理的法治基础。

作为国家治理现代化的根基，现行宪法历经五次修正，以其与时俱进的理论品格和法治精神，通过原则界定、价值规范和制度供给实现了对国家治理体系和治理能力现代化的法治引领，二者间内在关联性使现行宪法与国家治理现代化在全面推进依法治国的实践中实现了互动和契合。

（一）国家治理体系以宪法为制度依据

习近平强调：“国家治理体系是在党领导下管理国家的制度体系，包括经济、政治、文化、社会、生态文明和党的建设等各领域体制机制、法律法规安排，也就是一整套紧密相连、相互协调的国家制度。”[2]其实质是基于宪法所构建的制度框架基础上的，保证党领导人民有效实现国家治理的制度、规则和运行机制。国家治理体系定位于国家所属的广阔空间，既涵盖了国内经济、政治、文化、社会、生态，以及党建各领域，又包括了国与国之间关系等问题的处理，是具有高度整体性和协调性的制度运行系统。它的提出既避免了以公司治理为开端的治理理论的局部性缺陷，又避免了西方治理理论出于对国家和政府的限制而导致治理活动的碎片化和不可持续。[3]

宪法是法治形成和发展的基础，是法治的实体性核心规范，是国家制度确立、运行的根本法依据。正是在宪法演进中，中国特色社会主义民主政治制度逐步发展完善，成为国家治理体系发生、发展，并走向现代化的基础。现行宪法既是中国革命和建设的经验总结，也是中国共产党和全体人民共同

---

[1] 中国共产党第十八届中央委员会第四次全体会议文件汇编［M］.北京：人民出版社，2014：26–27.

[2] 习近平.切实把思想统一到党的十八届三中全会精神上来［N］.人民日报，2014–01–01.

[3] 郑言，李猛.推进国家治理体系与国家治理能力现代化［J］.吉林大学社会科学学报，2014（2）：8.

意志的高度凝练，涵盖了国家政治生活、经济生活、文化生活、社会生活、生态环境，以及外交事业和军事建设等全方位的国家基本制度。现行宪法关于国家基本制度的规定及其模式设计为国家治理体系奠定了根本法基础，国家治理体系是宪法规定的国家基本制度的具体展开。现行宪法是国家治理体系的根本法依据，统领国家治理体系并使其所包含的具体国家制度协调运转。

现行宪法确定了国家治理体系的主体结构。现行宪法明确提出："社会主义的建设事业必须依靠工人、农民和知识分子，团结一切可以团结的力量。"这是国家治理基础性主体构成。现行宪法明确了"在长期的革命、建设、改革过程中，已经结成由中国共产党领导的，有各民主党派和各人民团体参加的，包括全体社会主义劳动者、社会主义事业的建设者、拥护社会主义的爱国者、拥护祖国统一和致力于中华民族伟大复兴的爱国者的广泛的爱国统一战线"，肯定了"统一战线将继续巩固和发展"。宪法明确了国家治理主体的广泛性，根据近年来国家社会组织结构的新变化拓展了国家治理主体的外延，将"社会主义事业的建设者"纳入了统一战线的组织范围，为众多的服务于国家经济建设的非公有制社会经济组织及其从业人员提供了参与国家治理的宪法依据。现行宪法仍然坚持以中国人民政治协商会议为制度平台，强调多党合作和政治协商制度的重要性，凸显了各民主党派和无党派人士在国家治理中的重要作用，为其提供了参与国家治理的宪法基础。

现行宪法规定的国家基本制度是国家治理体系的制度基础。现行宪法规定了基本国家制度：政治方面，确立了人民民主专政制度、人民代表大会制度、多党合作和政治协商制度、民族区域自治制度，以及基层民主制度；经济方面，"坚持公有制为主体、多种所有制经济共同发展的基本经济制度，坚持按劳分配为主体、多种分配方式并存的分配制度"，确认了社会主义市场经济的宪法地位；文化方面，以发展服务于人民、服务于社会主义的教育和科学文化艺术事业为宗旨，建立教育文化制度，致力于提高人民的科学文化水平；外交方面，强调遵循和平共处五项基本原则，等等。这些基本制度经过了理论和实践的反复检验，通过科学的立法程序用宪法的形式固定下来，成为国家治理体系形成、发展、完善的制度依据。国家治理体系的发展完善必须以宪法规定的基本制度和基本原则为指导。

现行宪法关于国家基本制度的协调运行机制为国家治理体系提供了模式参照。现行宪法规定了涵盖政治、经济、文化、外交等各领域的基本制度，这些制度统一于党的领导，服务于人民当家作主和社会主义的宏伟目标，落实于依法治国的具体运行，这是宪法所确定的中国国家制度的运行机制，是党和人民利益在宪法层面高度一致的鲜明体现。现行宪法中的国家制度协调运行机制是新中国成立以来革命和建设进程中经验和理论的历史总结，是国家治理体系科学、规范、协调和可持续发展的重要保证。

现行宪法与时俱进的品格是国家治理体系的典范。新中国成立以来，根据国际国内情况的变化，我国先后颁布了四部宪法，现行宪法继承了五四宪法的原则精神，以其包容性和开放性推动了改革开放的深入发展，并在这一过程中先后五次进行了修正，国家基本制度在宪法的修改中科学地回应了国情世情的复杂变化，有力地推动了中国特色社会主义建设事业的发展。这是现行宪法与时俱进品格的体现，也是国家治理体系应予借鉴的典范。国家治理体系必须建立开放、包容的体制机制，通过自我监督、信息反馈等方式，在宪法的指导下实现发展和创新。

（二）国家治理能力以宪法为根本法渊源

习近平指出："国家治理能力则是运用国家制度管理社会各方面事务的能力，包括改革发展稳定、内政外交国防、治党治国治军等各个方面。"[1]国家治理能力是将静态的制度付诸实施，使制度优势转化为解决实际问题的能力，其实质是制度执行能力。国家治理是在党的领导下，多元化的治理主体以宪法为依据，对国家治理体系进行实践展开的过程。党的执政能力、人大系统的立法能力、政府系统的执法能力、司法系统的司法能力，以及人民群众和社会组织参与管理国家事务能力，等等，形成国家治理能力的多维分布，又统合为实现国家治理过程中所需要的目标凝聚能力、资源整合能力、决策执

[1] 习近平．切实把思想统一到党的十八届三中全会精神上来［N］. 人民日报，2014-01-01.

行能力、过程调控能力、反馈回应能力，贯穿于国家治理的全部领域和全过程。国家治理能力来源于宪法和法律的规定，以治理有效性为评价标准，依托于治理主体的综合素质、知识结构、经验储备、科技化程度等因素，治理主体整体性的法治思维能力是决定国家治理能力强弱的关键性因素。国家治理能力是实现国家治理体系的目标和价值的途径与手段，具有从属性、综合性、创新性、灵活性、多样性等特征，必须服务和服从于国家治理体系所涵盖的“各领域体制机制、法律法规安排”。

国家治理能力以合法性为前提，宪法和法律法规的相关规定是国家治理能力的依据。而宪法是一切法律的根本法基础，宪法特有的赋权和限权功能为国家治理能力的实际运行划定了明确的合法性空间。现行宪法明确规定了人民所享有的参与国家治理的权利，“人民依照法律规定，通过各种途径和形式，管理国家事务，管理经济和文化事业，管理社会事务”[1]，同时也清楚地规定了“一切国家机关和武装力量、各政党和各社会团体、各企业事业组织都必须遵守宪法和法律。一切违反宪法和法律的行为，必须予以追究”[2]。这表明宪法所赋予的权利和职权是各类治理主体参与国家治理、具有国家治理能力的根本法依据，宪法所规定的义务和相应的权利保护（或限制）又为国家治理能力划定了明确的底线。

现行宪法为国家治理能力确立了根本法渊源。现行宪法确立了依法治国原则、国家尊重和保障人权原则、合法的私有财产不受侵犯的原则，构建了包括平等权、政治权利和自由、人身自由、社会经济权利、获得救济的权利、社会生活权利在内的公民基本权利自由体系。公民所享有的平等、广泛、真实的权利自由是其具有参与国家治理能力的根本法依据。鉴于公民权利和义务的相关性，宪法还规定了公民享有权利的前提是必须承担相应的宪法义务，同时，对于公民如何正确行使权利、自由，也做了明确的限制——“不得损害国家的、社会的、集体的利益和其他公民的合法的自由和权利”。这明确了

---

[1] 中华人民共和国宪法［M］. 北京：法制出版社，2014：5.

[2] 中华人民共和国宪法［M］. 北京：法制出版社，2014：6.

公民国家治理能力的宪法界限。现行宪法明确规定了各级各类国家机构在执行国家制度过程中所具有的相应职权、职责。如全国人民代表大会有修宪权、立法权等具体职权，而地方人民代表大会则有制定地方性法规等职权；国务院有行政立法权、提案权，以及较为广泛的全国性行政事务管理权等职权，而各级地方政府则相应地有制定地方性行政法规、管理地方行政事务的职权；各级司法机关也按照宪法规定有不同的职权。宪法所规定的各类、各级国家机构的相应职权为其提供了治理能力的合法性依据，也明确了其所具有的国家治理能力界限。此外，现行宪法也明确了各民主党派、社会团体和经济组织、群众性自治组织的活动原则和制度空间。宪法的上述规定为国家治理能力提供了根本法依据，一方面宪法所规定的相应权利和职权是国家治理能力的起点和根据，另一方面宪法所规定的相应权利和义务也是国家治理能力运行中的根本法界限。国家治理能力需要根据时代要求和客观环境的变化而创新和发展，治理主体自身素质的提高是影响治理能力强弱的重要因素，宪法观念和法治思维能力的整体性提升是国家治理能力发展的实质性标志，推进国家治理能力必须把握好宪法为其设定的合法性空间。

（三）国家治理现代化以宪法为现实根基

适应时代发展需求和中国社会主义建设的需要，推动各项制度规范化、程序化、法治化，并使相应的制度执行能力、方法和途径更加科学化、法治化、有效化，这是国家治理现代化的基本内涵。法治是现代化的主要标志，国家治理体系和治理能力现代化的一个核心旨要就是“意味着我国将进一步摆脱传统人治社会的影响，大踏步走向现代法治社会”[1]，即以现代法治作为区别传统与现代的里程碑，使法治取代人治成为推动国家各项事业发展的基础性动力。杨海坤教授指出“国家治理体系与能力现代化的最核心内容和最

---

[1] 秋石.为了国家长治久安——怎样理解全面深化改革的总目标［J］.求是，2014(1)：8.

明显标志就是国家治理体系及其运行的法治化”[1]。鉴于法治对于现代化的决定性意义，国家治理现代化要求宪法和法律在治理中真正发挥作用，从而全方位、全过程地推动国家治理体系和治理能力的发展，成为国家治理必不可少的核心要素，成为治国理政的基本方式。法治与国家治理的契合程度是衡量国家治理现代化程度的重要标准。对于中国而言，由于历史留下的法治资源有限、法治经验不足，因此，新中国成立初期虽然制定了五四宪法，但宪法并没有真正地在国家政治生活和社会生活中发挥应有的作用。回顾历史，宪法与国家治理现代化的关系引起党和国家的高度重视。从法制到法治，从以法治国到依法治国，再到“坚持依法治国首先要坚持依宪治国，坚持依法执政首先要坚持依宪执政”，四十多年的改革开放，以现行宪法为核心的中国特色社会主义法律体系已基本形成，法治中国的道路也正在逐步展开，国家治理现代化遵循宪法所设定的法治轨迹正式起步。宪法在国家治理体系和治理能力现代化过程中的价值引领和导向作用、制度供给和合法性界定功能使人们深刻地认识到，宪法是法治的根基，没有宪法，也就不可能有法治，不存在法治则国家治理就回归到了传统的人治，治理现代化将无从谈起。

国家治理现代化是一个以法治化为标志的渐进过程，而宪法则是法治化的起点。以现行宪法为根基，使法治理念真正地走入人们的内心深处，并自觉地外化为法治行为，这是国家治理现代化深入推进的必要条件。宪法自身的发展深刻地影响法治化进程，推动着国家治理现代化向更高阶段迈进。现行宪法是改革开放的条件下颁布实施的，之后又根据国际国内社会经济政治形势发展需要产生了五个修正案。经过了新中国成立以来七十多年的发展，宪法的指导思想在坚持四项基本原则、坚持改革开放的基础上不断丰富，明确规定国家保障人权和合法的私人财产不受侵犯，明确了政治协商制度的长期存在，扩展了统一战线的组成结构，及时修改完善了与改革开放和发展市场经济相关的经济制度和经济体制。宪法确立了党的领导、人民当家作主、

---

[1] 杨海坤.运用法治思维、法治方式推进国家治理现代化［J］.中国党政干部论坛，2014（8）：13.

依法治国三位一体的国家治理模式，形成了党领导人民依法治国理政的基本经验。中国宪法的发展完善是对新形势下国家治理现代化需求的积极回应，宪法既是中国特色社会主义现代化的成果，又是进一步推进现代化的基石。现行宪法以开放、包容、协商等鲜明的时代特征奠定了中国国家治理体系和治理能力现代化的根本法基础。党的十八届四中全会决议提出“完善全国人大及其常委会宪法监督制度，健全宪法解释程序机制。加强备案审查制度和能力建设”，此举便于追究违宪责任，确保了加强宪法的实施；决议提出“将每年十二月四日定为国家宪法日。在全社会普遍开展宪法教育，弘扬宪法精神。建立宪法宣誓制度，凡经人大及其常委会选举或者决定任命的国家工作人员正式就职时公开向宪法宣誓”[1]，意在充分彰显宪法权威，激励人们忠诚于宪法。这些关于增强宪法权威性，加强宪法实施的全新举措是中国宪法制度现代化的充分体现，也是推进国家治理现代化的全新起点。

（四）推进现行宪法与国家治理现代化的实践契合

宪法以其价值共识和制度构建内在地主导着国家治理及其现代化，国家治理体系和治理能力现代化的实际运行是宪法价值理念和制度创造付诸实践的基本途径。现行宪法是指导和推进国家治理体系和治理能力现代化的宪法，是源于中国特定历史背景，适应现实中国国情和时代需要，具有现代法治精神的宪法。国家治理体系和治理能力现代化是符合现行宪法基本原则、价值理念和制度规则的国家治理现代化。现行宪法与国家治理体系和治理能力现代化契合于依法治国的实践。全面推进依法治国既要以宪法推进国家治理现代化，又要以国家治理现代化为契机发展宪法。

以宪法推进国家治理现代化。国家治理必须遵循宪法基本原则、价值理念和制度机制，真正确立宪法权威性。中国的国家治理是依托于中国特定历史和现实国情的国家治理，是符合中国独特发展规律的国家治理，务必遵循

[1] 中国共产党第十八届中央委员会第四次全体会议文件汇编［M］.北京：人民出版社，2014：27.

基于中国社会主义建设和改革开放实践所形成的相应原则和价值规范。现行宪法总结了新中国成立以来社会主义革命和建设的基本经验，肯定了中国共产党在国家各项建设事业中的领导地位，确立了人民当家作主的地位，明确坚持社会主义制度，坚持改革开放，确认了人权保护和依法治国的基本原则。宪法所确立的这些原则是我们立国之根本，发展之基础，也是国家治理现代化必须遵循的根本原则。宪法所倡导的法治精神和民主理念，宪法所蕴含的平等、自由、公平、正义、包容、协商的公共价值理性，凝聚了来自人民群众、各政党、各级政府组织和各类社会组织的广泛共识，形成了全社会的统一意志，是国家治理最基本的价值基础，具有法治导向和价值引领作用。推进国家治理体系和国家治理能力现代化，"需要进一步解放思想、更新观念，突破利益固化藩篱，综合考虑人民根本利益、现阶段公众共同利益和不同群体特殊利益的关系"[1]，但底线是必须以宪法基本价值理念统摄、协调和化解治理过程中的各种矛盾和分歧，凝聚社会主义核心价值和共同理想，只有这样才能发挥制度优势和制度执行能力的作用，目标一致地推进国家治理，深化改革、推动发展，增强国家治理的有效性。

以国家治理现代化为契机发展宪法。国家治理要依法治理，而依法治理的核心是依宪治理，宪法在规范和推动国家治理及其现代化的过程中来自治理过程的新认识、新经验提供了宪法发展的新契机。历史唯物主义和新中国法治发展实践证明宪法从来不是僵化的教条。现行宪法是与改革相伴生，以改革为主题，富于开放性的宪法，颁布以来随着改革开放程度的不断深化，分别于 1988 年、1993 年、1999 年、2004 年、2018 年先后产生了五个修正案，与时俱进地修改了宪法的个别条件，实现了宪法的逐步发展。国家治理体系和治理能力现代化是新的历史时期全面改革趋于纵深化发展的新阶段，一方面必须以现行宪法为基础规范国家治理体系和治理能力，保障国家治理现代化在现行宪法所创设的法治轨道上全面展开；另一方面国家治理现代化又必然会提出许多新情况和新问题，从而推动现行宪法以相应的发展作出积

---

[1] 任进．宪法视野下的国家治理［J］．国家行政学院学报，2014（6）：57.

极的回应。实践是检验真理的客观标准，国家治理现代化的实践也是检验现行宪法科学性的试金石。当前，党和国家在推进国家治理体系和治理能力现代化的进程中确定以依法治国为突破口，选取了“完善以宪法为核心的中国特色社会主义法律体系，加强宪法实施”为首要任务，强调完善宪法监督制度，健全宪法解释程序机制。加强备案审查制度和能力建设，设立国家宪法日、建立宪法宣誓制度，等等[1]，这既说明在国家治理现代化的要求面前现行宪法已经通过实施机制的发展回应了国家治理的需要，也让我们有理由设想在国家治理现代化进一步纵深推进的情况下，现行宪法在指导思想、国家发展目标，以及宪法监督等方面还将进一步丰富和发展。

新中国成立以来，新中国的法治与政治发展一直同步前行，相互促进，期间也有过共同经历“文革”的阻滞，但前进的脚步从未停息。新中国成立以后法治与政治发展的实践是一个法治价值被重新发现并在政治发展中越来越发挥重要作用的过程。其间宪法及其实践历程基本反映了新中国法治与政治发展的现实状态，本书也因此将其确定为写作的逻辑主线。中国共产党的领导、人民当家作主的目标、社会主义的方向既是新时期中国法治与政治发展相互推进、共同发展的动力，又是二者之间协调运行的宝贵经验。统一于党的领导是新中国法治与政治发展一个基本经验。中国共产党既是新中国的创建者，又是中国社会主义政治发展的推动者。新中国法治都是在中国共产党的领导下进行的，党是法治的推动者，从人民的利益出发立法、立良法，坚持依法治国；党也是法治的实践者，带头遵守宪法和法律，在宪法和法律的范围内活动，带头维护宪法和法律的权威。人民当家作主是中国法治与政治发展根本目的。人民的利益至上是新中国法治与政治发展的逻辑契合点。这是人民主权的法治原则在新中国政治发展实践中的鲜明体现，也是中国新民主主义革命和社会主义革命与建设经验的总结。新中国的法治与政治发展实现了对传统政治法律思想的扬弃，也推翻了西方经验主义法治观念与政治

[1] 中国共产党第十八届中央委员会第四次全体会议文件汇编［M］.北京：人民出版社，2014：27.

发展规律的窠臼。在党的领导下，随着中国特色社会主义法治总目标的确立，全面依法治国实现了在国家整体战略布局中的精准定位，逐步摆正了法治与改革的关系，宪法的修正完善和实施让法治观念进一步深入人心。新时代以来中国特色社会主义法治和政治发展积极回应百年未有之时代变局的理论挑战，努力拓展中国特色社会主义国家治理现代化进程中的法治实践，立足大局，把握关键，切实贯彻了科学立法、严格执法、公正司法、全民守法的方针，做到了点面结合、有序推进、有效实施。在以习近平同志为核心的党中央坚强领导下，新时代中国特色社会主义法治建设从理论的完善到实践的突破，以人民为中心的中国特色社会主义法治道路越走越踏实、以现实问题为导向的中国特色社会主义法治步伐越走越稳健、以党的领导为政治保证的中国特色社会主义法治前景越来越宽广。

参考文献

[1] 马克思恩格斯选集：1–4 卷 [M]. 北京：人民出版社，1995.

[2] 列宁选集：1–4 卷 [M]. 北京：人民出版社，1995.

[3] 毛泽东选集：1–4 卷 [M]. 北京：人民出版社，1991.

[4] 毛泽东文集：1–8 卷 [M]. 北京：人民出版社，1993.

[5] 邓小平文选：1–3 卷 [M]. 北京：人民出版社，1994、1994、1993.

[6] 江泽民文选：1–3 卷 [M]. 北京：人民出版社，2006.

[7] 胡锦涛文选：1–3 卷 [M]. 北京：人民出版社，2016.

[8] 习近平谈治国理政：1–4 卷 [M]. 北京：外文出版社，2014、2017、2020、2022.

[9] 建党以来重要文献选编（1921—1949）[M]. 北京：中央文献出版社，2011.

[10] 李元书. 政治发展导论 [M]. 北京：商务印书馆，2001.

[11] 张文显. 法理学 [M]. 北京：高等教育出版社、北京大学出版社，2011.

[12] 燕继荣. 发展政治学 [M]. 北京：北京大学出版社，2006.

[13] 林尚立. 当代中国政治形态研究 [M]. 天津：天津人民出版社，2017.

[14] 陈振明，等. 政治学——概念、理论和方法 [M]. 北京：中国社会科学出版社，2004.

[15] 王浦劬，等. 政治学基础 [M]. 北京：北京大学出版社，2006.

[16] 孙国华. 社会主义法治论 [M]. 北京：法律出版社，2002.

[17] 谷春德. 中国特色社会主义法治理论与实践研究 [M]. 北京：中国人民大学出版社，2017.

[18] 卓泽渊. 法政治学 [M]. 北京：法律出版社，2005.

[19] 白钢. 中国政治制度史 [M]. 天津：天津人民出版社，2002.

[20] 顾肃. 西方政治法律思想史 [M]. 北京：北京大学出版社，2005.

[21] 董建萍 . 西方政治制度史简编 [M]. 北京：东方出版社，1995.

[22] 唐士其 . 西方政治思想史 [M]. 北京：北京大学出版社，2008.

[23] 郑谦，庞松，等 . 当代中国政治体制发展概要 [M]. 北京：中共党史出版社，1988.

[24] 杨海蛟 . 回顾与展望：改革开放以来的中国政治发展 [M]. 北京：人民出版社，2008.

[25] 曹沛霖，等 . 比较政治制度 [M]. 北京：高等教育出版社，2005.

[26] 杨海蛟 . 政治文明：理论与实践的思考 [M]. 北京：中国社会科学出版社，2009.

[27] 杨光斌 . 制度的形式与国家的兴衰 [M]. 北京：北京大学出版社，2005.

[28] 包心鉴 . 社会主义政治发展论 [M]. 北京：中国展望出版社，1990.

[29] 俞可平，等 . 中国的政治发展 [M]. 北京：社会科学文献出版社，2013.

[30] 萧公权 . 中国政治思想史 [M]. 北京：新星出版社，2010.

[31] 沈宗灵 . 法理学 [M]. 北京：北京大学出版社，1999.

[32] 张桂琳 . 政治文化传统与政治发展 [M]. 北京：社会科学文献出版社，2009.

[33] 杨光斌 . 中国政治发展的战略选择 [M]. 北京：中国人民大学出版社，2011.

[34] 何勤华 . 现代西方的政党、民主与法治 [M]. 北京：法律出版社，2010.

[35] 程竹汝 . 法治发展与政府结构关系 [M]. 北京：中国社会科学出版社，2010.

[36] 万俊人 . 政治哲学的视野 [M]. 郑州：郑州大学出版社，2008.

[37] 许崇德 . 中华人民共和国宪法史（上、下卷）[M]. 福州：福建人民出版社，2005.

[38] 任剑涛 . 政治哲学演讲录 [M]. 桂林：广西师范大学出版社，2008.

[39] 卓泽渊 . 法的价值论 [M]. 北京：法律出版社，2006.

[40] 赵汀阳 . 没有世界观的世界 [M]. 北京：中国人民大学出版社，2003.

[41] 何怀宏 . 公平的正义 [M]. 济南：山东人民出版社，2002.

[42] 吕增奎 . 寻求变革：当代中国政治发展 [M]. 北京：中央编译出版社，2011.

[43] 王松 . 利益 · 权力 · 政治发展 [M]. 上海：上海人民出版社，2009.

[44] 吕世伦 . 马克思恩格斯法律思想研究 [M]. 北京：中国人民大学出版社，2018.

[45] 秦德君 . 政治设计与政治发展 [M]. 北京：商务印书馆，2009.

[46] 杨凤春 . 图解中国政治 [M]. 北京：人民出版社，2014.

[47] 刘建军 . 创新与修复：政治发展的中国逻辑 [M]. 北京：中国大百科全书出版社，2011.

[48] 孙关宏，胡春雨，等 . 政治学概论 [M]. 上海：复旦大学出版社，2012.

［49］张晋藩．中国宪法史［M］．长春：吉林人民出版社，2004.

［50］韩延龙．中华人民共和国法制通史（上、下）［M］．北京：中共中央党校出版社，1998.

［51］张国华．中国法律思想史新编［M］．北京：北京大学出版社，1998.

［52］叶孝信．中国法制史［M］．上海：复旦大学出版社，2002.

［53］何勤华．西方法律思想史［M］．上海：复旦大学出版社，2005.

［54］公丕祥．法制现代化的理论逻辑［M］．修订版．北京：商务印书馆，2021.

［55］王人博，程燎原．法治论［M］．桂林：广西师范大学出版社，2014.

［56］程燎原．从法制到法治［M］．北京：法律出版社，1999.

［57］卓泽渊．法治国家论［M］．北京：中国方正出版社，2001.

［58］高鸿钧．法治：理念与制度［M］．北京：中国政法大学出版社，2002.

［59］梁治平．法治在中国：制度、话语与实践［M］．北京：中国政法大学出版社，2002.

［60］梁治平．法辨：中国法的过去、现在与未来［M］．北京：中国政法大学出版社，2002.

［61］程燎原，江山．法治与政治权威［M］．北京：清华大学出版社，2001.

［62］吴玉章．法治的层次［M］．北京：清华大学出版社，2002.

［63］高鸿钧．现代法治的出路［M］．北京：清华大学出版社，2003.

［64］夏勇．文明的治理：法治与中国政治文化变迁［M］．北京：社会科学文献出版社，2004.

［65］许章润，等．法律信仰：中国语境及其意义［M］．桂林：广西师范大学出版社，2003.

［66］蔡定剑．宪法精解［M］．北京：法律出版社，2004.

［67］韩大元．新中国宪法发展 70 年［M］．广州：广东人民出版社，2020.

［68］张庆福，韩大元．1954 年宪法研究［M］．北京：中国人民公安大学出版社，2005.

［69］周叶中，等．宪法政治：中国政治发展的必由之路［M］．北京：中国法制出版社，2012.

［70］张文显．法治中国名家谈［M］．北京：人民出版社，2014.

［71］夏勇．法治源流——东方与西方［M］．北京：社会科学文献出版社，2004.

［72］李交发，等．法治建设论［M］．长沙：湖南人民出版社，1998.

［73］郑永流．法治四章［M］．北京：中国政法大学出版社，2002.

[74] 赵宝云 . 西方五国宪法通论 [M]. 北京：中国人民公安大学出版社，2005.

[75] 胡水君 . 法律的政治分析 [M]. 北京：社会科学文献出版社，2005.

[76] 王人博 . 中国法制现代化的历史 [M]. 北京：知识产权出版社，2010.

[77] 丁以升 . 法治问题研究 [M]. 上海：上海交通大学出版社，2006.

[78] 俞学明 . 法治的哲学之维（第 1 辑）[M]. 北京：当代中国出版社，2012.

[79] 李步云 . 论法治 [M]. 北京：社会科学文献出版社，2008.

[80] 於兴中 . 法治与文明秩序 [M]. 北京：中国政法大学出版社，2006.

[81] 何勤华，等 . 法治的追求 [M]. 北京：北京大学出版社，2005.

[82] 程燎原 . 权利论 [M]. 桂林：广西师范大学出版社，2014.

[83] 李贵连 . 法治是什么 [M]. 桂林：广西师范大学出版社，2013.

[84] 林尚立 . 当代中国政治基础与发展 [M]. 北京：中国大百科全书出版社，2017.

[85] 秦前红 . 宪法变迁论 [M]. 武汉：武汉大学出版社，2002.

[86] 段秋关 . 中国现代法治及其历史根基 [M]. 北京：商务印书馆，2018.

[87] 马长山 . 法治的社会根基 [M]. 北京：中国社会科学出版社，2003.

[88] 孙永芬 . 西方民主理论史纲 [M]. 北京：人民出版社，2008.

[89] 吴祖谋，李双元 . 法学概论 [M]. 北京：法律出版社，2012.

[90] 法治与人治问题讨论集 [M]. 北京：社会科学文献出版社，2003.

[91] 马克思恩格斯论法 [M]. 北京：法律出版社，2010.

[92] 亚里士多德 . 政治学 [M]. 吴寿彭，译 . 北京：商务印书馆，1965.

[93] 费正清 . 费正清文集（全 3 册）[M]. 张理京，译 . 北京：世界知识出版社，2001.

[94] 罗素 . 中国问题 [M]. 秦悦，译 . 上海：学林出版社，1996.

[95] 博登海默 . 法理学：法律哲学与法律方法 [M]. 邓正来，译 . 北京：中国政法大学出版社，1999.

[96] 约翰 · 罗尔斯 . 正义论 [M]. 何怀宏，等译 . 北京：中国社会科学出版社，1988.

[97] 皮埃尔 · 勒鲁 . 论平等 [M]. 王允道，译 . 北京：商务印书馆，2005.

[98] 凯尔森 . 法与国家的一般理论 [M]. 沈宗灵，译 . 北京：商务印书馆，2013.

[99]B. B. 拉扎列夫 . 法与国家的一般理论 [M]. 王哲，译 . 北京：法律出版社，1999.

[100] 塞缪尔 · 亨廷顿 . 文明的冲突与世界秩序的重建 [M]. 周琪，等译 . 北京：新华出版社，2009.

[101] 霍华德·威亚尔达.新兴国家的政治发展——第三世界还存在吗? [M].刘青,等译.北京:北京大学出版社,2005.

[102] 塞缪尔·亨廷顿.变化社会中的政治秩序 [M].王冠华,等译.上海:上海世纪出版集团、上海人民出版社,2008.

[103] 安德鲁·海伍德.政治理论教程 [M].李智,译.北京:中国人民大学出版社,2009.

[104] 康·格·费多罗夫.外国国家和法律制度史 [M].叶长良,曾宪义,译.北京:中国人民大学出版社,1985.

[105] 莫里斯·奥里乌.权力、秩序和自由 [M].鲁仁,译.北京:商务印书馆,2008.

[106] 拉德布鲁赫.法学导论 [M].北京:中国大百科全书出版社,1997.

[107] 亨利·基辛格.论中国 [M].中信出版集团,2015.

[108] 埃米尔·布特米.斗争与妥协:法英美三国宪法纵横谈 [M].北京:北京大学出版社,2008.

[109] 乌维·维瑟尔.欧洲法律史:从古希腊到《里斯本条约》[M].刘国良,译.北京:中央编译出版社,2016.

[110] 马丁·雅克.当中国统治世界:中国的崛起和西方的衰落 [M].北京:中信出版社,2010.

[111] 约翰·奈斯比特.中国大趋势:新社会的八大支柱 [M].北京:中华工商联合出版社,2011.

[112] 张文显.法治与国家治理现代化 [J].中国法学,2014(4).

[113] 李林.依法治国与推进国家治理现代化 [J].法学研究,2014(5).

[114] 周光辉.当代中国政治发展的十大趋势 [J].政治学研究,1998(1).

[115] 李景治.当代中国政治发展中的制度创新 [J].社会科学研究,2007(3).

[116] 孙国华,杨思斌.马克思主义关于法的本质的基本原理必须坚持 [J].党政干部学刊,2003(4).

[117] 俞可平.中华人民共和国六十年政治发展的逻辑 [J].马克思主义与现实,2010(1).

[118] 厉以宁.世界经济危机和资本主义制度调整 [J].社会科学研究,2009(2).

[119] 桑玉成.政治发展的规划与预期 [J].探索与争鸣,2008(10).

［120］庄聪生．中国特色社会主义政治发展道路的内涵、特征和原则［J］．科学社会主义，2008（3）．

［121］辛向阳．中国特色社会主义政治发展道路的科学定位［J］．探索，2009（1）．

［122］欧阳景根．政治发展陷阱与政治发展资源——国家能力理论视野下的政治转型与政治发展［J］．浙江学刊，2010（4）．

［123］王浦劬．习近平新时代中国特色社会主义政治发展思想论析［J］．政治学研究，2018（6）．

［124］何颖．坚持中国特色社会主义政治发展道路［J］．科学社会主义，2008（5）．

［125］徐奉臻．中国特色社会主义政治发展道路的生成逻辑［J］．当代世界与社会主义，2018（4）．

［126］聂月岩．中国特色社会主义政治发展道路的必然逻辑［J］．人民论坛，2018（3）．

［127］陈金钊．“法治政治”及其实现的方法论［J］．贵州民族大学学报，2017（5）．

［128］孙谦．法治建构的中国道路［J］．中国社会科学，2013（1）．

［129］张文显．论中国式法治现代化新道路［J］．中国法学，2022（1）．

［130］江必新，戢太雷：中国共产党百年法制建设历程回顾［J］．中南大学学报（社会科学版），2021（4）．

［131］付子堂．2035：法治中国的远景展望［J］．学术前沿，2021（1）．

［132］陈前．中国共产党与中国特色社会主义政治发展道路［J］．高校理论战线，2010（11）．

［133］张爱军．论中国特色社会主义政治发展道路［J］．辽宁师范大学学报，2008（4）．

后记

本书是在博士后出站报告的基础上修改完成的，它的出版得益于多方面的支持与帮助。首先感谢教育部高校示范马克思主义学院和优秀教学科研团队建设项目基金的立项支持，使我得以在政治发展的语境中进一步探索法治的源流和发展脉络。感谢博士后合作导师杨海蛟老师的殷殷教诲和大力支持。老师为人，质朴亲和，悉心扶助后学，感慨最深的是他对每个学生细致入微、真切无私的关爱；老师为学，让我领略到了什么是学养深厚、观点新锐，什么是思维迅捷、逻辑严谨，什么是文如泉涌、大气磅礴！老师敬业，不辞辛苦，甘于奉献，他以内在的信仰、严谨的马克思主义立场、深厚的学术积淀，旗帜鲜明地捍卫着中国马克思主义政治学研究的学术大本营。我还要感谢北京联合大学马克思主义学院各位领导和同事们，大家在工作和生活中给予我无私的帮助和大力支持与鼓励。特别要感谢知识产权出版社的李海波和于晓菲两位老师，她们对本书的出版提出了很多宝贵意见和建议，付出了很多辛苦，在此一并感谢！

问学至此，最大的收获是懂得了敬畏！本书记录了关于法治问题的一些粗浅的思考和体会，管窥法治与政治发展这样宏大的理论和实践课题确实让人深感力不从心。由此，我更加深刻地认识到，正是不畏艰难的一代代学人用心血和汗水给我们这些后来人铺就了坦途，才明白牛顿所说的“巨人肩膀”的深刻含义！好在学无止境，那就让我把这个学习和思考的过程暂时做一个阶段性总结，作为一个新的起步吧，希望能以自己的努力成为后来者前进路上的一块铺路石。

薛剑符

2022 年 6 月